21 世纪职业教育教材·公共事业系列

家庭社会工作理论与实务

主　编　何　静　周良才
副主编　李　艳　刘慧玲　王小丽
参　编　郑　轶　赵钦清　慕　玮
　　　　董引娣　刘　云　廖　颖

北京大学出版社
PEKING UNIVERSITY PRESS

图书在版编目(CIP)数据

家庭社会工作理论与实务/何静,周良才主编. —北京:北京大学出版社,2014.10
(全国职业教育规划教材·公共事业系列)
ISBN 978-7-301-24918-5

Ⅰ. ①家… Ⅱ. ①何… ②周… Ⅲ. ①家庭社会学—高等职业教育—教材 Ⅳ. ①C913.11

中国版本图书馆 CIP 数据核字(2014)第 225748 号

书　　　名: 家庭社会工作理论与实务
著作责任者: 何　静　周良才　主编
责 任 编 辑: 王　莹
标 准 书 号: ISBN 978-7-301-24918-5/C·1054
出 版 发 行: 北京大学出版社
地　　　址: 北京市海淀区成府路 205 号　100871
网　　　址: http://www.pup.cn　　新浪官方微博: @北京大学出版社
电 子 信 箱: zyjy@pup.cn
电　　　话: 邮购部 62752015　发行部 62750672　编辑部 62756923　出版部 62754962
印　刷　者: 北京虎彩文化传播有限公司
经　销　者: 新华书店
787 毫米×1092 毫米　16 开本　14 印张　325 千字
2014 年 10 月第 1 版　2021 年 8 月第 6 次印刷
定　　　价: 32.00 元

本书为民政部 2013 年度福利彩票公益金社会福利企事业单位管理人才培养支持项目成果

前　言

家庭是社会的细胞，家庭和谐是社会文明进步的标志，更是社会和谐的前提和基础。绝大多数人都要经历择偶、组织家庭、养育子女的过程。当前，人们对生活质量、幸福指数的要求在不断提升，但是，社会转型期既为家庭关系注入了开拓进取、自立自强的活力，人员地域流动、职业流动等的加剧又给家庭关系、家庭结构带来了巨大冲击。面对恋爱挫折、婚姻动荡、离婚率攀升、家庭暴力、青少年成长危机等现象，许多人产生了困惑，出现了种种忧虑。不少遇到婚姻家庭问题困扰的当事人求助无门，甚至因此酿成个人生活悲剧，这些问题如不及时解决，必将危及个人成长、家庭幸福，进而影响社会安定。西方发达国家和我国港澳台地区有各种专业的婚姻家庭咨询与辅导机构，我们应借鉴先进国家和地区的成功经验，为在恋爱、婚姻、家庭生活中遇到各种问题的求助者及时提供专业的家庭社会工作辅导和服务，有效地帮助人们解除各种困扰。

本教材结合中国当前社会和家庭发展现状，将家庭社会工作定位为社会工作的服务领域之一，运用家庭社会工作的理论探索家庭社会工作实务工作过程和方法。全书内容划分为七大学习情境，首先引导学生形成对家庭和家庭社会工作的认知，接着介绍家庭社会工作最专业的方法，即家庭治疗模式和家庭治疗的方法，然后引导学生掌握家庭过程辅导、家庭关系辅导、特殊家庭辅导的技术和方法，最后还介绍了家庭社会工作相关法规政策。本书坚持“在行动中学习”的理念，采取情境教学和任务体验式教学思路和模式，注重家庭社会工作实务工作技巧的培养和训练，每一个子情景的学习都是从任务体验开始，进而过渡到相关知识的学习。这样的结构和内容安排符合学习者的认知规律，同时能体现高职教育的职业性、实践性和开放性以及社会工作教学的专业性。

本教材是校企合作共建开发教材之一，由重庆城市管理职业学院社会工作学院的何静老师和周良才教授共同担任主编，由李艳（齐齐哈尔大学）、刘慧玲（重庆城市管理职业学院）、王小丽（重庆城市管理职业学院）担任副主编，集中了重庆市南川区东城街道综合管理科一线社工和齐齐哈尔大学、井冈山大学、北京社会管理职业学院、重庆城市管理职业学院教师的集体智慧。主编和副主编除编写本书的部分章节外，还负责全书总体框架及编写提纲的设计，并对各参编人员的初稿在文字和内容上进行了适当的修改。编写工作的具体分工为：学习情境一由董引娣（重庆城市管理职业学院）、王小丽、李艳编写，学习情境二由刘云（北京社会管理职业学院）、慕玮（重庆城市管理职业学院）、何静编写，学习情境三由何静、郑铁（重庆城市管理职业学院）、赵钦清（重庆城市管理职业学院）编写，学习情境四由廖颖（井冈山大学）、李艳编写，学习情境五由何静、郑铁、李艳编写，学习情境六由刘慧玲（重庆城市管理职业学院）编写，学习情境七由王小丽编写。

我们感谢各位编写者以及为本书付出大量辛勤劳动的北京大学出版社的老师。由于编者水平有限，书中难免有疏漏和不足之处，敬请读者批评指正。

编　者

2014 年 9 月

目　　录

学习情境一

家庭认知

理论学习目标

1. 了解家庭的含义、特征、功能。
2. 了解家庭关系的含义和分类。
3. 了解家庭结构的定义和分类。

实践学习目标

1. 区分家庭和其他群体的特征。
2. 考查所在家庭功能的发挥情况及家庭结构类型。

子情境一　家庭的本质

任务一　了解家庭的含义

R 任务体验

分 6 人学习小组提前准备以家庭为主题的音乐或影视作品。

R 任务分享

分享各组对该音乐或影视作品的体会。

R 任务总结

从各组的体会中总结家庭的特征。

Z 知识介绍

一、家庭的含义

家庭是指在婚姻关系、血缘关系或收养关系基础上产生的亲属之间所构成的社会生活单位。家庭有广义和狭义之分，狭义的家庭是指一夫一妻制构成的单元；广义的家庭则泛指人类进化的不同阶段上的各种家庭利益集团，即家族。从社会设置来说，家庭是最基本的社会设置之一，是人类最基本最重要的一种制度和群体形式。从功能来说，家庭是儿童社会化、供养老人、性满足、经济合作、普遍意义上人类亲密关系的基本单位。从社会关系来说，家庭是由具有婚姻、血缘和收养关系的人们长期居住的共同群体。

（一）社会细胞的观点

家庭是社会最基本的细胞，是最重要、最基本、最核心的社会组织，也是最重要、最基本、最核心的经济组织，还是人们最重要、最基本、最核心的精神家园。家庭的健康可持续发展是社会稳定发展、国家稳定发展的基石，“家”破是“国”亡的催化剂。

（二）功能论者的观点

在功能论者看来，在以前，家庭大多是自给自足，满足家庭成员的大部分生理、心理的需求的单位、群体，融有经济生产、教育、社会化、宗教等功能，进行物质、人口、精神财富再生产。但功能主义者认为，家庭的社会化、感情陪伴、经济合作、性规范功能依然对社会的良性运行起到重要的作用。

（三）冲突论者的观点

冲突论者认为，家庭是性别不平等的主要场所，因而是社会中许多其他事物不平等的基础。马克思主义者认为，以男性为主导的家庭，为社会提供了一些重要的不用付费的劳动形式，维持妇女的从属地位，极大地促进了资本主义的产生，所以如果资本主义制度不被推翻，性别不平等就不可能减弱。

二、家族、宗族、家庭的区别

家族或者亲属：是指具有共同的祖先、血缘，或具有姻亲关系、养育关系的人所组成的社会网络。亲属并不一定居住在一起以群体的形式发挥作用，但是他们彼此承诺，承担一定的责任和义务。亲属或网络中的确切成员是由特定的文化规范规定的，在中国，亲属或家族一般是以五服为界。

宗族：同宗、同姓、同地域的家族结成的群体。

家庭：是亲属中较小的户内群体，是由共同生活居住、共同经济核算、相互合作发挥作用的人组成的单位。在人的一生中，大部分人属于两种家庭，出生，并进行大部分社会化的家庭是出身家庭；因结婚、生子而建立的家庭是生育家庭。现代社会人们主要忠于自己的生育家庭。

任务二　了解家庭的特征

R 任务体验

将班级分成由4～8人组成的学习小组，选取某案例模拟家庭进行角色扮演，扮演过程中需体现出家庭的特征。

R 任务分享

对比各组的表演，评选最能体现家庭特征的小组。

R 任务总结

根据各自的情境角色扮演，总结本组对家庭特征的认识。

Z 知识介绍

从社会学角度来看，家庭是指在婚姻关系、血缘关系或收养关系基础上产生的亲属之间所构成的社会生活单位。从法律意义上说，家庭是共同生活的成员间互享法定权利、互负法定义务的亲属团体，家庭的特征主要有以下几个方面。

（一）家庭是一个生活单位

家庭是以婚姻、血缘为纽带，由亲属团体组成的生活单位，有同财共居的特点。这个生活单位的内容十分广泛，包括经济生活、道德生活、政治生活及宗教生活等。家庭成员共同生活、共同居住、共同消费，进行感情、精神和经济等多方面的交流和互助，构成社会中最密切的人际关系。

（二）家庭是由一定范围的亲属组成的共同生活单位

不是任何人构成的生活单位都可以成为家庭，同一家庭的成员，一般以一定的亲属关系为前提，只有一定范围内的亲属组成的共同生活单位才能构成家庭。所谓一定范围的亲属是指在法律上有权利义务关系的亲属，如夫妻、父母子女、祖孙、兄弟姐妹等，并非指全部的亲属。也就是说，家庭成员一般为亲属，而亲属不一定是家庭成员。

（三）家庭成员间互享法定权利、互负法定义务

家庭成员间必须由于共同的生活而相互之间具有权利和义务关系。这也是法律调整家庭关系的价值所在。

任务三　掌握家庭的功能

R 任务体验

按照家庭功能评定量表（FAD），各学习小组选取调查对象，考查其家庭功能发挥状况。

R 任务分享

各小组根据调查结果形成调查报告，汇报考查过程和结果。

R 任务总结

结合各组汇报，对家庭的功能进行总结。

Z 知识介绍

一、家庭功能的含义

所谓家庭功能，是指家庭在人类生活和社会发展方面所能起到的作用，即家庭对于人

类的功用和效能。家庭功能的发挥是自发的。许多人在家庭中生活了几十年，却并不懂得什么是家庭功能，在这种情况下，家庭功能是在自发地起着作用。但是，如果了解了家庭的功能，就能更充分地发挥家庭在各方面的作用，从而促进生活质量的提高，促进社会的和谐进步。

家庭的功能是多方面的，它能满足人类和社会的多种需要，这是其他社会组织所不可比拟的。任何家庭，不管以什么样的结构类型出现，对于个人来说，都是稳定的私人生活的中心，并提供生理和情感上的满足、生育、儿童抚养和社会化、老人赡养和关怀、个人安全等多方面的功用。对于社会来说，家庭的目标和具体贡献在于为社会进行人口再生产、完成文化传播和传递、调解协调人际关系，在某些阶段还执行社会生产与分配的任务。家庭对于人类和社会的多种作用，使家庭作为一种社会组织长久以来一直存在于人类的社会生活之中，不可缺少。家庭功能是家庭存在的社会根据。

二、家庭功能的类型

对于家庭的多种功能，不同的学者有不同的概括和分类。具体来说，都离不开以下几个方面。

（一）经济功能

家庭的经济功能包括家庭中的生产家庭功能的物质基础。

家庭曾经是生产资料的占有单位，人类社会最初的私有制是与原始公社解体、生产资料归家庭占有同时发生的。

家庭曾经是生产劳动的组织单位，从原始社会末期家庭出现开始，一直到传统农业社会，家庭既是生活单位，也是生产单位，以家庭为单位组织生产活动，家长是生产劳动的组织者和领导者。

既然家庭是生产资料的占有单位和生产劳动的组织单位，那么劳动产品的分配和交换自然也是以家庭为单位进行的，家庭是劳动产品的分配和交换单位。

家庭中的消费用品由全体家庭成员共同拥有和享用，因而家庭又是一个消费单位。家庭人口数量和收入水平决定了家庭的消费水平。家庭的支出方式、项目和权重决定了家庭的消费方式。社会消费的基本特点之一是以家庭为单位的收入和支出的核算。

家庭的经济功能满足了人们基本生存的需要。

（二）生育功能

自人类进入个体婚制阶段以来，家庭一直被当作生育子女、繁衍后代的基本的合法单位。两性通过婚姻，生育并抚养子女，这样的一套活动可以称为生育制度。生育制度的功能是新陈代谢，保持与个人生活有关的社会结构的完整性。

人类之所以区别于动物，在于人类组成了社会，因而个人生活所依靠的必须是个人之间的相互配合和分工的体系。社会建立起一个在即有规定之下分工合作的结构，这个结构是个人生存的必要条件，维持人类现有的生活水平。通过生育产生的新一代保证了社会的新陈代谢和结构完整。人类通过各种文化手段控制生殖，以维持社会继替，家庭正是承担这一使命的文化载体。家庭通过确立婚姻、建立双系抚育、夫妇配合等一系列制度来保证生育功能的实现。

（三）性生活功能

性是人类基本的生理要求。性生活也是婚姻关系中的生物学基础。由于性与生育是密切联系的，为保证生育制度的规范性，性生活也因此受到限制，社会通过伦理、道德、法律等规范手段，试图将人类的性生活限制于婚姻范围之内。自然法则的作用也给性关系带来众多的禁忌。虽然家庭一直都无法成为性行为的严密屏障，性关系常常溢出于婚姻之外，但长久以来家庭一直是为法律和社会习俗所认可的无可争议的性生活场所。

费孝通认为，婚姻制度的意义在于，它是人类种族绵延的保障，因为它既是合法生育的必要形式，也确立了双系抚养的模式，即一男一女合法地生育子女，并以约定永久共处的方式将子女抚养长大。

另外，从婚姻制度的起源来看，婚姻从一开始就具有约束和规范人们性行为的功能。在现代社会一夫一妻制的背景下，婚姻更成为保障性关系合法性和排他性的制度形式。但是从中国社会近年来婚育和性行为的变化来看，婚姻制度的上述制度功能正在经受更注重个人价值和生活享乐的价值观念和生活方式的挑战，正在被削弱、被淡化。

（四）抚养、赡养的职责

家庭在担当生育功能的同时，也担负了抚养的职责。父母对子女有生活上提供供养的义务。家庭成员之间也表现出相互供养、给予生活援助的关系。子女对父母也有养老的责任，这是代际之间的相互抚育和照应。

家庭养老包括经济上的赡养、生活上的照顾和情感上的交流三个方面。在传统的农业社会，家庭的生活与生产单位合二为一，这样的社会条件使家庭养老成为最根本、最主要、最普通的养老方式。即使在现代社会，由于社会保障制度的建立，老年人的收入和医疗保障基本由社会提供，生活服务由社会各类专业部门或志愿组织来承担，但家庭的养老功能仍尚未完全被取代，尤其交互的亲情是社会组织所无法提供和保障的。只要家庭存在，便仍将保留一些养老的功能。

（五）教育和社会化功能

家庭教育和社会化包括父母对子女的教育以帮助其实现社会化和家庭成员相互教育以完成再社会化两个方面。其中的主要方面是子女教育和儿童社会化。

家庭是儿童社会化的第一场所。社会化是人通过各种教育途径，学习社会知识、技能和规范，从而形成自觉遵守与维护社会秩序、价值观念和行为方式的过程。童年期是人的一生中社会化的关键时期，在此时期，家庭担负着主要的社会化责任。由于父母和子女之间的亲情关系，家庭对儿童的社会化教育具有自然性。家庭教育通常寓于日常生活中，因而又具有潜移默化的作用。

家庭对儿童的社会化教育的内容，包括学习生活知识、学习社会规范、培养性格情操、协调人际关系、指导生活选择等各个方面。同时，儿童从出生起就因为家庭的种族（民族）、阶级、宗教、地域等特征而具有一种先赋性的角色设定，对其社会生活产生重要影响。

（六）情感交流功能

情感交流和结合是人的心理需求之一。感情交流是家庭精神生活的组成部分。对于人类来说，各种心理、态度的生成、人格的发展、感情的慰藉和精神的寄托都离不开家庭。

（七）休息和娱乐功能

家庭是人的娱乐场所之一。家庭娱乐对于儿童来说尤为重要，儿童在家庭游戏中获得知识。对于成年人来说，家庭娱乐可以调剂生活，增加乐趣。随着科技进步和经济增长，劳动时间缩短，自由时间增多，人们可以把大部分闲暇用于享受和发展的需要，家庭中的闲暇生活具有了更新的内容和要求。

（八）宗教功能

家庭原本也是传承宗教信仰、进行宗教仪式的场所。由于家庭成员之间的血缘关系和共同的生活联系，宗教信仰会在家庭成员之间潜移默化相互影响，家庭成员经常持同样的宗教信仰，家庭就是一个宗教场所和单位。不过，在现代社会，宗教与家庭生活分离，有专门的宗教场所和专业的宗教传播人员，家庭对其成员的宗教约束力和强制力也大大弱化，个人具有宗教信仰上的相对自由。

家庭是社会的细胞，是人在社会上生存和发展的起点和归宿，也是人与社会联系的最原始、最长久的社会组织形式。人一出生便置于一个家庭环境之中，自觉或不自觉地接受这种环境的影响，并在此环境中开始了人最初的社会化过程。因此，除具有以上八项功能以外，家庭环境对人的发展和社会的稳定起着极其重要的作用。

K 课后测试

家庭功能评定量表（FAD）相关说明

家庭功能是指家庭本身所固有的性能，以及家庭对社会和对家庭成员所起的作用。家庭功能评定量表（FDA）用以收集整个家庭系统的各个方面的资料，简单有效地找到家庭系统中可能存在的问题。FDA 的理论基础是“McMaster 家庭功能模式”，其所测定的家庭功能的范围与临床关系较密切，可以帮助我们对家庭功能进行较客观的评定。FDA 的结果对实际工作可提供理论参考。翻译后的问卷也具有良好的信度、效度。该问卷共有 60 个条目，FDA 包含 7 个分量表，它们分别为问题解决（PS）、沟通（CM）、角色（RL）、情感反应（AR）、情感介入（AI）、行为控制（BC）、总的功能（GF）等。FDA 仅是一个筛选问卷，其目的是用于评价家庭实现其基本功能、完成其基本任务的能力，从而能简单有效地找到家庭系统中存在的问题，区别健康与不健康家庭。FDA 已被证实具有很好的心理测试特性。

适用范围：12 岁以上的对象。

测试时间：大约 15 分钟。

量表题目个数：60。

家庭功能评定量表（FAD）

姓名______ 性别______ 年龄______ 测验日期______ 编号______

指导语：这份量表（见表 1－1）包含了一些对家庭的描述，请仔细阅读每一项，并根据近两个月您对您家庭的看法（或者您对家庭近期的印象），在 4 个可能的答案中圈选出与您家庭最接近的数字。选择答案的原则是：① 很像我家：这一项非常准确地描述了您的家庭。② 像我家：这一项大致上描述了您的家庭。③ 不像我家：这一项不太符合您的家庭。④ 完全不像我家：这一项完全不符合您的家庭。

表 1－1　家庭功能评定量表

	很像我家	像我家	不像我家	完全不像我家
1. 由于我们彼此误解，难于安排一些家庭活动				
2. 我们在住处的附近解决大多数日常问题				
3. 当家中有人烦恼时，其他人知道他为什么烦恼				
4. 当你要求某人做某事时，你必须检查他们是否做了				
5. 如果某人遇到麻烦时，其他人会过分关注				
6. 发生危机时，我们能相互支持				
7. 当发生了出乎意料的事情时，我们手足无措				
8. 我们家常把我们所需要的东西用光				
9. 我们相互都不愿流露出自己的感情				
10. 我们肯定家庭成员都尽到了各自的家庭职责				
11. 我们不能相互谈论我们的忧愁				
12. 我们常根据我们对问题的决定去行动				
13. 你的事只有对别人也重要时，才会引起他们的兴趣				
14. 家中某些成员谈话时，你不能明白其中一人是怎么想的				
15. 家务事没有由家庭成员充分分担				
16. 家中每个人是什么样的，都能被认可				
17. 你不按规矩办事，却很容易逃脱处分				
18. 大家都把事情摆在桌面上说，不需用暗示				
19. 我们中有些人缺乏感情				
20. 在遇到突发事件时，我们知道怎样处理				
21. 我们避免谈及我们害怕和关注的事				
22. 我们难得相互说出温存的感受				
23. 我们遇到经济困难				
24. 在家庭解决一个问题后需要讨论是否问题已经解决				
25. 我们都以自我为中心				
26. 我们能相互表达出自己的感受				
27. 我们对穿衣打扮习惯无明确要求				
28. 我们彼此间不表示爱意				
29. 我们说话都直说，不拐弯抹角				
30. 我们每个人都有特定的任务和职责				

续表

	很像我家	像我家	不像我家	完全不像我家
31. 家庭的气氛很不好				
32. 我们有惩罚人的原则				
33. 只有当某事使我们都感兴趣时，我们才一起参加				
34. 没有时间去做自己感兴趣的事				
35. 我们常不把自己的想法说出来				
36. 我们感到我们能被家人容忍				
37. 只有当某件事对个人有利时，我们相互才感兴趣				
38. 我们能解决大多数情绪上的烦恼				
39. 在我们家，亲密和温存居次要地位				
40. 我们讨论谁做家务				
41. 在我们家，对事情作出决定是困难的				
42. 我们家的人只有在对自己有利时，才会彼此关照				
43. 我们相互之间都很坦率				
44. 我们不遵从任何规则和标准				
45. 如果有人要去做某件事，常需要别人提醒				
46. 我们能够对如何解决问题作出决定				
47. 如果原则被打破，我们将不知如何是好				
48. 在我们家任何事都行得通				
49. 我们将爱表达出来				
50. 我们镇静地面对涉及感情的问题				
51. 我们不能和睦相处				
52. 我们一旦生了气，就互不讲话				
53. 一般来说，我们对分配给自己的家务活都感到不满意				
54. 尽管我们用意良好，但还是过多地干预了彼此的生活				
55. 我们有应付危险情况的原则				
56. 我们相互信赖				
57. 我们当着家人的面哭出声来				
58. 我们没有合适的交通工具				
59. 当我们不喜欢某人的行为时，会给他指出来				
60. 我们想尽各种办法来解决问题				

任务四　了解家庭关系

任务体验

两人为一组，分别为对方画出所在的家庭关系图。

R 任务分享

展示各自的家庭关系图。

R 任务总结

总结家庭关系的分类和称谓方式。

Z 知识介绍

一、家庭关系的概念

家庭关系是指基于婚姻、血缘或法律拟制而形成的一定范围的亲属之间的权利和义务关系。家庭关系依据主体为标准，可以分为夫妻关系、亲子关系和其他家庭成员之间的关系。在一夫一妻制下，家庭中最主要的家庭关系是夫妻关系和亲子关系。其他关系，如兄弟姐妹关系、姑嫂关系及婆媳关系、祖孙关系都是在此基础上派生出来的。家庭关系如图 1－1 所示。

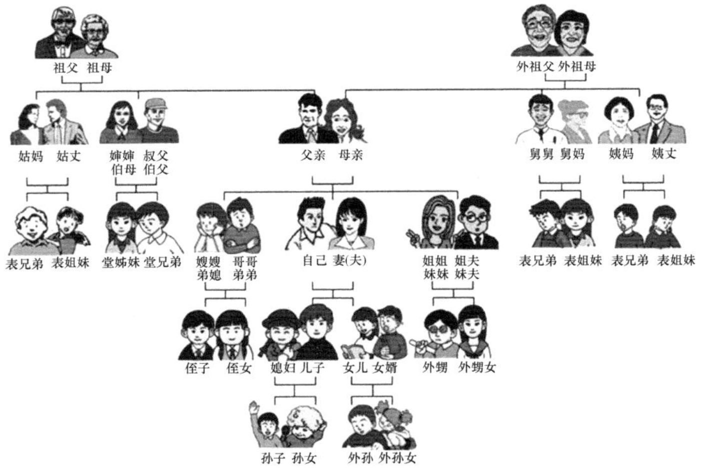

图 1－1　家庭关系图

二、家庭关系及称谓

（一）直系血亲

1. 父系

高祖父—曾祖父—祖父—父亲。

高祖母—曾祖母—祖母—父亲。

2. 母系

高外祖父—曾外祖父—外祖父—母亲。

高外祖母—曾外祖母—外祖母—母亲。

儿子：夫妻间男性的第一子代。

女儿：夫妻间女性的第一子代。

孙：夫妻间的第二子代，依性别又分孙子、孙女。有时孙子是一种不分性别的称呼。

曾孙：夫妻间的第三子代。

玄孙：夫妻间的第四子代。

（二）旁系血亲

1. 父系

伯父：父亲的兄长，也称伯伯、大爷。

伯母：伯父的妻子。

叔叔：父亲的弟弟，也称叔父。

婶婶：叔叔的妻子。

姑姑：父亲的姊妹，也称姑母。

姑夫：姑姑的丈夫。

2. 母系

舅舅：母亲的兄弟。

舅妈：舅舅的妻子。

姨妈：母亲的姐妹，也称阿姨。

姨夫：姨的丈夫。

3. 姻亲

丈夫：结婚的女人对自己伴侣的称呼。

媳妇：结婚的男人对自己伴侣的称呼。

公公：丈夫的父亲，也直称爸爸。

婆婆：丈夫的母亲，也直称妈妈。

丈人、岳父：妻子的父亲，也直称爸爸。

丈母娘、岳母：妻子的母亲，也直称妈妈。

儿媳：对儿子的妻子的称呼。

女婿：对女儿的丈夫的称呼。

嫂子：对兄长的妻子的称呼。

弟妹、弟媳：对弟弟的妻子的称呼。

姐夫：对姐姐的丈夫的称呼。

妹夫：对妹妹的丈夫的称呼。

妯娌：兄弟的妻子间互相间的称呼或合称。

连襟：姐妹的丈夫间互相间的称呼或合称，也称襟兄弟。

大姑子：对丈夫的姐姐的称呼。

小姑子：对丈夫的妹妹的称呼。

大舅子：对妻子的哥哥的称呼。

小舅子：对妻子的弟弟的称呼。

祖父的哥哥：伯祖父（伯公）。

祖父的嫂嫂：伯祖母（姆婆）。

祖父的弟弟：叔祖父（叔公）。

祖父的弟妇：叔祖母（婶婆）。

祖父的姐夫、妹夫：姑祖父（姑公）。

祖父的姐姐、妹妹：姑祖母（姑婆）。

祖母的哥哥、弟弟：舅祖父（舅公）。

祖母的嫂嫂、弟妇：舅祖母（妗婆）。

祖母的姐夫、妹夫：姨祖父（姨公）。

祖母的姐姐、妹妹：姨祖母（姨婆）。

A 案例分析

国外流传着这样一首《育儿歌》："挑剔中成长的孩子，学会苛责；敌意中成长的孩子，学会争斗；讥笑中成长的孩子，学会羞怯；羞辱中成长的孩子，学会自疚；宽容中成长的孩子，学会忍让；鼓励中成长的孩子，学会自信。"这首《育儿歌》，含有丰富的哲理，说明家长的教育思想、教育态度和教育方法等，对孩子的身心发育都有密切的关系。

美国儿童心理学家詹姆斯·毕伯库克曾对1300多位称职的父母作了调查研究。他归纳出一个称职的父母应该努力做到以下几点。

(1) 喜欢且经常与孩子亲近，爱而有度，严而有格。

(2) 关心孩子的思想和学习，乐于帮助孩子解决学习、生活中的一些困难。

(3) 善于和孩子交流和沟通思想感情。

(4) 家庭中有明确的"公约"，使孩子有规可循。

(5) 尊重孩子的兴趣和爱好。

(6) 按照孩子的发育程度，给孩子提出合理的目标和要求。

(7) 致力于创造一个和谐、欢乐的家庭氛围。

问题

各学习小组结合上述材料，分享各自成长中的故事。

子情境二　家庭的结构

任务一　掌握家庭结构的含义

R 任务体验

1. 临时组成 6 人体验小组。
2. 就自己认为如何和父母相处进行讨论。
3. 在规定时间内，经过小组讨论，每小组统计两种小组成员认为最合适的相处方式。

R 任务分享

各组成员分享和父母相处的最合适的方式，并说明选择的理由。

R 任务总结

对该任务的意义和目的进行解释和澄清。

Z 知识介绍

一、家庭结构的含义

家庭结构（Family Structure）是我们在做家庭社会工作时经常采用的分析维度。一般来讲，家庭结构是指家庭中成员的构成及其相互作用、相互影响的状态，以及由这种状态形成的相对稳定的联系模式。家庭结构包括两个基本方面：一是家庭人口要素。它是指一个家庭由多少人组成，即家庭规模的大小。二是家庭关系。它是指家庭成员之间怎样相互联系，以及因联系方式不同而形成的不同的家庭模式。

二、家庭结构的特征

（一）从家庭人口要素看家庭结构的特点

家庭可以分为大家庭和小家庭。相对来说，人口较多的称为大家庭，人口较少的称为小家庭。在人类社会早期，曾经有过群婚，以后又出现了对偶婚。对偶婚使得一个家庭中可能包括多对配偶及其所生子女，与后来的一夫一妻制家庭相比，其家庭成员较多，可以说是大家庭，那时出现的家庭公社就是一例。最初的一夫一妻制家庭是父权家长制家庭，它由若干数目的自由人和非自由人在家长的统治下组成，即家庭中不仅包括有亲属关系的人，还包括一定数量的奴隶，相对来说，这种家庭规模也比较大。大家庭的存在是和低生产力水平相联系的。随着生产力的发展，家庭规模开始由大变小。20 世纪以来，由于人们开始自觉地控制生育，家庭规模变得更小了。

（二）从家庭关系要素看家庭结构的特点

1. 家庭结构的抽象性

从其形成来讲，家庭结构是在家庭的日常运转过程中形成和体现出来的，并由家庭成员的交往呈现出来。离开了家庭成员及其互动，就没有家庭结构。

2. 家庭结构的实在性

说家庭结构实在是因为它确实存在，它对家庭成员角色及交往有一定的制约和影响。

3. 家庭结构的影响性

家庭结构对家庭成员的生理、心理及社会行为产生着巨大的影响。因为家庭是人成长的第一学校，也是终其一生的学校。一般来讲，良好的家庭结构对家庭成员的身心发展起着正面积极性的影响，反之亦然。

4. 家庭结构的变化性

家庭结构会随着社会、政治、经济、文化的影响而发生变化。从宏观角度讲，家庭的总体结构会随着社会的变化而变化，从微观角度讲，每个家庭结构都具有自己的特点，千差万别。

A 案例分析

2013 年 12 月 22 日凌晨 3 时 21 分，××省××市××县××乡××村发生一起灭门惨案，上门女婿连续杀害岳父家 7 人，包括犯罪嫌疑人妻子、儿子、女儿、岳父、岳母、妻姐及其儿子，犯罪嫌疑人的儿子 12 岁，跑出村外 500 多米，被犯罪嫌疑人撵回来活活勒死。

据知情人透露，犯罪嫌疑人陈某由于长期在外地打工，怀疑妻子有外遇而将其杀害，随后将岳父、岳母等妻子的亲属和自己的孩子杀死。

××县公安局李局长告诉记者，目前，此凶杀案已经告破，犯罪嫌疑人陈某已被控制。据介绍，事发后，××市公安局和××县公安局立即赶赴现场。目前，省公安厅派的专家正在现场进一步勘查案件原因。

问题

以小组为单位，分析该案例中这一家人为什么会有这样凄惨的结局，并分享大家对家庭关系和家庭结构的重要性的看法。

任务二　了解家庭结构的分类

R 任务体验

1. 每 6 个同学组成一个小组，讨论如何与父亲相处才能拥有良好的父子关系。

2. 在规定时间内，每小组各成员选出自己认为最经典的 3 条和父亲相处的互动原则或方法，最后各组要选出本组公认最经典的 5 条。

R 任务分享

各组成员分享和父亲良好相处的技巧和方法。

R 任务总结

对该任务的意义和目的进行解释和澄清。

Z 知识介绍

由于家庭基础不同，每个社会，甚至同一社会的不同地区，因地理条件或文化传统的不同而影响到家庭形式的差异。因此，分类的方法不同，家庭模式的含义也不相同。

一、当代中国家庭结构分类

（一）按家庭的代际层次和与亲属的关系分类

1. 核心家庭

核心家庭是指由已婚夫妇和未婚子女或收养子女两代人组成的家庭。核心家庭已成为中国主要的家庭类型。核心家庭的特点是人数少、结构简单，家庭内只有一个权力和活动中心，家庭成员间容易沟通和相处。

（1）核心家庭的优点。

① 家庭关系简单，成员关系密切，内聚力较强，容易形成教育合力。

② 父母素质较高，心理学家通过研究发现，父母的受教育程度越高，子女的自尊水平也越高，越容易接受先进的教育方式，实行较为开明的教养方式。

③ 父母年富力强，富有事业心，十分疼爱自己的子女，可以为子女创造更为优越的教育环境和物质环境。

④ 父母更能以民主、平常的态度对待、教育子女，这类家庭中能以忍耐、平等、随和、谅解的态度爱护关心儿童成长。

⑤ 中国学者吴凤岗、日本学者梅田文绘等指出，家庭结构及其类型影响着儿童的社会化，两代人家庭的儿童在独立性、自制力、敢为性、合群性等方面优于三代人家庭的儿童。

（2）核心家庭的缺点。

① 家庭的封闭性、分散性、缺乏互动性不利于儿童情感和社会交往能力的培养，儿童更容易得抑郁症，性格内向。因为在以事业为重的家庭中，忙忙碌碌的生活使得父母与子女间情感交流的时间减少，儿童更多的时间是和保姆或电视为伴。

② 家庭暴力的现象绝大多数在核心家庭发生，儿童往往成为无辜的受害者，被冷落，成为父母的“发泄筒”。

③ 核心家庭中的父母往往用经济上的满足作为对儿童情感上的补偿，使儿童过着养尊处优的生活，有求必应。

2. 主干家庭（直系家庭）

主干家庭是指由两代或两代以上夫妻组成，每代最多不超过一对夫妻，且中间无断代的家庭。在中国，主干家庭曾为主要家庭类型，但随着社会的发展，此家庭类型已不再占主导地位。主干家庭的特点是家庭内不仅有一个主要的权力和活动中心，还有一个权力和活动的次中心存在。

（1）主干家庭的优点。

① 祖父母可以协助父母照顾、管理、教育第三代，孩子可以得到更多的爱和更充分的教育，生活上的照顾和日常的管理也比较周到。他们对孩子的照料更有经验，他们一般

也比较耐心、细心，能较细致地体察孩子的心情。

② 教育工作也会做得更为深入和细致。

③ 家庭中的老人需要子女照顾，儿童也容易从父母那里学到关心别人、照顾老人的好品质。

（2）主干家庭的缺点。

① 做祖父母的对于隔辈人更疼爱，容易娇惯溺爱，而做父母的一般理智一些。祖父母容易对孙子女过分溺爱和宽容，这样会容易使孙子女养成放纵骄横的个性，不能学会在欲望不能满足时应有的忍耐。其结果是，不合理的要求增多，欲望不断增加；无法适应社会生活，以自我为中心，自控能力差；道德观念薄弱，缺乏行为准则和规范；事事依赖成人，与人交往产生挫折后易产生对立、仇视情绪。

② 在主干家庭里，由于结构复杂、人口多，充斥着婆媳矛盾、父子矛盾，经常会有矛盾和摩擦，对孩子的成长很不利。年老的祖父母，思想中传统意识可能多一点。做父母的年轻一些，容易接受新的教育思想，旧意识少一点。由于思想意识、行为习惯的差异会产生很多的家庭矛盾。

3．联合家庭

联合家庭是指包括父母、已婚子女、未婚子女、孙子女、曾孙子女等几代居住在一起的家庭。它至少由两对或两对以上同代夫妻及其未成年子女组成。联合家庭的特点是人数多、结构复杂，家庭内存在一个主要的权力和活动中心，几个权力和活动的次中心。

（1）联合家庭的优点。

① 人多力量大，家庭遇到困难的事情，靠大家庭的力量很容易解决。

② 大家庭人员比较多，家里很热闹，不会孤独。

（2）联合家庭的缺点。

① 人口太多，人际关系复杂，矛盾多。

② 家庭决策时，人多想法也多，意见很难统一。

4．其他家庭

例如，目前农村普遍存在的由祖父母和孙代组成的隔代家庭；不愿生育子女的丁克家庭；没有履行法定结婚手续而存在性关系的同居家庭。随着经济社会的发展，越来越多的家庭结构出现。

（二）按角色完整情况分类

1．健全家庭

健全家庭是指由父母和其婚生子女共同组成的家庭。家庭成员是基于婚姻或者血缘关系而存在的。它是最普遍也是人们最向往的家庭形式。

2. 残缺家庭

残缺家庭，也称破损家庭。它主要有两种形式，一是没有父母只有两个以上兄弟姐妹组成的家庭；二是兄弟姐妹之外再加上其他有血缘、无血缘关系成员组成的家庭。

二、当代中国家庭结构变动状态

（一）相对稳定的家庭类型

三代直系家庭是其代表。城镇三代直系家庭的维系得益于家庭内部管理的松弛，在农村则与独子比例增大有关。

（二）明显上升的家庭类型

夫妇核心家庭提高幅度显著，实行 20 余年的独生子女政策是这一家庭类型的主要推动力量；隔代直系家庭增长率最高，它既是中国社会转型阶段的重要现象，又是社会发展具有缺陷的反映；单人家庭也有增长，青年人晚婚和老年人口预期寿命延长、老年丧偶比重提高是其主要影响因素。

（三）以下降为表现形式的家庭类型

缺损核心家庭明显减少，标准核心家庭有所下降。后者的降低主要是夫妇核心家庭上升所致，或谓核心家庭内部不同类型调整的结果。今后一段时期内，中国的家庭结构总体上将持续这种状态，一些家庭类型将发生进一步的变动。当代家庭的结构简化和规模缩小使家庭功能及家庭成员关系方式发生改变，将对整个社会产生影响。

随着社会向日益尊重个人选择的方向发展，人们的家庭观念也在发生巨大的变化。首先，家庭功能弱化。随着家庭的生产职能和赡养职能的日趋社会化，家庭生育职能的进一步弱化，社会流动的扩大和社会交往的拓宽，人们不再像以往那样对家庭有强烈的依赖感，这动摇了家庭原有的地位和作用。在婚恋观念方面，由于性观念的更为开放和对家庭责任的逃避，以婚姻为纽带的家庭一统天下的局面正在被打破。由于这些原因，人们对婚姻的要求提高，一方面追求高质量的以爱情为基础的婚姻；另一方面爱情的坚贞程度下降，爱情的更新速度加快，离婚率上升，造成了许多单亲家庭和再婚家庭。其次，家庭核心化。从 20 世纪 70 年代后期开始，中国政府不断认识到庞大的人口基数对于社会可持续发展所造成的严重阻碍，采取了“一对夫妻只生一个孩子”的计划生育国策。随着计划生育政策的实施，家庭的结构类型也日益从联合家庭、主干家庭向核心家庭转化。21 世纪的前 10 年里，第二代独生子女至少在城市家庭中普遍出现。中国家庭出现人类历史上仅有的“4－2－1”结构，即四个老人（祖父母、外祖父母）加两个中年人（父母）和一个青年（独生子女）。再次，隔代家庭增多。并且许多农村家庭和城市家庭，为了经济的利益外出工作和谋生，寻求新的发展道路，中国社会的流动人口逐年递增，一些父母暂时中断了做父母的义务，把孩子托付给祖辈，加以中国的老年人由于传统和心理上的原因，十分愿意和需要与第三代在一起生活，促成了一些家庭把子女送到老人家中抚养和生活。

A 案例分析

近年来，伴随离婚率的高涨，单亲家庭增多，家庭结构残缺，造成孩子成长的环境先天不良。大量资料显示：一个从缺乏民主、缺乏平等、缺乏关爱的家庭走出的孩子，很难从他身上找到责任感、同情心，会造成孩子人格上的缺陷。因此，单亲家庭中的孩子成为社会关注的焦点，离异父母对孩子情感上的忽略或行为上的放任，使一个个稚嫩的孩子失去了童年的幸福和纯真，变得灰暗、痛苦、茫然、自卑、任性，假如这种情绪长时间得不到引导和调节，就会发展成情绪和行为有障碍的特殊学生。

小强，男孩，12 岁，父母离异，小学六年级学生，好动，上课注意力不集中，经常上课时睡觉，或者跟其他同学讲话。行为散漫，无组织纪律，我行我素，以自我为中心，自控能力差，不做作业，打群架，欺负女同学，破坏公物，甚至打老师……缺乏上进心，对集体漠不关心，学习成绩不理想。

问题

以小组为单位，分析案例中的小强所在家庭存在的问题，并根据所学知识讨论帮扶介入方案。

学习情境二

家庭社会工作的认知

理论学习目标

1. 掌握家庭生命周期理论和社会冲突理论的主要观点。
2. 掌握社会冲突理论是如何运用于家庭社会工作的。
3. 了解国内外家庭社会工作的主要内容。
4. 掌握家庭社会工作的方法。

实践学习目标

1. 运用家庭生命周期分析家庭状况。
2. 运用社会冲突理论分析家庭问题状况。
3. 运用家庭社会工作专业方法介入服务。

子情境一　家庭社会工作理论

任务一　掌握家庭生命周期理论

R 任务体验

1. 临时组成 3 人体验小组。

2. 分享自己读小学期间和读大学期间，家庭有什么变化？如果有，你是如何感受到这种变化的？

3. 在规定时间内，每个小组完成并书面总结。

R 任务分享

每组分享本组的总结情况。

R 任务总结

对该任务的意义和目的进行解释和澄清。

Z 知识介绍

家庭生命周期理论向人们展示家庭变迁的动态过程，帮助人们从时间角度理解家庭的研究框架，因此又称为家庭发展理论。家庭生命周期是一种发展理论架构的衍生，是以社会制度、社会人际互动及个人人格等因素来讨论家庭关系。家庭生命周期理论开始于20世纪30年代，最早由希尔（R. Hill）和汉森提出，他们具体讨论了这一研究框架的一些特点。事实上，家庭生命周期理论是在综合许多学科的研究概念的基础上发展而来的，其来源主要有三个方面：一是来自乡村社会学中家庭生命周期的概念；二是来自儿童心理学、人类发展学中发展过程的需要与任务的有关论述；三是来自社会学中功能学派与象征互动学派的性别、年龄、角色的概念，以及将家庭视为一个系统的思想，即偏重于家庭系统在长时间的变迁情况，其中包括了在变迁或发展过程中，家庭内人际互动与关系的研究。自20世纪50年代开始，家庭生命周期理论被运用到家庭研究工作上。

一、家庭生命周期理论的主要观点

（一）家庭生命周期的含义

人的生命是从家庭开始的。人类最初的人际关系，第一个团体及对世界最初的经验皆是在家庭中产生的。人们在家庭这个环境中发育、成长，从婴幼儿走向暮年，最终也希望能在其中步入死亡。如同人的生命发展阶段一样，家庭也有一个从成立到消亡的过程。家庭生命周期的概念，表示的就是家庭从成立开始，经历发展的各个阶段最终归于消亡的整个过程。也有学者认为，家庭生命周期是指从一对夫妇的婚姻形式家庭开始，经历扩充、扩充完成、收缩、收缩完成等阶段，直至消亡的动态发展过程。

根据家庭成员构成状况及发展任务的变化，家庭生命周期一般被划分为若干阶段。每一阶段都有相应的发展课题需要家庭成员去面对或解决。如何面对或解决这些发展课题，关系到家庭成员的心理发展进程与生活适应水平。

（二）家庭生命周期理论的主要观点

20 世纪 60 年代，家庭生命周期的理论架构得到进一步发展，以人口学家格里克（Paul Glick）及家庭社会学家杜瓦尔（Evelyn M. Duvall）等人的贡献最大。在学术界，杜瓦尔的家庭生命周期理论架构被认为更系统，长期以来被广泛传播、影响最大。杜瓦尔认为，就像人的生命那样，家庭也有其生命周期和不同发展阶段上的各种任务，每个阶段都有不同的需求，即生理上（生物体上）的需求、文化规范，以及个人的抱负与价值体系。当这些需求能以技术或工作来满足时，则该家庭是快乐和满足的；否则，即是不幸福与不满足的。

杜瓦尔将家庭生命周期分为八个阶段（见表 2－1），认为每个阶段都承担着不同的角色并有不同的任务和需求。

表 2－1　家庭生命周期与家庭发展任务

家庭生命周期阶段	家庭中的角色	任务和要求
1. 新婚期（没有孩子）	妻子 丈夫	● 发展相互满足的婚姻生活 ● 怀孕及将成为父母的适应 ● 适应彼此的亲戚网络
2. 育儿期（从第一个孩子出生到其 2 岁半）	妻子—母亲 丈夫—父亲 女儿—姐妹 儿子—兄弟	● 适应子女的诞生、成长 ● 发展一个可以满足的双亲、新生儿的家
3. 学龄前期（从第一个孩子 2 岁半到其 6 岁）	妻子—母亲 丈夫—父亲 女儿—姐妹 儿子—兄弟	● 以激发性、成长方式适应学龄期子女的重要需求 ● 充沛的精力适应及满足子女需求，父母因此缺乏隐私
4. 学龄期（第一个子女 6 岁到其 13 岁）	妻子—母亲 丈夫—父亲 女儿—姐妹 儿子—兄弟	● 有学龄子女的家庭以建设性的方法适应社区的生活 ● 鼓励子女教育上的成就
5. 青少年时期（从第一个子女 13 岁到该子女 20 岁）	妻子—母亲 丈夫—父亲 女儿—姐妹 儿子—兄弟	● 青少年在自由与责任之内取得平衡 ● 发展中年父母的兴趣和工作
6. 空巢期（从第一个子女到最后一个子女离家）	妻子—母亲—祖母 丈夫—父亲—祖父 女儿—姐妹—姨、姑 儿子—兄弟—舅、伯叔	● 成年子女离家就业、服兵役、上大学、另组新家庭等 ● 维护支持性家庭关系
7. 中年父母期（空巢到退休）	妻子—母亲—祖母 丈夫—父亲—祖父	● 新的婚姻关系重建 ● 维护老的及年幼的亲属关系
8. 老年家庭成员（退休到双亲死亡）	寡妇/鳏夫 妻子—母亲—祖母 丈夫—父亲—祖父	● 应对丧偶及独处 ● 亲近家人或适应老年生活 ● 适应退休生活

1965年，格里克提出一种划分方法，即将家庭分为五个阶段：① 家庭形成初婚期；② 长子女出生；③ 最后一个子女出生；④ 最后一个子女结婚，为空巢期；⑤ 家庭解体，夫妻之一去世。1977年，罗兹（Sonya L. Rhodes）在其《家庭生命周期的发展研究方法》一文中把家庭分为七个阶段，并探讨每个阶段的家庭问题。也有学者在家庭生命周期理论的基础上提出了生命过程理论，这种理论主要是探讨家庭成员个人的发展历程，如何时成为儿童，何时成年，何时结婚，何时为人父母，晚年境况如何，在这个过程中，家庭发生了什么变化等。总而言之，生命周期理论的提出，使人们注意到了个人、家庭与社会三个层次变迁的关系。

综观家庭生命周期各方面的理论，家庭生命周期理论重视家庭发展中的阶段性、家庭生活中的转折事件对家庭生活的影响、不同时期的家庭任务和家庭规范、不同家庭成员在家庭中的位置、角色和认知及其适应性调整的重要性等。其主要观点归纳起来主要有如下几点。

（1）对于整个家庭发展而言，家庭如人的生命一样有各个不同的发展阶段。

（2）家庭生活各阶段是前后连续的，期间有一种转折和衔接，后面阶段将会受到前面阶段的影响。

（3）每一个阶段都有一个特别的发展任务和不同需求，若重点任务得不到很好的执行，成员需求得不到满足，或者家庭不能因阶段转折而作出相应调整，易遭遇家庭关系的紧张和家庭矛盾，且会影响下一阶段的家庭生活。

（4）家庭生活阶段改变时，家庭不同成员的位置、角色、家庭规范等会为适应家庭生活阶段的转折作出相应调整。

（5）阶段之间的转折过渡时期为最易导致家庭关系紧张、家庭成员焦虑的时期，需要家庭成员加倍投入精力。

二、家庭生命周期理论在实务中的运用

家庭生命周期理论在家庭社会工作中的运用主要体现在以下几个方面。

首先，该理论说明家庭是呈阶段性发展的，不同的发展阶段，家庭自有它的表现特征。家庭社会工作者只有对不同发展阶段的家庭的各种特性充分了解和把握，才能很好地开展工作。家庭生命周期理论有助于家庭社会工作者进行家庭评估，确认个案家庭处在哪种发展阶段以及该阶段所面临的任务和可能遇到的压力，特别是对于传统家庭来说出现的新形式和有着特殊成员的家庭，如单亲家庭、有残障人士的家庭，家庭生命周期理论的作用更加明显。

其次，家庭生命周期理论在障碍者家庭中的运用。家庭里如果有生活不能自理的子女，就意味着这个家庭始终处于养育期，父母永远扮演着照顾子女的角色。对这种家庭而言，其家庭生命周期及其家庭要完成的任务，与一般常态发展的家庭差距极大。根据家庭发展理论，障碍者的家庭需求属于特殊性需求，因其不是在家庭正常发展下及在期待中发

展的一般性需求，因此对这些有特殊性需求的家庭介入，就必须根据其特殊性的发展需求，寻求社会福利系统的介入，协助其满足家庭发展阶段性的需要。

A 案例分析

张家夫妇只育有一个女儿，叫张玲。张玲从小学习很用功，功课很好，从小学到中学常获奖，让做父母的张家夫妇很有面子，特别是张太太，以此为骄傲。可是等到张玲高中毕业，考到某大城市的名牌大学，首次离家去念大学的时候，做母亲的因舍不得女儿离开家，情绪低落。经过丈夫与朋友们的安慰与帮助，其忧郁的情况短时期消失。张玲知道自己的母亲因想念她而抑郁，在大学时，就很勤快地每周写封家书给父母，让父母特别是母亲不觉得很寂寞。

张玲大学毕业后，被某单位聘请，得到了一份很好的工作，长期住在单位所在地，只是每周打个电话回家，向父母报平安并讲述她的生活情况。母亲这时还不至于感到跟自己女儿分离，只是心里希望女儿将来结了婚可以回到家乡，与他们临近而住。

可是不久，张玲在工作中认识了一位男同事，叫朱阳，经过恋爱两个人结婚了，继续住在单位所在地，并没有回到家乡居住。张太太对自己女儿结婚后没有按自己的意愿跟丈夫搬回家乡跟他们住感到不高兴，并据这样的理由与自己的丈夫吵架，把一家子的生活搅得不安生。

张玲结婚一年后就生了个男孩。张太太知道自己的女儿生了孩子，有了外孙，心里很高兴，趁外孙满月期间，还到女儿家帮忙照顾婴儿，很是喜欢外孙。可是等到外孙满月过后，张太太需要回到自己的家乡时，很舍不得离开，回家乡后，又情绪低落了一段时间。还好，女儿跟女婿经常带外孙回来看望她，她也就没那么难过了。

两年以后，女儿突然告诉张太太说，朱阳得到奖学金准备到国外进修三年，而且由于时间长，张玲也另外申请到了奖学金，可以一起出国陪自己的丈夫。由于夫妻两个人都要出国进修，无法把自己幼小的孩子带在身边，就想把孩子留在国内，委托母亲照顾。母亲听了，当然很高兴，马上答应照顾外孙。

张太太有了自己的外孙在身边，就当作是自己的心肝，很用心地照顾，而孩子也长得很好，让身在国外的女儿与女婿都很放心。可是，三年过后，女儿张玲来信说，她的丈夫在国外大学表现很好，被大学聘为副教授，也答应聘张玲任讲师，可以一起工作。由于这是长期性的安排，张玲跟她的丈夫就决定把儿子接到身边来照顾。也就是说要把国宝带到国外去跟父母一起生活。张太太跟她的先生听到自己的女儿及女婿在国外有发展，一方面替他们高兴，但另一方面想到他们心爱的外孙将被接走，心里非常难过。

问题

1. 案例中的夫妻处在家庭生命周期中的哪个阶段？他们面临的任务和需求各是什么？

2. 学生以小组为单位，先在组内进行辨识讨论，然后由组长发言，其他成员进行补充。

任务二　掌握社会冲突理论

R 任务体验

1. 临时组成 3 人体验小组。
2. 分享各自家庭中发生过哪些冲突？是什么原因导致的冲突？冲突结果如何？
3. 在规定的时间内，每个小组完成并书面总结。

R 任务分享

每组汇报本组的分享情况。

R 任务总结

对该任务的意义和目的进行解释和澄清。

Z 知识介绍

社会冲突理论是社会学四大理论之一，它以率先反对当时占主导地位的结构功能主义而著称。它强调社会冲突对于社会巩固和发展的积极作用，代表社会学激进派。其主要代表人物有美国的 L. A. 科塞、L. 柯林斯，德国的 R. 达伦多夫，英国的 J. 赖克斯等。该理论在 20 世纪 60 年代后期流行于美国和西欧国家，在西方社会学界引起巨大反响，并渗透到社会学各分支学科的经验研究中。从 20 世纪 70 年代开始，从冲突论的角度研究婚姻家庭出现了长盛不衰的局面，并引起家庭社会工作者的广泛关注和重视。

一、社会冲突论的主要理论观点

（一）社会冲突理论的重要概念

这里主要介绍三个概念，即冲突功能论、权威和社会安全阀机制。

所谓的冲突功能论是指发生冲突有其功能性，冲突不仅会增强群体内部凝聚力，带来整合和共识，也会对整个社会系统形成一种平衡机制，促进社会结构的整合和完善。

权威是冲突理论的一个重要概念，它是指社会各种位置或阶层皆拥有不同程度的权威观念，居于支配者的利益要求是维持现状，被支配者的利益要求是重新分配权力和权威，这种竞争或冲突的解决成为社会系统变迁的根源。

科塞提出了社会安全阀机制，即是指在不破坏原有社会结构的前提下，冲突使得敌对情绪得以释放出来以维护社会整合的制度，就好比锅炉上的安全阀一样。科塞认为社会安全阀制度具有社会减压、社会报警、社会整合和社会创新的功能。“安全阀”可以提供人们用来释放对社会不满情绪的合法冲突机制，它在一定程度上可以起到转移矛盾焦点，避免矛盾积累的作用。

（二）社会冲突理论的主要观点

社会冲突理论的主要观点有如下几点。

（1）社会变迁是不可避免的。社会体系处于绝对不均衡状态，冲突是社会固有的特征，它最终促进社会变迁。

（2）阶级冲突只是最一般社会冲突的一种形式，社会中还存在许多其他冲突，如种族冲突、性别冲突、年龄冲突等。这是人类社会的普遍现象，因此冲突的发生是人与人之间很自然的情况。

（3）人们会因为资源的稀少而相互竞争，正如达尔文的论点——物竞天择，适者生存。

（4）阶级之间的冲突和斗争并不一定是残酷的和革命的，可以通过罢工、议会辩论和罢工等形式来体现。

（5）社会体系是由具有相互依赖关系的单位而组成的，单位之间也会因稀少和有价值的资源有限而分配不均；而未获得适当资源的单位，会开始质疑社会的合法性，意识到被剥夺感，试图要改变资源配置体系，因此与拥有较多资源者发生冲突。

（6）冲突对社会具有整合作用，形成社会安全阀机制。当代西方社会冲突理论认为，冲突一方面导致了社会不和谐，另一方面又对社会起到了整合作用。科塞提出，冲突可以起到类似“安全阀”的功能，好比是锅炉上的“安全阀”一样，适量的冲突可以使人们的怨气不断排泄出去，从而不至于破坏整个社会结构。

（7）冲突具有积极功能。科塞看到了冲突的积极作用，并全面系统地研究了冲突的积极功能，即正功能。科塞认为社会冲突是在一定条件下具有维护社会有机体或社会子系统的重要功能。

二、社会冲突理论在实务中的运用

（一）社会冲突理论的家庭观

自 20 世纪 70 年代开始，社会冲突家庭研究出现在夫妻关系的冲突、家庭沟通、亲子关系冲突、手足冲突、家庭解组、家庭权力配置、家庭冲突管理、婚姻治疗与咨商、家庭暴力、婚内强暴等，此时社会冲突理论备受家庭研究者与实务工作者的重视，社会冲突理论应用在家庭的主要观点包括以下几点。

(1) 社会冲突是人们社会生活的基本要素，冲突存在于任何地方、任何社会互动的形式中，同样也存在于家庭生活及家庭互动关系中。

(2) 个别行动者会依其个人的喜好行动，包括需求、价值观、目标及资源，因此在其日常生活及与人互动中会有各种理由诠释其欲求、利益及追求的方式；不同的人、不同的团体，各有其不同的想法、欲求及追求的方式，因此不可能要求每个行动者都是为了达到社会最大的利益而行动。

(3) 无论就个人或是团体而言，都会有冲突发生，运用在家庭时情况亦同，如家庭中不同的成员会有不同的目标、价值、兴趣及时间规划，且会与家中其他成员产生冲突。

(4) 家庭的冲突也可能来自于同样的目标与兴趣，但限于资源（爱、注意、权力、金钱）分配的不足，因此会有竞争。家庭冲突论者视个人喜好为了解家庭关系及互动的主要因素。

(5) 从马克思资本主义经济学的观点，家庭是劳动力来源的体系，会影响家庭的权力、性别关系和生活；如果家庭中的男人参与职场，女人则负担家中无报酬的劳务，成为主流社会典型的“家庭形态”，如负责面包赚取者在家庭中拥有较高权力。

(6) “权力”是家庭冲突理论的重要概念，存在于家庭内及家庭外系统之间，而这会受社会文化、阶层的影响，如就家庭内而言，与性别、年龄有关。

（二）冲突理论在家庭实务中的运用

首先，冲突理论认为外部因素是导致冲突的主要动力，社会经济条件的变化、社会结构的转化和社会中新兴权力关系都是家庭变化的重要因素。这为我们提供了一个分析家庭内部冲突的基本视角，即从宏观结构来考察家庭成员间的利益冲突。例如，在一个社会中，如果主流的收入结构是“男主外、女主内”的家庭结构形态，家庭中的男人参加工作赚钱养家，有可能成为家庭中拥有较高的权力者，从而可能形成家庭成员间的不平等关系。因此，家庭社会工作者在分析和处理家庭冲突的时候，绝不能仅仅局限于家庭微型结构，把它作为家庭内部、家庭自身的事务来看待，而应该结合社会结构的不平等来寻找问题的根源和解决的办法。

其次，冲突并不一定是坏事，“安全阀”机制在家庭中的应用。社会冲突理论认为，社会安全阀制度具有社会减压、社会报警、社会整合和社会创新的功能。“安全阀”可以提供人们用来释放对社会不满情绪的合法冲突机制，它在一定程度上可以起到转移矛盾焦点，避免矛盾积累的作用。对家庭而言，适量的冲突可以起到“安全阀”的作用，这种作用主要表现在如下几个方面：一是大量的低激烈程度的家庭冲突可以释放紧张能量，避免破坏力强的冲突发生，从而又起到维持家庭关系长期稳定的作用。日常人们经常说到的“会吵架的夫妻感情会越来越好”“床头吵架床尾和”就是这个道理。二是家庭冲突出现时，平时没有说出的愿望、需求、情感等在此时以真实直接、快捷的方式传给对方，促进彼此的理解和适应，从而有利于家庭关系的和谐。三是家庭系统总是不断变化着的，正如家庭生命周期理论所言，家庭在不同的阶段有不同的任务，当本阶段的任务不能很好地完成的时候，可能会带来冲突。这也只是在告诉家庭成员，原有的家庭模式或家庭规则有一些不合理的成分，不能满足家庭发展的需求，需要尽快改正或者修正不合理因素，以便跟上家庭系统的变化带来的新要求。

最后，达伦多夫认为，权力和权威是稀缺资源，这种稀缺性决定了冲突的必然性。他提出两个概念，即冲突强度和冲突烈度。冲突强度是指冲突各方面能量消耗以及它们卷入冲突的程度；冲突烈度是指冲突双方用以达到他们目的和利益的手段，即常规化的暴力程度。烈度的范围是很大的，冲突中所消耗的能量与卷入的程度和冲突的强度成正比。冲突的强度和烈度还受到一系列条件的影响。这种对权力、权威等的竞争和冲突在家庭中的表现形式多数为辩论、争吵、暴力行为等，不同的形式反映了冲突烈度的不同。对于家庭社会工作者来说，在处理辩论、争吵这样的家庭冲突中适当引导以发挥冲突安全阀机制的作用，缓解双方的紧张能量，在此前提下，工作者可以引导提高冲突双方达成协议的能力，从而使家庭达到新的平衡。对于家庭暴力，社会工作者介入的目的在于促使家庭中权力重新配置，使受虐者可以在家庭中拥有平等的权力。而这也是倡导男女两性平等社会，以作为家庭暴力防治的最根本工作，也可以说是冲突理论最重要的运用。

A 案例分析

案例一

美兰是一位普通的农村妇女，28 岁。其丈夫长年在外地打工，很少回家。美兰的丈夫经常抽烟喝酒，每年拿不了多少钱回家。美兰包揽了家中种地、养猪、养牛等几乎所有的农活，但女人的能力是有限的，家庭年收入并不多。另外，美兰还要照顾上学的女儿及多病的婆婆，是家庭的经济支柱。

美兰的公公在她丈夫很小的时候就去世了，她的婆婆独自一人把儿子拉扯大，而且只有这一个儿子。美兰和她的丈夫也只有一个女儿，平时都是由美兰照顾，所以母女关系特别好。因为受传统观念的影响，婆婆和丈夫都希望美兰再生一个男孩，可美兰自己因为生活负担重，并且与丈夫感情淡薄，不想再生第二胎，也一直没有怀上。因此，丈夫和婆婆总是冷言冷语，丈夫甚至以生不出男孩就离婚来威胁，有时还会打她。美兰得不到丈夫的关心，觉得自己很没用，在村里抬不起头来。

性格内向的美兰找过村里要好的姐妹诉苦，大家都很同情她。村里像她这样挨打的妇女有不少，但大家认为家丑不可外扬，都选择了忍耐和沉默。美兰曾找过妇联主任和派出所民警，他们都做过美兰家人的工作，但没起什么作用。村里人背地里对美兰将家事告诉外人有些议论，也以“清官难断家务事”为由，没有给美兰什么帮助。

美兰感觉活得很累，动过离婚的念头。可是，父母都住在弟弟家里，自己如果离婚带着女儿能去哪里呢？她想过自杀，但一想到女儿没了妈妈之后的日子，就打消了这个念头。她感到无助，自叹命不好又不得不认命。

不久前，某社会工作服务机构在美兰所在的村庄开展服务。美兰经过一段时间的观望和了解，前来该机构求助。

案例二

陈某，农村户口，在家中排行第二，有一个姐姐。由于是家中唯一的男孩，家人对他宠爱有加。初中毕业之后，陈某就进入社会，在外面闯荡了几年。20岁时和本村的刘某结婚，因未到结婚年龄，先在村里举行仪式，两年之后领结婚证。陈某婚后两年，妻子刘某生了一对龙凤胎。陈某婚后主要在村附近的小工厂上班，妻子刘某无业在家，主要负责养育孩子，照顾老人。可是陈某对养育孩子并没有兴趣，下班回到家不是看电视，就是和别人玩牌，从来不主动看管孩子，一遇到孩子哭叫，不问青红皂白就打孩子。妻子和其因为此事争吵过多次，可是陈某没有丝毫改变，并且妻子发现最近陈某回家的时间越来越晚。

问题

1. 案例一中的家庭存在哪些冲突？冲突的原因是什么？
2. 案例二中的这个家庭的主要冲突表现在哪些方面？

子情境二　家庭社会工作的内容

任务一　了解国外家庭社会工作的内容

R 任务体验

以学习小组（人数自定）为单位，搜集国内外家庭社会工作的相关资料。

R 任务分享

分组汇报国内外家庭社会工作的内容。

R 任务总结

总结国内外家庭社会工作的主要内容和特色。

Z 知识介绍

欧美国家家庭社会工作的内容

崇尚自由主义的欧美国家，社会往往先于政府对某些社会问题采取行动。当这种社会行动被广泛接受，成为社会主流思想时，各政党就会根据社会行动和主流思想来推行其公共政治以获取选票，这时国家的公共服务也就会跟随社会潮流而动。

在欧美国家，家庭社会工作作为社会保障体系的一部分，其起源既是社会本身的自我服务，又是国家政府的公共服务。它是以社会的自我服务为基础，通过长时间的国家法律、法规的渗透，公共服务细化、专业化，以及社会科学知识的进步等，而逐步建立起来的一套现代家庭生活保障体系。

（一）美国家庭社会工作的内容

1. 美国家庭社会工作的发展历史

美国家庭社会工作的发展历史，总体上是一部从以经济援助为主的家庭服务逐渐发展为以专业性治疗为主的专业社会工作历史，是从早期的政府救济逐渐发展为社会组织专业服务的历史。是从民间社会组织发起和推动逐渐发展为政府机构立法保护的历史，是逐渐强化家庭功能，促进家庭成员发展特别是促进儿童及青少年健康成长的历史。

美国的家庭社会工作起源于家庭服务，早期的家庭服务仅限于地方政府对贫困家庭、疾病家庭、老年家庭和失业家庭的经济援助。1877 年，美国在纽约水牛城成立慈善事业组织会社（Charitable Organization Clubs），除提供早期的经济援助外，也从事家庭友善访问和提供个案服务工作。1911 年，美国各地相同类型的服务组织成立了联合会，后正式命名为“美国家庭服务协会”（Family Service Association of America）。1929 年，美国成立了比较专业的“纽约社区教会的婚姻咨询中心”（Marriage Counseling Center of the Community Church of New York），开始了较为专业的家庭社会工作。1930 年，创立“美国家庭关系协会”（American Institute of Family Relations），后扩大并改称为“美国婚姻暨家庭咨询员协会”（The American Association of Marriage and Family Counselors），其成员包括社工（社会工作者的简称）、精神病医生、心理学家、律师、牧师及家庭咨询员等。到 1950 年，全美有 74 240 名社会工作者和 24%的社会工作专业毕业生的工作集中在家庭和精神健康服务方面。

1956 年，美国修正 1935 年通过的社会安全法案时，增加了对个人服务方面要“维持并加强其家庭生活”（Maintain and Strengthen Their Family Life）的文字。1962 年，“公共救助局”（Bureau of Public Assistance）改名为“家庭服务局”（Bureau of Family Service），儿童福利和家庭社会工作领域正式成为美国社会工作的四大领域之一。至此，由民间组织推动的美国家庭社会工作不但日益受到社会和公众的重视，也开始受到政府的重视并得到立法保护。1972年，美国成立“全国家庭生活同盟”（National Alliance for Family Life），以促进并加强家庭生活。

美国1977年出版的《社会工作百科全书》概括了家庭服务的具体内容，主要有以下几点。

（1）有关婚姻和家庭的咨询。

这时美国家庭服务机构提供的主要服务，包括帮助解决婚姻冲突，亲子矛盾及代沟等问题。咨询的方法包括个别会谈、联合会谈或家庭会谈，依情况的不同而采用不同的处理方式。

（2）家庭生活教育。

不同的家庭服务机构尽量提供有关家庭关系、人格发展和社会适应的资料，利用演讲、讨论会、大众传媒等方式来教育社区民众。家庭社会教育属于一种预防性的措施，在机构的方案计划中占有很高的优先地位。

（3）一般性的服务。

家庭服务机构也提供一些普通家庭日常所需的服务，如儿童日托，法律协助，旅行协助，老人、心理精神病患者的照顾，经济协调等。此外，还有身体保健方案、学校指导、职业辅导等服务。与此同时，对诸如少数族裔、药物滥用、酒精中毒、未婚母亲等问题，也提供相关服务。

（4）家务服务。

这项服务只是针对家有病人、老人、身心残疾者或母亲离家，生病的家庭服务，目的是使儿童或家庭成员不会因为家中的变故而受到过分伤害，仍然能够待在家里继续享受家庭的温暖。服务的内容包括家事管理（环境清理、照顾小孩并做家务），指导家政技术，临时替代母亲照顾儿童，指导儿童做功课等。

（5）参与专业教育。

许多家庭服务机构为大学的社会工作专业毕业生提供专业的实习培训，同时也出版资料、个案记录等作为教育的材料。

（6）参与有关研究。

家庭服务机构参与一些相关的研究工作，并把研究的成果与其他机构共享。

（7）家庭社会环境的改善。

家庭机构不仅在社区计划团体中和社区活动设计中扮演行动者的角色，而且积极影响或者直接参与社会政策的制定。他们时常观察并努力改善诸如住宅、娱乐设施等，或者寻找一些特殊的资源来照顾儿童、老人或者精神病患者这样的困难人群。

2. 目前美国家庭社会工作的主要内容

美国的家庭社会工作内容随着时代变迁和社会需要的不同也在发生着变化，但始终以促进儿童及青少年的健康成长和发展为大前提，美国家庭社会工作的服务对象也相应地以儿童及青少年为重点。目前，美国约56.2万的社会工作者中，从事儿童、家庭和学校社会工作的约有27.2万名。专业性的社会组织与服务工作的出现和形成，标志着美国的家庭社会工作逐渐走向专业性治疗工作，但一般性的社会服务工作仍然受到地方政府及社会福利机构的重视。

当前美国家庭社会工作主要包括以下几个方面的内容。

（1）弹性制的义务教育制度。

根据法律规定，美国实行义务教育制，对象为5～18岁的未成年人，家庭有义务保证适龄儿童及青少年接受义务教育。但美国在执行义务教育的过程中有一定弹性。例如，16～18岁的未成年人可以选择参加工作，而不再接受教育；又如，美国的义务教育一般是在学校进行，但法律也允许儿童及青少年在得到当地学校同意的情况下可以在家庭中接受教育；再如，在美国，与教育有关的问题一般由政府教育部门承担，但对于一些与儿童及青少年教育有关的特殊问题，则由政府教育部门和家长共同承担，包括由一些专业服务机构如社区服务中心承担一些不愿意在学校接受学历教育或者正常上学有困难的儿童及青少年的教育，并颁发相应的学历证书。无论是哪种教育方式，都必须注意培养儿童及青少年的社会情感发展。为了保证这些专业服务机构的教育的有效性，美国法律规定，在这些专业服务机构提供教育的过程中必须有专业社工的介入。

（2）以家庭为工作对象的医疗制度。

美国家庭社会工作者在提供专业服务时特别强调以家庭为视角，强调维持家庭的功能，整合社会的资源，特别是在介入儿童及青少年的医疗活动时不仅关注作为直接服务对象的儿童及青少年本人，更关注其所在家庭及其社会环境，尤其是多种疾病同时发生的家庭。由于考虑到儿童及青少年的许多疾病会对其他家庭成员甚至整个家庭产生严重的影响，因此，一旦儿童及青少年入院，家庭社工需要与医务社工、学校社工、社区社工合作为儿童及青少年及其家庭成员提供各种服务，其中家庭社工必须对整个家庭进行评估，评估该儿童及青少年的疾病对家庭可能发生的影响，提供家庭危机辅导。帮助家庭面对孩子的疾病及因此可能发生的困难，开展适应治疗，帮助家庭接受和正视该孩子生病的现实并配合医生进行治疗。进行资源调配和整合，帮助家庭安排该孩子在医院中的护理、陪伴和接送等工作，并帮助该孩子及其家庭争取资源，确保儿童及青少年不因疾病导致社会适应功能的丧失，同时支持整个家庭度过危机，恢复功能，适应社会。为此，专业家庭社工除了掌握专业知识外，还必须掌握生物学知识、心理学知识、伦理学知识、社会学知识、实践方法等。

（3）强调儿童及青少年安全的家庭管教制度。

美国社会特别强调儿童及青少年安全，儿童及青少年安全受到法律的严格保护。美国专门成立了儿童及青少年保护机构（Children/Adolescents Protective Agency）。以社区为基础制订预防方案与危机干预方案，随时准备提供各种专业服务，确保儿童及青少年在相对安全的环境中成长，避免伤害儿童及青少年的身体健康与心理健康。美国社会尊重父母管教孩子的权力，但一旦父母无法进行正当的管教，管教的义务就会交由政府或相关社会组织承担。当然，这种管教的内容也在随着社会的发展发生变化。例如，在20世纪40年代，家长可以打骂孩子。而现在家长已经没有打骂孩子的权利。家长没有打骂孩子的权利并非意味着剥夺家长管教孩子的权利，而是因为打骂并不能真正解决问题，因此家庭社工在工作时往往不是告诉家长他们怎么做得不好，而是告诉他们怎样可以做得更好。社工服务机构可以提供针对儿童虐待和忽视现象发生的预防性服务，防止虐待、忽视甚至遗弃儿童及青少年的现象发生。针对儿童及青少年在家庭中被忽视、挨打的现象，美国还设有专门的报告热线电话，如果社工、医生、教师没有及时报告，将会受到相应的法律制裁。同时，美国法律规定邻居和社区居民也可以报告。如果发生了儿童及青少年在家庭中被忽视、挨打的现象，儿童及青少年就会被从家庭照顾中转移出来，接受抚养和临时安置服务。临时安置的可能去处包括：亲戚家；专业的儿童及青少年抚育父母家；团体照顾或团体家庭，这些负责照顾的团体或家庭需要执照；家庭护理机构。因为原生家庭对孩子的成长更加有利，家庭社工会尽力帮助家庭改变以便儿童及青少年可以返回自己的家中。

（4）弥补家庭不足的社会福利制度。

美国保护儿童及青少年的法律都由联邦政府制定，各州可以有弹性地执行，但联邦政府可以通过设定社会福利项目来施加影响。例如，为低收入家庭提供专门购买食物的食物券，或为其发放牛奶和奶酪等食品。美国儿童福利服务有四种主要类型：预防性服务、儿童保护服务、抚养和安置服务、领养服务。美国的民办社会福利机构，也可以对低收入家庭特别是单亲家庭设立专项帮助，如提供一些支持儿童及青少年成长的住宅，供无家可归的儿童及青少年及其家庭使用。居住这些住房是否需要支付费用，决定于家庭的收入，同时入住这些住房并不意味着家长必须接受诸如戒毒等治疗，因为强迫治疗往往影响到治疗的效果，而与其让这些人带着儿童及青少年到处流浪，还不如让他们有个固定的住所，更有利于低收入家庭儿童在相对平等的社会环境和生存条件下成长。

（5）强调专业支持的社工服务制度。

在美国，对困难家庭和困难孩子是通过项目来提供服务的。例如，底特律市辅导中心就是通过制定服务项目，为儿童及青少年和家庭的身心健康提供有效的服务，帮助儿童及青少年和家庭发掘潜力，促进他们的健康成长。为了促进儿童及青少年的健康成长，美国成立了许多社工服务机构对有需要的家庭提供专业支持。对困难孩子提供专业服务。例如纽约阿克曼家庭研究所（Aekerman Institute for the Family of NCW York）的宗旨是“推动家庭前行”（Moving Families Forward），底特律市辅导中心的宗旨是“加强家庭，改变生活”（Strengthening Families，Changing Lives），他们专门设有家庭资源中心、社区服务中心，可以提供多种志愿服务和社工专业服务。为了确保社工服务机构服务的专业性，美国法律首先要求这些服务机构必须得到专业教育机构的支持，也要求专业教育机构的师生必须到这些服务机构参加专业实践。例如，根据美国临床社会工作考察委员会（American Journal of Clinical Investigation Committee of Social Work）的规定，专业的家庭社工在上一年必须有500小时或更多的有关儿童及其家庭服务的实践；在过去10年有4 500小时或更多的与儿童及其家庭服务的实践；有连续24小时与在监管和咨询下的儿童及其家庭的服务实践；研究生及以上学历；在过去3年有20小时儿童与家庭相关的持续性教育；两名同事证明有与儿童及其家庭服务的实践；同时，对于这些学生的实习，由学校和机构双向打分。例如，纽约西奈山医院、纽约犹太家庭和儿童服务中心、纽约唐人街王嘉廉心理健康中心都与哥伦比亚大学社会工作学院保持合作关系，底特律市西南辅导中心、底特律市辅导中心也都是密歇根大学社会工作学院的合作单位。

（二）法国家庭社会工作的内容

法国作为福利国家，很多的家庭社会工作是通过政府组建的公共服务机构来完成的。其中最出名的是由法国政府统筹管理的CAF，即法国的国立家庭资助分配系统（下文简称CAF系统）。

现代的CAF系统建于1945年10月4日，与法国的社保系统同时诞生。或者说CAF系统其实是法国国立社保系统的一个分支，主要负责家庭方面的社会保障服务。

事实上，法国的CAF系统有着久远的历史。最早可以追溯到拿破仑第二帝国时期。早在1860年就已经出现了为家庭提供的特别经济资助，当时是给予每个孩子每天10分钱的补贴。到第三共和国时期，在1891年时，一位香槟厂的老板，雷昂·哈何梅先生通过第三方管理（工会）的方式为他的工人建立了一个家庭保障系统，以帮助自己企业中有困难的职工家庭。最初在全法国只有40多家公司参与了家庭保障系统。但从1918年开始，家庭保障体系开始得到社会的全面认同，到1930年时已有超过200家公司加入了家庭保障系统。到1931年，法国第三共和国人民议院投票通过了将家庭补助列入公共服务范畴，并于1932年将此法规加入到法国的劳动法内，从而要求所有法国企业必须为职工建立家庭保障体系。这一体系的发展以及法律的逐步完善，为“二战”后法国建立CAF系统提供了经验和法律保证。

今天CAF系统受到法国中央政府和地方政府的共同管理，并且已经不再是企业内部职工的家庭保障系统，而是整个法国社会共同所有。即使是外国公民，只要是合法入境，都有资格申请CAF系统给予的援助。例如，所有在法的外国留学生都可以申请由CAF系统提供的住房补贴。

如今在每一个大区都有一个CAF系统的服务点。政府通过这个系统对需要帮助的家庭给予经济上的直接支持，困难家庭可以按月得到住房补贴、食品补贴、医疗补贴等，育有孩子的家庭还可以得到幼儿补贴。对于育有3个孩子以上的家庭，政府的直接经济补贴可以使得母亲不用上班也足以养活她自己和孩子们。这种补贴是基于一种公民社会情感：母亲正在为国家培养未来的公民，她的劳动是必须得到回报和社会尊重的。如今，法国的国立家庭资助分配系统已经发展成为具有问询、调查、统计、规划、分配社会资源、引导和帮助等多项功能的综合服务系统。在其网站上，法国家庭可以得到他们需要的大部分社会服务。从开始准备要孩子，到生孩子，再到照看孩子，包括幼儿园，直到孩子长到20

岁作为独立公民离开家庭；或是对孤寡老人的照顾；或是对残疾儿童，残疾人的帮助；或是对辍学年轻人的教育帮助等，CAF 系统提供的帮助应有尽有。甚至是要收养孩子，CAF 系统也提供包括法律咨询在内的必要服务。事实上法国政府通过这一系统，整合了法国的社会力量和资源来为法国家庭提供各种社会服务。这一系统对于法国家庭以及法国相对缺乏稳定收入的年轻人都起到了巨大的支持作用。

但这一系统必须建立在非常高效、廉洁、透明，司法体系独立完善，且具有发达的公民社会文化的国家里，否则极易产生腐败和特权。即使是在法国，骗取 CAF 以及系统本身的浪费行为也是巨大的。在法国近十几年来的政改中，对于如何有效削减 CAF 开支，减少财政赤字，一直都是公众讨论的主要内容。并且在对资源的合理分配上，不同的社会政治理论也有不同的见解。过度地给予帮助，是否也会造成负面效果？（如家庭功能过度地被国家公共服务所取代，造成了家庭稳定性弱化等问题）这也是法国希望摆脱福利国家，重回自由主义的一个理论依据。

任务二　了解中国港台地区的家庭社会工作

R 任务体验

以学习小组为单位，查询港台地区家庭社会工作的相关资料。

R 任务分享

分组汇报港台地区家庭社会工作的内容。

R 任务总结

总结港台地区家庭社会工作的主要内容和特色。

Z 知识介绍

一、中国台湾的家庭社会工作

中国台湾的家庭制度与中国大陆相似，家是社会最基本、最重要的单位，传统的家庭制度具备了经济生产、爱情、生殖、教育、保护、娱乐、宗教等功能。一个人只要有家，那他在社会中的基本需要如经济，就业，身体、精神的健康，参与社会团体的机会，家庭关系的安定，教育文化娱乐的需要等，都可以得到满足。而那些贫困、流离失所的人往往成为救济的对象，家庭社会工作只是单纯的“救贫工作”或“救济工作”，而并没有独立服务领域，加上“家丑不可外扬”等传统价值观念，使家庭社会工作难以扩展。但随着时代的变迁，社会分工的发展，家庭功能与结构的缩小，家庭已经不再是自给自足的封闭团体，人们需要借助有效的社会设施、制度来满足生活上的种种需要，这些社会设施、制度不仅提供经济的安定、医疗与就业机会等，也包括援助家庭关系的安定以及保障家庭设施与制度。家庭社会工作成为一种需要。台湾地区社会服务提供的基本原则是：“建构以家庭为中心的社会福利政策，以弘扬家庭伦理，促进家庭关系，借家庭伦理来维护成员福利。”面对社会生活的急剧变化，中国台湾东英大学社会工作学系专任教授、学者谢秀芬特别总结了影响家庭成员角色执行困难的几个主要因素，如贫困和社会资源缺乏、家庭成员人际关系缺陷、一时压力等。目前，台湾地区家庭社会工作已经积累了相当丰富的本土经验，许多大学开设了家庭社会工作课程。例如，他们对家庭社会工作课程的介绍是这样的：家庭社会工作是以介绍家庭为中心的社会工作实务，以及学习如何以社工的角色，视家庭为一个整体，介入在社会的各种不同系统中去协助家庭及家庭中的关系。当家庭中个别成员有了问题时，不视为只是个人问题而予以处置，而视家庭为一个整体，从事家庭估测与处置工作，通过解决家庭问题，解决个别家庭成员的问题，用家庭福祉的达成，来满足个人的福祉。通过这些，台湾地区的社会工作由一般性服务转向了专业性的治疗。台湾地区的家庭社会工作主要可归结为四大项：① 经济的协助，即需要政府及社会福利机构从经济方面扶助缺少资源的家庭，包括失业救济、医疗救助、小本贷款、副业训练及技艺训练等。② 心理的治疗，家庭会由于夫妻、父母子女间对于角色认知、价值观念的不同或地位转变的关系而引起冲突，专业家庭社会工作者进行的心理治疗旨在使家庭成员得以充分沟通，从而恢复正常关系。③ 社会的服务，有些家庭的困扰可能来自多方面，需要配合社区资源，邻里关系，提供社会服务。④ 制度的配合，从制度上着手，建立一种社区对家庭的网状服务体系；各种工商业与职业的制度应负责维护家庭与支持家庭的功能。

二、中国香港的家庭社会工作

香港地区的家庭社会工作采用了欧美的模式，借鉴了欧美的经验。香港社会福利署于1958年成立，最早开设的服务就是家庭服务。目前，香港社会福利署为家庭及儿童所提供的公共服务多达25种：① 领养服务；② 慈善信托基金；③ 社会福利署热线服务；④ 家务指导服务；⑤ 保护家庭及儿童服务；⑥ 幼儿服务；⑦ 体恤安置；⑧ 家庭危机支援中心；⑨ 危机介入及支援中心；⑩ 家庭生活教育；⑪ 寄养服务；⑫ 综合家庭服务；⑬ 儿童住宿照顾服务；⑭ 受虐妇女住宿服务；⑮ 预防及处理虐待长者服务；⑯ 露宿者服务；⑰ 性暴力受害人士服务；⑱ 防止自杀服务；⑲ 临时收容中心/市区单身人士宿舍；⑳ 支援虐儿、虐待配偶/同居情侣及性暴力个案服务；㉑ 工作小组/咨询委员会；㉒ 综合家庭咨询中心委员会；㉓ 家庭暴力受害人支持计划；㉔ 短期食物援助服务计划；㉕ 跨境及国际个案服务计划。

目前，香港有三万个家庭正在接受家庭辅导服务，其中以家庭成员关系居多，约占40％，其中有25％是与婚姻有关；有30％左右是照顾老弱病残者出现的困难；剩下的30％属于经济、住房、儿童情绪及行为等问题。这些服务基本上满足了衣食住行、升学、就业、人际关系等方面的需要。

任务三　了解中国大陆家庭社会工作的内容

R 任务体验

以学习小组为单位，查询中国大陆家庭社会工作的相关资料。

R 任务分享

分组汇报中国大陆家庭社会工作的内容。

R 任务总结

总结中国大陆家庭社会工作的主要内容和不足。

Z 知识介绍

中国大陆目前有不少机构从事着家庭社会相关工作，但是很少有机构明确地承认自己从事的工作是家庭社会工作。其主要的特点是建立了以政府为主导的多元主体的家庭服务体系。从家庭社工主体看，主要有以下五类主体。

其一，政府主导的相关部门作了大量的家庭福利和家庭服务的工作。各级政府部门中，民政部门与家庭服务工作有最直接和最紧密的关系，其各类家庭服务带有较强的福利特色，如对残疾人家庭、“五保户家庭”、低收入家庭等进行的低水平、广覆盖的社会支持和社会帮助。有学者认为，在中国，家庭不仅被视为社会照顾的自然机构，而且具有近乎天职地位的道德意义，缺乏家庭照顾是接受国家和地区救助的最先决条件。以残疾人为例，其家庭承担着巨大的经济压力和心理压力，民政部门对这些家庭的经济支持的确帮助了其家庭解决生存困难。各类公检法部门主要针对一些问题人群进行工作，如家庭暴力和对刑释解教人员、戒毒人员、犯罪青少年等进行的社区矫正。目前，许多省市都启动了家庭暴力预警系统，设立“110家庭暴力报警中心”“家庭暴力投诉站”，直接干预家庭暴力。2011年3月，第一部全国性的《反家庭暴力法》草案起草完成。全国政协委员、妇联副主席甄砚在2013年两会上提出了设立《反家庭暴力法》的提案，随提案还附有《反家庭暴力法》草案。2014年1月，全国妇女儿童五项活动领导（协调）小组联席会议在北京召开，并指出全国妇联将推进反家庭暴力法立法进程，对重点难点问题进一步加强研究论证；推进家庭教育立法调研和法规制定，修改完善立法建议稿。

2012年以来，重庆市各级妇联组织在各区县110报警中心设置家庭暴力投诉中心，乡镇街道综治办、派出所、交巡警平台设置家庭暴力投诉站，村和社区综治工作站、警务室设置家庭暴力投诉点，2011年已建立家暴投诉站点2 593个，组建率达到80%，并计划于2013年基本建立反家暴服务体系，实现家暴投诉站点覆盖全市，家庭暴力事件、案件办结率达到90%。

2014年9月，甘肃省古浪县妇联、民政局联合成立“古浪县反家庭暴力妇女儿童庇护中心”。该县坚持妇联维权与社会化维权并举，加大与有关职能部门的协调力度，成立了反家庭暴力庇护中心，对遭受家庭暴力又无亲戚朋友可以提供保护的妇女进行临时性社会救助庇护，并充分发挥妇女维权合议庭、妇女儿童法律援助中心等妇女儿童维权机制的作用，为权益受侵害者提供帮助。

街道（社区）办事处作为中国最基层的政府机构，政府的各项倡议和举措几乎都是通过街道办事处贯彻落实到各基层社区的。居民委员会虽然是居民自治组织，不属于政府机构，但它在配合街道办工作上起到了举足轻重的作用，往往代行街道办一部分政府职能，是政府在基层社区的触角的延伸。近年来，各城市街道（社区）办和居委会自主开展各种活动，家庭生活服务功劳卓著，其最重要的工作就是对贫困家庭的帮助和对老人的帮助。

其二，工会、共青团、妇联和残疾人联合会等群众团体也作了大量的家庭帮助工作。2007年4月，国家人力资源和社会保障部批准发布“婚姻家庭咨询师”国家新职业。是目前中国婚姻家庭咨询领域唯一的国家级职业，同年7月，人力资源和社会保障部委托全国妇联婚姻家庭研究会编写婚姻家庭咨询师国家职业标准以及全国统编培训教材，2009年6月，首次国家婚姻家庭咨询师（三级）职业资格认证考试在北京举行。2010年9月，人力资源和社会保障部发放首批婚姻家庭咨询师（三级）职业资格证书，取证咨询师可以合法的开展婚姻家庭咨询业务。2011年3月，婚姻家庭咨询师职业认证远程培训官方网站全新上线。2013年6月，首届“婚姻家庭咨询师专业提升工作坊”在北京隆重举办，来自全国各省八十多位婚姻家庭咨询师学员接受了咨询工作专业技能训练。

其三，一些非政府组织或非营利组织的专业人士在从事家庭社工。据民政部统计，截至2013年年底，全国依法登记的社会组织有50.67万个，全国持证社会工作者共计123 084人，他们在婚姻家庭、教育辅导、社会救助、就业援助、纠纷调解等多个领域直接提供社会服务，对解决社会问题、应对社会风险、促进社会和谐、推动社会发展具有重要的基础性作用。

北京红枫妇女心理咨询服务中心成立于1988年10月，是由妇女问题专家王行娟女士以及一批热心于妇女事业的知识女性自愿组织起来的非营利性民间妇女组织。红枫是一个社会公益机构，通过免费面向全国开通的妇女热线、举办以单亲家庭为主要服务对象的方舟家庭中心、开展家庭问题社区干预实验项目和组织单亲母亲成长小组等方式对弱势妇女群体给予心理上、道义上和法律上的支持与援助，帮助广大妇女自信自立，在激烈的社会竞争中成为社会发展的推动者和受益者。

2014年4月1日从福建省妇联获悉，福建省妇联和省民政厅近日联合下发《关于在基层民政局婚姻登记窗口试点设立婚姻家庭辅导室的通知》（以下简称《通知》），要求全省各设区市民政部门根据实际情况，依托条件成熟的基层婚姻登记窗口，试点设立1个或1个以上的婚姻家庭辅导室，开展婚前培训，开发婚前教育课程及教材、宣传品，对申请婚姻登记的双方进行《婚姻法》《妇女权益保障法》等有关婚姻家庭的法律道德、家庭角色和责任、沟通与冲突处理、与对方父母的关系、家庭发展规划等方面的教育和培训，增强其家庭观念、责任意识，帮助其做好进入婚姻状态的准备；开展婚姻辅导，提供婚内心理调适服务，帮助夫妻学会经营婚姻、化解婚姻危机的技巧，正确处理婚姻家庭问题，改善婚姻家庭关系，科学教育子女，经营维护健康、文明、幸福、安全的婚姻家庭；开展离婚疏导，在离婚登记阶段，进行情感危机干预和调节，开展专业、人性化的调解和疏导，提供法律咨询，疏导负面情绪，化解矛盾纠纷等服务。

其四，经营型家庭服务和咨询工作。随着市场化和大众对婚姻家庭、亲子关系和老人服务等需求的增长，城市中出现了一批以提供婚姻家庭服务为主的经营性组织，主要有婚介类、婚庆类、婚姻家庭心理辅导和咨询的经营型服务。其特点是市场化程度高，其服务对象多为那些较具有现代性思维和有稳定收入的白领。

其五，各种媒体中的家庭咨询工作。根据收视率和收听率的要求，各类媒体出现了一批情感倾诉类节目，主要是为存在感情困惑和家庭矛盾的人群提供倾诉平台，辅以嘉宾点评，引导倾诉者及观众妥善处理婚姻家庭生活中的矛盾。从上述种种“类”家庭社工（即类似于专业家庭社工）来看，其工作方法缺少专业性。① 家庭社工的工作方法都是以解决困难为主，特别是解决燃眉之急，并确实解决了一些现实的困难，如养老、残疾服务和对特殊儿童的社工服务等。但这种救济性质的服务，忽视了或无力顾及个人与家庭细致的情感需求。② 以帮助个人为主，而不是支持整个家庭，缺少整合型的社工服务。③ 缺少评估。④ 中国式的家庭社工在社区中普遍存在，邻里之间的互助式帮助是一个有待发展的中国式家庭互助的有效模式，需要进一步挖掘。

A 案例分析

2013年12月，××省××市开办了首期婚姻家庭咨询师培训班，来自乡镇、街道、社区及村里的百余名妇女干部作为学员参与培训，培训结束后获取了婚姻家庭咨询师资格证书，这意味着，这些获证学员们能上岗实践做婚姻家庭生活的专职“医生”，以后市民再遇到婚姻生活中的问题，就可以找她们进行专业的咨询了。

该市妇联妇儿部相关负责人告诉记者，她们在工作中发现，当前恋爱挫折、婚姻动荡、青少年成长危机等现象给市民带来了不小的压力和困惑，亟须婚姻家庭专业咨询人员的帮助。于是想到培养和建立一支专业的婚姻家庭咨询师队伍为家庭排忧解难。这两天，她们邀请了婚姻家庭领域的知名专家组成讲师团，在该市创办了首期婚姻家庭咨询师培训班。

记者在培训班上看到，来自××街道一社区的社区工作人员李女士上课特别用功，她告诉记者：“一千个家庭有一千种烦恼，我在社区做了6年多的妇女工作，以前帮人调解家庭矛盾都是靠生活经验和临场发挥，有时候还是很吃力，现在学习了一套专业的理论知识，以后就能帮助社区的家庭更好地调解纠纷了。”

问题

1. 各小组讨论总结家庭社会工作职业化发展过程中的问题和途径。
2. 以小组为单位分析家庭社会工作职业发展前景。

子情境三　家庭社会工作的方法

任务　掌握家庭社会工作的一般方法和专业方法

R 任务体验

观看“心理访谈”家庭治疗案例，结合所学知识，分析案例中所运用的方法和技巧。

R 任务分享

分组分享所观察的方法和技巧。

R 任务总结

对该案例中的家庭社会工作工作方法和技巧进行总结和概括。

Z 知识介绍

当前中国内地的家庭社会工作方法仍处于非专业社会工作方法与社会工作方法混杂的时期。一般而言，政府部门的家庭社会工作依然是行政式的教育、指导、组织和管理模式，比较专业的社会工作方法在一些开设社会工作专业的学院开始倡导实践；非政府组织尤其是面向社会开设咨询服务的机构，也有了较专业的社会工作理念；群众性团体组织也越来越认同社会工作的专业理论与价值观，重视并学习实践社会工作的专业方法。

在家庭社会工作中运用的工作方法主要包括个案工作、小组工作、社区工作、家庭治疗、家庭恳谈等。下面主要介绍个案工作、家庭恳谈、社区工作家庭治疗的工作方法。

一、家庭个案工作

家庭个案工作具有个案工作的一般特点，但按照家庭个案工作服务对象的不同、服务领域的不同，又必须有一些专门的知识。家庭个案工作的服务对象是在角色功能实施上有障碍的家庭成员，所以家庭个案工作要把其重点放在家庭的角色关系上，以家庭整体作为援助对象，帮助家庭成员进行角色的调适。举例而言，对一个患有心理疾病的案主来说，在心理学家那里，可能会分析认为是他的心理疾病引起了家庭关系的紧张。而如果他到家庭福利机构求助，社会工作人员分析的着眼点可能就是：是否因为家庭关系的紧张，如夫妻关系不和，有离婚的威胁却又不愿意离婚等，焦虑和烦恼引起心理疾病。这样以心理的障碍为焦点，就是家庭社会工作的特点。家庭个案工作的另一个特点，就是从社会制度的角度来帮助家庭整体。家庭是社会的基本单位，是儿童人格的形成不可缺少的社会制度，对成人而言，家庭是自己稳定的避难所，家庭给人以安定感，家庭和个人是密不可分，息息相关的，家庭关系是长久的，个人在角色实行上的障碍，将直接影响家庭生活，使家庭生活陷入混乱的状态，而混乱的家庭生活又反过来影响着每个家庭成员，所以，帮助家庭成员，也就帮助了家庭整体，恢复了家庭的功能，健全了整个家庭制度。

家庭个案工作是利用个案工作的一般原则和方法来开展的，也就是说，凡是个案工作的一切知识都是家庭个案工作的基础。例如，个案工作以个案主的需要为主，启发案主的潜能，增强其面对自己的问题的动机，自动地解决自己的问题，家庭个案工作也同样是启发家庭成员的潜能，使成员自己自动地解决问题。除一般个案工作的基础原则外，家庭个案工作在实施时还有其特殊的原则。家庭个案工作主要帮助家庭成员调适角色功能，使其能够顺利履行其应尽的职责，所以在家庭个案工作中，要特别强调在家庭的动态关系中，家庭成员角色分配是否合理，外界的期望角色与成员自我认同是否相符，找出妨碍其角色实行的原因，启发家庭成员自己面对问题。从最初案主的申请、接案开始到之后的连续过程中，都要注意到角色的实行以及角色当事者的主动参与解决问题的原则。如果家庭中每一个成员都能担当起各自的角色，那也就意味着家庭个案工作的任务已经基本完成，但还要帮助家庭整体去评价他们的进步情形，体验新的共同生活状况，意识到彼此感情的结合以及家庭生活的连带性。这是家庭个案工作比较独特的地方，也是非常重要的技术。

二、家庭恳谈

家庭恳谈是一种群体工作，由社会工作者、心理医生和护士等人共同参与，服务对象则是个案家庭的全体成员。家庭恳谈是一种非常重要的工作技术。恳谈技巧因个案的文化背景、心理特征而异。家庭恳谈以心理学、社会学、行为学为理论依据，认为通过全体家庭成员的恳谈和互动，可以有效地解决某个家庭成员心理或行为的适应问题，同时有利于家庭关系的互动和发展。因此，家庭恳谈一是为了广泛深入地寻求困扰个案的家庭因素，了解并评价家庭成员的互动反应关系及角色扮演，改善成员间的不良适应；二是为了协助个案及其家庭认清问题所在，作出明智的选择，增强把握现实的能力。

三、社区工作

从家庭福利运动的历史来看，家庭个案工作的服务也不过只有70年的历史，而社会的一些条件的改善是从19世纪中叶就开始被关心，可以说已经有100年以上的历史了。家庭福利是受地区社会的生活或社会制度所左右的。负有社会使命的工作人员并不是单单解决家庭内部的问题，对于和家庭生活有关联的社会制度也要关心。目前中国家庭结构的变化和家庭功能的外移，更使社区具有广阔的发展前景。当前，对儿童问题、身体残障者、精神病患者和老人等，都要考虑回归社区的方式来照顾，社区面向家庭的生活服务内容也反映了这样的需求趋势。在社区照顾的方式下，家庭就不得不扮演重要的角色，而家庭为了解决儿童、残障者、老人等问题的处理就需要获得一些外在的支援，家庭和社区之间的互动交流是不可或缺的。

四、家庭治疗方法

（一）家庭治疗的定义

有关家庭治疗的定义，不同学者从不同角度予以界定。彭怀真在《婚姻与家庭》中列举了以下几种界定。

家庭治疗是一种团体治疗，是专业人员把家族视为一个整体，整个家庭是一个个案，其中可能有一个特定案主，治疗者对全家（而非仅案主）进行治疗。

1992年版的《张氏心理学辞典》对家庭治疗的定义是："家庭治疗法的基本假设是——案主人际关系适应不良，起源于他与家人不能和睦相处，所以要改善个人的人际关系，应先从他的家庭着手。此法使用时通常有一男一女两位治疗者协同进行，案主的家人宜包括父母子女在内，由治疗者引导，使家庭中的成员彼此把自己的态度、意见和积压的感情都表露出来，如此不但可解决问题，也可增进家人彼此的了解。”

从家庭的角度看，家族治疗可以被定义为：“尝试去改变家庭中的关系以促进家族和谐的一种方法。”

从个人的角度看，“家族治疗的焦点是从个人动力转移到家庭动力的历程，一个人的问题是出自家庭，应该将治疗的中心放在家庭，而不是个人的症状”。

谢秀芬的综合定义是：家庭治疗是一种治疗模式，以整个家庭作为治疗的单位，着重的焦点在家庭成员间的互动关系和沟通的问题，是处理人际关系系统的一种方法。

综合而言，家庭治疗是以整个家庭而非某个特定的成员为治疗目标，着眼于整个家庭成员之间的互动和沟通关系，促进家庭之间的理解，从而解决问题达成家庭和谐的一种治疗模式。

为了进一步更确切地理解这一概念，彭怀真对家庭治疗进行了综合分析，指出家庭治疗的核心概念有：① 目的：改变家庭沟通和互助关系，使案主的症状改善，家庭成员有征兆的行为消失于无形。② 系统：家庭是由几个不同部分所组成却相互依赖与影响，所以治疗者要介入家庭系统，使其动力过程产生好的改变。③ 三角关系：三角关系是家庭关系系统的要素，是促进整个系统运作的原因。④ 回馈：是指系统调整的历程。⑤ 适用对象：家庭中所有的成员，以及各种类型的家庭。家庭治疗的核心观点是：家庭治疗者认为个人的行为是与家人的互动产生的，案主的问题其实只是家庭系统问题的表征而已，所以治疗时需将案主及其家人一起纳入进来一并治疗。

（二）家庭治疗的发展历史

家庭治疗作为一种治疗模式出现在第二次世界大战后的美国精神医学界，大致可分为以下六个时期。

（1）1950 年以前：弗洛伊德的心理分析理论与技术主导了美国的精神医学领域，一切的心理治疗都以他的学说为依据。弗洛伊德虽然偏重个人方面的精神治疗，但他已经注意到家庭关系对个人特性的形成有影响，尤其是对症状行为的发生。他认为心理分析人员有义务关注病人社会、家庭和个人的情境。艾克曼（Ackerman）则是首位将心理分析用于家庭治疗的学者。他认为家庭角色为动态的社会心理的单位之一，人的行为不只探讨其内在的生活，并涉及其家庭和社区，乃至于大环境。艾克曼因此被称为“家庭治疗的鼻祖”。此外，艾德勒（Adler）认为人的行为只有在了解其环境和有关的社会因素（内容）时，才能充分被了解。沙利文（Sullivan）注重人际关系对于性格发展的角色，视人为社会互动的产物。这几位大师都促成了家庭治疗的快速进步。

（2）20 世纪 50 年代：几位医生对家庭的研究为家庭治疗奠定了良好基础，他们主要是通过对精神分裂患者临床治疗的探讨，有了一些理论、方法和技巧，治疗技巧逐渐成形。

(3) 20 世纪 60 年代：这一时期许多临床实务者在思考心理异常问题时，开始以新的方式进行家庭治疗，并视其为治疗的方法之一。1962 年的艾克曼、杰克森（Jackson）发行了很要影响力的刊物《家庭过程》(*Family Process*)，对推广家庭治疗观念有直接的影响。米纽庆（Minuchin）著名的《贫民窟家庭》研究，发展“结构性”家庭治疗方法，以问题之解决为导向。具有社会工作背景的萨提亚（Satir）则在 1967 年出版了《联合家庭治疗》(*Conjoint Family Therapy*)，对倡导家庭治疗有直接贡献。

(4) 20 世纪 70 年代：家庭治疗的技巧已凌驾于理论与研究，许多人更急于把多种治疗技巧应用到复杂的家庭问题之上。例如，多元家庭治疗（Multiple Family Therapy）、多元影响治疗（Multiple Impact Therapy）、网络治疗（Network Therapy）、家庭危机治疗（Family Crisis Therapy）等都在这段时间发展出来。主张行为派的治疗者则直接进入家庭，教导家长行为控制技巧，并希望具体改善家庭的沟通。

(5) 20 世纪 80 年代：是快速成长与专业化的时期，各种治疗中心纷纷成立，蓬勃的训练课程、各项研讨会及 24 种以上的学术刊物陆续发行。

(6) 20 世纪 90 年代：是整合与团结的时期，一方面，家庭治疗已成为精神医学、心理辅导、社会工作等领域中的重要技巧和理论；另一方面，家庭治疗本身也逐渐成熟，成为处理婚姻、亲子、药物滥用、学校适应等问题的利器。

目前美国较重要的家庭治疗期刊有以下四种：①《当代家庭疗法》(*Contemporary Family Therapy*)；②《美国家庭疗法杂志》(*American Journal of Family Therapy*)；③《婚姻与家庭治疗》(*Journal of Marital and Family*)；④《家庭心理治疗杂志》(*Journal of Family Psycho Therapy*)。

（三）有关家庭治疗理论的重要派别

1. 鲍恩家庭系统治疗

由鲍恩（Bowen）首先提出，因此也被称为 Bowen 理论。他倾向于把家庭当作一个系统理论去理解，而不是将其当作一套干预的方法。在他的理论中提出了六个重要概念：自我分化、三角关系、核心家庭情感程序、代际传递、情感隔离、社会情感过程。其中，“自我分化”是鲍恩的核心理论，其功能就是个人处理压力的能力，自主性和独立性差的人往往都与家庭过分纠结，这样很容易造成功能不良。“三角关系”是鲍恩提出的另一个重要概念，他认为导致情感三角活动的主要因素是焦虑。焦虑的增加会使人们更加需要彼此情感而接近，当两个人之间出现问题时，被害人的感觉会促使个人去寻求其他人的同情，或者将第三方拉入冲突之中。第三方的卷入，可以将焦虑分散在三角关系中，从而得到缓解。鲍恩的这个理论是对家庭治疗的重要贡献，也成为家庭治疗的启蒙性观念。在家庭治疗的先驱中，在鲍恩的家庭治疗师对精神分析原理的拓展，并为在家庭治疗中研究人类行为和问题提供了更为广泛的视野。

2. 结构派家庭治疗

米纽庆于 20 世纪 60 年代早期开始他的家庭治疗职业生涯。当时他发现有问题的家庭共有两种模式：一些家庭缠结，处于混乱并且紧密地相互联结；另一种家庭则脱离，孤立并看似无关。这两种家庭类型都缺乏对权利的清晰界线，过于纠缠的父母过分卷入到他们的子女之间，由此丧失了父母的领导权和控制权。结构派家庭治疗提供了这样一个蓝图，并且提供了组织策略治疗的基础。结构派家庭治疗有三个最基本的组成要素：结构、亚系统和界线。结构派家庭治疗的技术主要包括两个一般性的策略，首先治疗者必须适应家庭以真正地“加入”到家庭中。挑战家庭所偏爱的关系模式往往会引发家庭的阻抗。相反的，若治疗者开始理解并接受家庭，家庭更可能接受治疗。一旦实现了最初加入家庭的目标，结构派治疗者开始使用重新组织的策略。

这些积极的策略通过增强松散的界线以及放松僵硬的界线已达到打破功能不良的结构的目的。1981 年，米纽庆搬到纽约并成立了当今非常著名的米纽庆家庭治疗中心。另外，对于结构派家庭治疗还有一些简单实用有效的技术值得介绍：模仿意指以效仿行为举止、风格、情绪范围或沟通内容等方式参与家庭的过程。治疗师可能谈到个人经验。这些作法有时候是自发的，有时候是设计的。无论如何，他们通常采用增加治疗师与家庭的关联的措施。行动促发是指治疗师将外在的家庭冲突带入治疗会谈中，使得家庭成员可以展示其处理方法。治疗师也可以观察其过程，并且开始找出修正其互动和造成结构改变的方法。治疗师使用这种技术主动地在治疗时间内创造出使家庭成员表现出功能不良沟通的场景。

3. 策略派的家庭治疗

策略派治疗几十年中最深远的影响来自于米尔顿·艾瑞克森（Milton Erickson），尽管这影响是在他去世后才产生的。在 20 世纪 70 年代中期到 80 年代中期，策略方法吸引了很多家庭治疗师。原因之一是因为其将注重实务和以问题解决为中心，这不仅成为策略派的魅力所在，同时也成为其迷惑人的地方。艾瑞克森的才能得到广泛的赞美和模仿，然而非常遗憾的是，很多治疗者都没能掌握可预见的治疗原理，相反的，他们只是模仿艾瑞克森“非同一般的技术”。然而策略派治疗表现出对来访者的强烈控制，它从独特的思维角度出发，表现出鲜明的创造性和操作性。与此同时，策略的出现会掩盖抵抗并且会激发家庭改变。20 世纪 90 年代处于主导地位的治疗方法提升了认知的地位，使认知的地位超出了行为，并且鼓励治疗师与来访者进行协作，而不再是操控来访者。这样的变革使策略派治疗逐渐退出了人们的视线。

4. 经验性家庭治疗

经验性家庭治疗发端于心理学中的人本主义思潮，受表达性治疗的启发，强调了及时的、此时此地经验的作用。家庭治疗早期阶段，从个体治疗和团体治疗中借用了一些技术，当时经验性家庭治疗是很流行的。它从格式塔治疗和会心团体中借用了唤起技术，如角色扮演和情感对质，同时其他的表达性治疗方法，如雕刻和家庭绘画，对艺术和心理剧都产生了深刻的影响。在经验性家庭治疗的流派中，出现了两位巨匠：卡尔·威特克（Carl Whitaker）和维琴尼亚·萨提亚（Virginia Satir）。威特克倡导了一种自由的、直觉的方法，目的是打破伪装，解放自我，使每个家庭成员回归真我。他首次把心理治疗运用于家庭中，虽然他曾经被视为独立的，他最终成为这个领域最杰出的治疗师之一。打破旧习，虽然在当时被认为是不可容忍的，然而威特克依然因为他在家庭治疗中的成就获得尊重。维琴尼亚·萨提亚是家庭治疗发展中的关键人物之一。她相信，一种健康的家庭生活包括开放和共同分享感情、感受和爱。她也因为描述出家庭角色而著名，如“拯救者”和“安抚者”概念的提出。她认为家庭角色的功能是约束家庭中的关系。经验性家庭治疗建立于这样的前提：家庭问题的产生原因和影响结果是情感的压力。系统派家庭治疗师从家庭交往模式的角度看症状行为的根源，这些交往模式被看成家庭成员各自的防御投射的阴影下的结果。从这个角度出发，如果家庭成员最初能了解他们真实的感受——恐惧和焦虑，还有希望和愿望，那么在家庭尝试一些积极的改变会更成功。因此经验性家庭治疗从内部入手，帮助个人表达他们真诚的情感，缔造更加真实的家庭纽带。

5. *精神分析家庭治疗*

接受精神分析训练的临床医生们是最早从事家庭治疗的，但是当他们开始面对家庭，大多数还是运用系统理论中的深度心理学观点。20 世纪 80 年代中期，家庭治疗师对心理动力学的兴趣有一个复归，主要是客体关系理论和自我心理学。精神分析治疗的关键目的是帮助人们理解他们的基本动机，通过以健康的方式表达这些愿望来解决冲突。弗洛伊德的理论强调性驱力和攻击性冲动，自我心理学聚焦于被欣赏的渴望，客体关系治疗师专心于对安全依恋关系的需要。但是他们有一个共同的信念，即如果家庭中的个体理解并开始解决他们自己个人的冲突，就可以帮助配偶和家庭成员更好地相处。精神分析家庭治疗师较少关注团体和他们的交往模式，更多关注个体和他们的感受。以探索这些感受为目的的精神分析理论帮助临床医生理解人们挣扎背后的基本问题。

6. *认知行为家庭疗法*

家庭症状被看作是习得的反应、无意识的获取和强化的结果。治疗一般是限定时间的和症状聚焦的。应用于家庭的行为方法是基于社会学习理论，行为时由于其结果而习得和维持的，同时可以通过改变其结果而发生变化。对于社会学习理论的一个必须补充是鲍特（Thibaut）和凯利（Kelley）的社会交换理论，认为人们致力于使人际关系的“回报”最大化，同时使“代价”最小化。行为治疗师集中于改变问题行为的结果，这既是该方法的优点，同样也有不足。通过对出现的问题进行思考，行为学家已经足够发展出一系列有效的技术。而另一方面，行为只是个体的一部分，而表现出问题的人又只是家庭中的一部分。

如果未解决的冲突仍然让他们感到困惑，仅仅让他们作出改变是不够的。行为学家很少对整个家庭进行治疗。他们只注意目标行为所在的子系统。然而不幸的是，在治疗中不包括或考虑整个家庭可能造成不良后果。而且，如果改变不是涉及整个家庭，那么新行为不可能强化和维持下去。尽管存在这些不足，但行为家庭疗法为儿童问题和有问题的婚姻提供了有效的技术。行为疗法的最大优点是坚持进行观察，并对其发生的改变进行测量。第二个进步是从减少或强化具体“标志”行为逐渐发展到教授一般的问题解决、认知和沟通技巧。第三个进步是具有标准化的干预方案，以应付个体和家庭特定和不断变化的需要。

A 案例分析

在湖北武汉举办的第七届中国电视南方论坛暨2013年度中国电视满意度博雅榜的评选中，《金牌调解》获得财经生活类栏目满意度第六名的成绩。《金牌调解》作为江西卫视自主研发的一档原创社教类节目已走过三年，播出1080期节目，调解成功率90%以上。自2011年3月21日开播3年以来，节目平均收视率长期保持全国晚间同时段前五，单期节目收视多次取得晚间同时段第一名。2014年3月21日下午举行《金牌调解》三周年观众见面会，《金牌调解》栏目组下基层，进社区与观众零距离互动，调解员胡剑云、主持人张艳、全体观察员等主创人员，与观众玩“丢手帕”等小游戏亲切互动，现场充满欢声笑语。

问题

为什么《金牌调解》会受到观众的欢迎？该节目与家庭社会工作有哪些相似之处？

学习情境三

家庭治疗模式

理论学习目标

1. 掌握系统式家庭治疗的技巧。
2. 掌握结构式家庭治疗的技巧。
3. 掌握萨提亚家庭治疗的技巧。

实践学习目标

1. 运用结构式家庭治疗方法模拟进行一次治疗过程。
2. 进行萨提亚家庭治疗模式体验。

子情境一　系统式家庭治疗模式

任务一　了解家庭治疗模式的起源

任务体验

1. 临时组成 6 人体验小组。
2. 通过阅读教材和资料，结合道具分组进行关于“系统”的展示。

R 任务分享

各组说出对“系统”的理解。

R 任务总结

对该任务的意义和目的进行解释和澄清。

Z 知识介绍

一、家庭治疗的历史

家庭治疗（Family Therapy）是集体治疗的一种特殊形式。现代心理治疗最初是以个别会谈的方式进行的，心理治疗者通过与来访者的个别接触来实施治疗，如精神分析疗法等。大约从20世纪30年代开始逐渐出现了集体心理治疗的方式，每次接受治疗的不再是单个个人，而是一群就诊者，这就是小组治疗。这样一来，发挥治疗效应的除了治疗人员的热心和技巧以外，还加上了治疗小组这个集体的作用。家庭治疗就是集体治疗的一种特殊形式，在这里，治疗对象不是临时组织的接诊者集体，而是一个家庭。目前，家庭治疗已经成为继精神分析、行为治疗、人本主义心理治疗之后极有影响力的四大治疗流派之一。

家庭治疗产生于20世纪40年代后期，当时曾有几个有关家庭环境对精神分裂症之影响的大型研究。研究者为默瑞·鲍文（Murray Bowen），格利高里·巴特森（Gregory Batson）等，他们发现了不良家庭关系对精神分裂症的影响。这些研究对一些原本从事精神分析治疗的医生产生了影响，他们开始试行以病人的整个家庭作为心理干预的对象，并试图通过调整家庭关系来解决个人心理问题。

1962年是家庭治疗发展史上具有里程碑性质的一年。这一年“家庭治疗”这一名称得到学术界正式确认。之后经过20多年的发展，事实证明家庭治疗对精神分裂症、情感性疾病、心身疾病、儿童青少年情绪和行为障碍以及婚姻问题都有相当疗效。目前，家庭治疗在北美、欧洲及拉丁美洲各国都颇具规模，从业人员众多，医疗业务兴旺，理论及临床研究都很活跃，围绕这一领域的专业杂志已达80多种。

二、家庭治疗在中国的发展

1988年德国著名精神病学家和心理治疗家斯迪林（Helm Stierlin）和弗里茨·西蒙（Fritz B. Simon）博士，在昆明通过“中德心理治疗讲习班”第一次将家庭治疗传入中国。在此后的10年中，德中心理治疗研究院邀请德国专家和中国有经验的心理治疗师共举行了三期讲习班。在1997—1999年年间，德中心理治疗研究院开始了一项为期三年的跨文化培训项目，为中国培训多位高级心理治疗师，其中包括部分系统式家庭治疗师。近年在昆明、上海、武汉和山东等地还建立了配备声像摄录系统的家庭治疗专用治疗室，在昆明和德国汉堡建立了资料库，其中收藏了大量有关家庭治疗的文字和影像文献。2000年后，纽约米纽庆家庭治疗中心的李维榕教授也在中国各地开办了结构式家庭治疗连续培训班。家庭治疗，方兴未艾，已经逐渐成为中国心理治疗界越来越熟悉的理论和疗法。

萨提亚家庭治疗模式作为近年来比较受欢迎的家庭治疗模式之一，2003年由中国香港著名萨提亚家庭治疗专家、中国国际萨提亚学院院长、中国香港萨提亚中心创办人之一——蔡敏莉，首次引入中国内地，先后在广州和北京举办工作坊。经过7年的发展，现已在全国建立了数十家培训中心。其中萨提尔（北京）教育咨询中心是国内规模最大、师资资源最丰富、课程最全面、认证体系最规范、推广及服务最系统的萨提亚专业机构。相关数据统计，该中心已开设的公众课程有23 000左右的人员参加个人成长、企业应用，亲子关系、夫妻关系等系列课程，专业课程中如约翰贝曼的学员已有1 100多人，在蔡敏莉、约翰贝曼与玛利亚葛茉莉带领下，现有13位海外的导师组成导师团队在中国内地讲授萨提亚课程。当今时代，社会的巨大变革给人们带来强烈的心理冲击，将更多的精力放在物质追逐方面或追求外在成功，以增强操控感来减轻内心恐惧，从而造成了更多人的身心失衡，致使精神疾病患病率、自杀率、离婚率等各种社会问题节节攀升。萨提亚模式所追求的“内在和谐与人际和睦”与儒家思想所崇尚的修身齐家目标相吻合，同时满足了目前创建和谐社会的迫切需求，尤为可贵的是萨提亚治疗模式具有极强的可操作性，因而在实践中具有独特的实用价值。萨提亚家庭治疗模式在帮助中国人民实现个人内在和谐与人际和睦方面发挥重要作用，对促进社会和谐具有积极的现实意义。

三、家庭治疗的分类

作为以家庭为干预对象的治疗形式，家庭治疗本身并不是一个单一的治疗门派，而是一个兼容并蓄的体系。在这个体系中包含着若干从理论取向到治疗技术都不尽相同的派别或模式。根据对于感情、理智和行动不同程度的强调，家庭治疗的主要流派可分为三种类型：① 情感学派：如萨提亚和威塔克。他们最为关注家庭内部交互作用中情感的敏感化、表达和解释；② 理智学派：如鲍文、佛拉莫、波斯左梅尼、史梯尔林。这些人推崇认知和理智的解决问题的方法；③ 行动学派：如海里、帕罗阿多小组、米兰小组、米纽庆及行为治疗家。他们偏好对家庭发号施令，布置家庭作业。从具体的治疗干预方法看，有通过家庭这种集体方式来进行精神分析的“精神动力学模式”；有以家庭为单位开展行为治疗的“行为模式”；有致力于向家属讲授精神病学知识的“心理教育模式”；有以信息论为指导着眼于促进家庭成员间的心理交流与沟通的“交流模式”；有强调家庭内等级组织、家庭系统完整性及各个子系统间各种相互依赖和联系功能的“结构式家庭治疗”。由于这类治疗的各个流派均不同程度地受到系统论思想的影响，其中以系统家庭治疗最为典型，且它已经有成套的操作性概念和技术来体现“生物—心理—社会”医学模式和整体健康观，本章主要介绍系统式家庭治疗。

任务二　了解系统式家庭治疗的特征

R 任务体验

临时组成6人体验小组，每组举例或者通过角色扮演说明“家庭治疗”与“心理咨询”的区别。

R 任务分享

各组说出对“家庭治疗”的理解。

R 任务总结

对该任务的意义和目的进行解释和澄清。

Z 知识介绍

系统理论对家庭模式的描述

（一）系统的概念

心理治疗师所说的“系统”，是指社会系统内各个成员之间的相互交流，如夫妻、家庭、邻居、医患关系、小组、机构、照顾系统等；也包括由这些交流所引发的生理心理的过程，如思维、情感、激素分泌或疾病。心理治疗中的“系统式”观察方法，是指从某成员与其他成员的关系出发来解释行为，而不是由个体的内在动因来解释其行为。照此理解，并无实在的系统。所谓系统，无非是观察者对某个现实领域的描述方式。系统式的观察方法总要把个体行为与一种具体情境和整个观察框架联系在一起。这种情境不仅对理解行为非常重要，对于评估某种干预（如心理治疗）的作用和副作用也同样重要。

理解系统要抓住系统具有的以下几个要素。

（1）循环：系统中某成员的行为既是其他成员行为的原因，也是其结果。单向的、直线性的因果描述（如“他酗酒，因为她拒绝了他”，或反过来，“她不理他，因为他贪杯”）只是人为地“打标点断句”而已。关键在于现象之间如何相互影响、互为条件。

（2）交流：首先应注意交流的方式，即信息在系统内的发出者和接受者之间如何传递。在此，应把内容（说什么）与关系（A 怎么看待 B 正好在此时恰恰把这件事单单告诉 C）区别开来。系统网络中的循环性交流随着时间的延长形成一种反复出现的交流程式（多余信息），观察者可以从中找到一种模式（内容不同，但交流过程的形式却很相似），可从中归纳出一些规律（如每当孩子哭时，父亲总表现得很关切，而母亲则十分恼火；或每当母亲发火时，孩子便哭起来，父亲便去关照）。

（3）系统—环境界限：强调这个要点是为了使我们能界定什么属于系统，什么不属于系统。暖气管道是一个封闭的系统，而公共汽车就不是一个系统。如我们把家庭看成是一个开放的、发展的系统，是因为家庭有自己的历史，也有自己的未来，家庭具有“永存”的特性，这个系统的各个部分（家庭成员、生活场所等）是相对固定的，与外界有明显的界线。

（二）系统理论对家庭治疗的认识

系统式家庭治疗是最早出现的家庭治疗模式，被视为现代家庭治疗的奠基石。其主要代表人物有阿尔弗雷德·阿德勒（Alfred Adler）和鲁道夫·德瑞克斯（Rudolf Dreikurs）。

系统式家庭治疗是家庭治疗的重要流派之一。该法从系统论的观点出发，将家庭看成一个系统，将家庭成员看成是系统的组成部分，并认为家庭中每个成员都有自己认识事物的模式，称为内在解释。内在解释决定一个人一贯的行为模式，反过来又受行为效果的作用和影响。换言之，一个人的内在解释与他的外在行为是相互作用、彼此影响的，其间的关系不是直线式的因果关系，而是反馈式的循环关系。而每个成员的内在解释与外在行为又会在接受家庭其他成员影响的同时，反过来也影响其他成员，其间的关系同样是循环反馈式的而不是线形因果性的。系统式家庭治疗学派认为，无论是正常行为还是病态行为都是这种连环套式的循环反馈关系层层作用的结果。这样，对任何病理过程的原因不再在个人范围内、个体心理动力学角度寻找而是从家庭结构里去探索。对生理和心理过程的紊乱的兴趣已被对交流的兴趣所取代。家庭治疗的要义在于通过引入新的观点和做法，来改变与病态行为相互关联的反馈环。强调摸清家庭内部的相互关系格局，并通过对整个家庭的干预来改变孳生个人心理症状的家庭关系格局，使家庭产生新的冲突，并通过对冲突的重新自我组织，获得新的变化（感受、行为方面），产生新的规则和互动模式。

（三）系统理论对家庭模式的描述

由于人类生活和体验的丰富多彩，我们几乎可以用无数种方式来描述并构成被观察者的“现实”。德国海德堡学派在研究家庭过程中从不同角度发展出了两种描述家庭的模式：时间组织模式和家庭的关系现实模式。

1. 时间组织概念对家庭的描述

贝特生将信息论的思想引入家庭治疗中。他关于信息的定义是：信息是一种造成差异的差异，即人只能把两信号之间的差异作为信息来感知。对于这个差异的感知取决于一个恰当的时间间隔。这一时间间隔处于最大时间间隔阈值和最小时间间隔阈值之间，也就是一种中等程度的时间间隔。只有在这种恰当的时间间隔范围内，人们才可以通过“不同时性”感知和评价一个事件。时间组织的意义并不局限在感知层面，时间还是人的经历、体验和行为的组织者，又是他们的组织本身。对于三者的感知和评价，只有被纳入一个时间的系列，一个事件才能成为一种具有内在联系、有意义、能被理解的现象。就人和人之间构成的生命系统及其交流而言，往往是充满矛盾的。在时间的规定下，进行交流时，可以产生下列几种矛盾或化解矛盾的交流方式。

(1) 极端的异时性或非同步化时间组织。在一个系统内各种不同的交流内容或观点呈现超过最大时间间隔的差异现象，因此可以取消矛盾。该系统处于这种局面：在一段时间内只有矛盾的一个方面被评价、被体验，因为知觉的组织、叙述的组织，由于过大的时间间隔而失去了内在的联系和整合，因此矛盾被取消。例如，在这类家庭内部，完全相反的观点及不同的作用规则，由于出现在不同的时间段中，所以并不引起冲突，这种交流状态被称为系统的“不同时性分裂”现象。

躁狂—抑郁症患者的家庭就呈现出这种特征。从系统内各成员的个体角度看，矛盾倾向、矛盾判断的各方面在时间上被相互分离，以至于同样可以将自己、将别人或事件体验为矛盾消失的状态（会谈中父母和其他成员可能说“我们家有时一点争吵也没有，孩子们都很听话”）。然而，正是因为缺乏正常的矛盾，家庭成员反而偏离了正常的、文化所规定的情绪或行为范围。他们在数星期或数月之内完全卷入到一种生活状态，体验的要么是最好的情绪，要么是最坏的情绪，最重要的是这种情绪体验完全和周围世界上发生着的可怕的或美好的事情无关。

(2) 极端的共时性或同步化时间组织。在一个系统内未达到最小时间间隔同样可以导致矛盾被取消，即最小时间间隔未被突破，不同话语、不同事件、不同评价之间的区别同样不能被感知，矛盾取消，意义也被取消。不同的观点呈现极端的共时性，家庭成员的交流看上去像是纯粹偶然的表述，相互之间毫无关系。结果导致相互“失去联系”，被称作“同时性分裂”。

精神分裂症患者的家庭往往呈现出这种特征。在家庭的交流中似乎存在一种“意义的烟雾”，各种相互无关联的表述简直无法达成交流互动的规则，也就不能在交流互动的行动和意义方面体验系统内的协调一致性。家庭内的共识破裂，无矛盾的状态表现为一种怪诞的无冲突状态。治疗师在与家庭接触中就会体验到很难与之达成共识的荒诞感觉。在精神科临床上，常常把这种情况描述为接触不良。

2. 关系现实概念对家庭模式的描述

当我们观察一个家庭及这个家庭的成员相互间的交流行为一段时间后，便可以发现某种反复出现的行为序列，人们借助它来理解交流中没有被表达出来的信息。贝特生和拉兹维克称之为“多余信息”，相当于“规则”“模式”的意思。西蒙区别了两种规则，一种是关于如何描述事件（描述性规则），另一种是关于在世界中如何行动的规则（规定规则）。有这两种规则，人们才可以描述世界观及其相应的行为。我们把这两种规则合称为“关系现实”（或现实构造、现实构想）。家庭的关系现实有以下几种成分。

（1）关于家庭成员个人认同的构想：关于在多大程度上他将自己和别人看成是自主的，看成是自己始动性的和动机中心的。或者相反，在多大程度上把自己看成是依附于或被束缚于别人的观点和行为方式。这些构想建立了某些个体行为的动力学。

（2）关于构造的稳定性的构想：是指在一个家庭中，各种规则或模式的严密性或者松散性，可变性或不可变性。例如，各个家庭成员或一对夫妇共有的意识形态，规则，规矩，共有的习惯，范例（如父亲的孝敬老人、父母的美满婚姻）及其稳定性。

（3）各个成员的行为模式可以描述为他们个人动机动力学的表现和后果。

（4）系统内的相互作用模式：是指家庭系统内各成员互动的特征，如父亲总是要求儿子按照他的观点、愿望行事，而儿子总是感到父亲对他控制过严、权力欲太强，自己没有自主权，从而对父亲发出的任何信息持对抗性回应。例如，母亲经常说“他们一说话就争吵”，父亲也就觉得儿子不可理喻，“儿子有病了”。但儿子觉得父亲有问题应当找心理医生，其模式表现为“控制和反控制或对抗”。在这个家庭中如果母亲在价值观上倾向于父亲，但软弱而又疼爱儿子，就会表现得犹豫不决，在父子俩中间成为可利用的，然而也易于被抛弃的筹码。母亲会成为一个没有自我，忙于平衡，整日愁容满面的人，有时会产生一些心身症状，如失眠、心慌等。如果母亲表现得强有力，而又疼爱儿子，母子易于结成联盟，儿子表现为依赖母亲而对抗父亲，几经冲突后父亲可能放弃对儿子的期望而转为斥责、蔑视。这种三角关系会影响夫妻之间的理解和亲密。父亲可能游离于家庭之外，忙于工作或朋友之间的交往。家庭的互动模式对于“生产”病人是决定性的。

综上所述，系统理论在心理治疗上可被理解成三点核心内容：① 总体大于部分之和；② 操作行为受其作用结果的反馈性调节（即治疗师的努力受家庭其他成员行为的反馈影响）；③ 造成差异的原因是信息的差异。例如“三个女人一台戏”现象，她们交谈时演成的这台“戏”，就是她们谈论的内容和她们之间的关系互动模式。因此各个部分（三个女人）构成总体时（女人和戏）大于部分之和。意思是一个家庭在不断的交流中，除了就事论事这些能意识到的内容外，还形成了不易意识到的互动模式。个体构成人际系统靠的是人与人之间反馈性的交流行为，所谓交流的“信息”就是不同的交流者之间，在言语上制造的差异。

（四）家庭系统的动力学模型（Dynamic Model of Family）

家庭动力学是一门研究家庭内部的心理过程、行为、沟通及家庭和外部环境间交互作用的学科。按照系统理论观点，家庭系统的各部分以互动的方式交流，在时间的流程中，通过家庭发展的不同阶段，产生自己的历史故事、经验、规则、价值观、关系互动模式，在这里，个体的发展和停滞、独立和依赖；家庭环境的安全和幸福，烦闷和无聊，互助合作与敌对分离；平等民主还是相互控制，黏结成团还是四分五裂，家庭是否能完成其功能，是否能适宜地面对应急事件。观察和预测家庭的基本面貌要以下列 7 种维度来衡量，每个维度有两极，采用 10 级评分。

（1）关系现实：软—硬，即家庭中各种规则、计划、观念、模式的可变性。“软性”是指有些家庭，其成员用来表达行为动机和愿望的观点，在交流中不大明确、坚定和可靠。“硬性”是指在这种家庭中，极其僵化的观念和模式控制了每个成员和整个家庭。本来个人或家庭在整个的生命循环中，在不同的时期应有不同的变化和发展，但在这里很少或没有任何交流或协商的余地。因此，个体很少或不可能对某个行为既体验到自主性（发展主动和对自身负责），又对家庭其他成员能表现出依附和亲近（对他来说这个自由是无法体验的，必然表现出经常性的矛盾）。

（2）时间组织：同步化—非同步化。

（3）系统逻辑：非此即彼—“既……又……”。家庭的关系现实的不同逻辑结构，形成一条谱带，一端为“非此即彼”逻辑。根据这种逻辑，家庭成员将世界上的事理描述成一对对互相排斥的矛盾，如不是对就是错，不是强就是弱等。另一端是多元的“既……又……”逻辑。根据这种逻辑对事理作出针锋相对的完全区别是不必要的或不可能的，任何其他可能性都是可以想象的。

（4）家庭内的个性化：缺乏—显著。即家庭成员在多大程度上，将自己和别人看成是自主的，看成是自己始动性的和动机的中心。

（5）关系控制企图：关于关系现实的严密和松散，关于它的可变性和不可变性如何对家庭及其别的成员赋予和剥夺某些特征。这个世界在多大程度上是可预测和可操纵的。

（6）访谈气氛：沉闷、无聊—轻躁狂、随便。

（7）疾病观念：受害者—行为者。关于病人是疾病的受害者、对此无能为力，深感疾病的严重、不可控制，经常感到有不良的预测和担忧；还是主动行为者，疾病不过是某人的一些念头、与别人稍有不同的动作行动。

家庭动力学的七个维度是治疗师在会谈中观察家庭的一种描述性方式，也是治疗师在治疗过程中和随访时对家庭的变化的衡量指标。它能反映家庭的问题、症状和功能的变化与治疗机制的关系。我们可以通过对来访家庭的现实构成的量化来把握家庭的现状。

任务三　系统式家庭治疗的策略和技术

R 任务体验

观看《心理访谈》——“儿子复仇记”，各学习小组记录访谈中治疗师的提问。

R 任务分享

各组分享观察到的治疗师的提问。

R 任务总结

结合本任务知识要点总结案例中治疗师运用的提问技术。

Z 知识介绍

一、治疗策略

系统式家庭治疗是家庭治疗的重要流派之一。该法从系统论的观点出发，将家庭看成一个系统，将家庭成员看成是系统的组成部分，并认为家庭中每个成员都有自己认识事物的模式，称为内在解释（Inner Construction）。内在解释决定一个人一贯的行为模式，反过来又受行为效果的作用和影响。换言之，一个人的内在解释与他的外在行为是相互作用、彼此影响的，其间的关系不是直线式的因果关系，而是反馈式的循环关系。而每个成员的内在解释与外在行为又会在接受家庭其他成员影响的同时，反过来也影响其他成员，其间的关系同样是循环反馈式的而不是线形因果性的。系统式家庭治疗学派认为，无论是正常行为还是病态行为，都是这种连环套式的循环反馈关系层层作用的结果。这样，对任何病理过程的原因不再在个人范围内、个体心理动力学角度寻找，而是从家庭结构里去探索。对生理和心理过程的紊乱的兴趣已被对交流的兴趣取代。家庭治疗的要义在于通过引入新的观点和做法，来改变与病态行为相互关联的反馈环。强调摸清家庭内部的相互关系格局，通过对整个家庭的干预来改变孳生个人心理症状的家庭关系格局，使家庭产生新的冲突，通过对冲突的重新自我组织，获得新的变化（感受、行为方面），产生新的规则和互动模式。

（一）治疗作为扰动（Perturbation）

在治疗情境中，治疗师面对的是一个家庭，干预的对象是家庭中被称为“问题”的系统。这个系统之所以持续存在，是因为各个部分在交流中形成了它特有的规则和维持方式。“问题”是有其功能的，是各成员贡献出来的，某种意义上它也是表达了各个成员的需求，即有时家庭中需要造出一个病人来。这可能反映了原有的模式过于陈旧已使人不能忍受，“问题”表达了改变的要求；或“问题”已改变了原有模式；或“问题”反映了这个家庭在进入一个新的阶段，必须进行某种新的适应。在不同的发展阶段，个体总是既要符合自己的新的发展方向，又要和原系统保持必要的联系以获得支持。系统总是要对个体的变化提供支持，同时要作出相应的调整。按照激进构成主义的观点，由于从一个系统到另一个系统之间不可能有直接的信息传递，故一个系统只不过能给另一个以促进信息形成的刺激。这种促进信息形成的刺激是环境的改变，这些改变起干扰的作用，其作用的对象是问题系统的各个部分，问题系统受到干扰产生新的信息，这些新的信息起着改变问题系统的操作模式的作用。因此，在治疗情景中，治疗者不确认任何东西，只是挑动刺激起适应性的改变模式的反应来。在治疗中可以通过所谓的“循环提问”，各式各样的“症状处方”，或治疗师的“中立”来达到。这一原则决定了家庭治疗师作为“游戏破坏者”的角色，他不再作为“道德说教者”和“社会控制者”，与家庭共同玩“再加一把油”的无结局游戏。

（二）假设—循环—中立

这是系统家庭治疗过程中的三条原则。

（1）假设：是指治疗师根据对家庭掌握的信息提出的假设。这个假设既是他对家庭进行探索的出发点，又是对这种探索是否合适、有效而进行的检验。假设实际上是指向新信息的路标。在会谈中，假设首先具有一种保障功能，使得治疗者在探索家庭关系模式的过程中的所作所为有一个较为清晰的脉络。此外，提出的假设也是对家庭系统发出的强烈刺激脉冲。

（2）中立：是指一种特殊的、实用的效应。在会谈中由治疗师的总的态度发挥出来，而不仅仅是指治疗师的内在精神性的理解。治疗师感兴趣于撩拨起反应，并从这些反应中得出推论，但又不作任何道德意义上的评价。切琴后来指出：应该把中立描写为在治疗师这一方面造成一种好奇的状态。好奇引导我们探索和发现不同的观点和运动，而不同的运动和观点又带来新的好奇心。

（3）循环：是指治疗师的一种能力。他能够让在连续的提问中得到的反馈引导自己，他谋求得到关于家庭成员之间的关系的信息，也就是有关差异和变化的信息。在提问中，他请每一位成员表达对另外两个家庭成员之间关系的看法。这项技术是在家庭中能引起多样化反应的有效工具。

（三）情境化

按照系统论的观点，一个特定的行为只有在与其背景结合起来考虑的情况下，即赋予这个行为以意义的参照系中，才是可以理解的。这个背景是取决于一个观察者的。同样的事件和行为，由于不同的观察者所取背景不同就具有了不同的意义。因此，治疗师要首先探明和将要治疗的问题有关的那些背景因素，并在治疗中将这些因素运用起来。例如，治疗师可以使用种种不同的技术，经由对“情景标记”的重新定义而将情境的意义本身加以改变。这种改变所发生的后续影响可能是一个家庭互动过程的改变，或某个问题症状的改变。系统治疗是资源取向的治疗，常通过重新标记情境，来获得对症状意义的另一种理解。

二、治疗的场地、时间、内容安排及程序

系统式家庭治疗一般进行 2～10 次，每次 1.5～2 小时。间隔 4～6 周。中间给家庭留出作业，给其变化的时间。治疗的目标是观察家庭的变化，使家庭产生自我组织的过程。

（一）治疗室及附属设备

正规的治疗场所应该有治疗室、观察室、控制室、示教室、摄像机、监视器、录像机等设施，构成一个基本的单元。治疗室内有座椅若干，舒适但不让来访者过度放松。还要备有供小孩子坐的凳子和玩具。椅子围绕一张小圆桌放置，不分主次、尊卑。

（二）预约、登记

在进行正式治疗会谈前，被治疗的患者和家庭要先和治疗机构接触。有的通过电话，有的直接联系，但均由秘书来接待，治疗师基本上不露面。秘书要记录：来诊背景（如是别的医生转诊来的，还是自己来的）；对家庭治疗的了解程度，欲解决的问题。秘书还应该记录初次和家庭谈话的印象，然后预约首次会谈的时间。

（三）治疗小组的准备性讨论

绘制家谱图是预备性讨论的第一项任务。在治疗前，来诊的家庭须填写家庭背景表及两系三代家谱，如父母二系三代人的人口学及健康情况、重要经历、受教育水平、婚姻、职业情况、主要精神卫生问题。根据了解的情况，治疗师要用通用符号、规则绘制一份家谱图。在这份图谱上，重要的个人及家庭事件、问题、家庭动力学、家庭模式及家庭关系变得一目了然。这成为治疗师提出治疗性假设的重要前提。接下来，治疗师将自己的想法提出来以供讨论，最后以假设的形式对这个家庭进行多角度的解释和描述，形成治疗的方向，以便在与家庭的首次会谈中能有多种前进的道路。最后是对即将进行的会谈提出大致的目标、任务及可能的难点。

三、会谈技术

会谈的过程包括：每次会谈持续 60～90 分钟。会谈中途可安排 10～15 分钟的“咨询性暂停”，用于准备“结尾干预”。这时治疗师对督导治疗师（控制室的观察者）报告自己的感受，接受观察者的评论、建议。然后，总结出向家庭宣布的总结性评论内容，设计出家庭作业，再约定下次会谈的时间。通常下次会谈间隔 4～6 周，会谈次数是 2～10 次。所以家庭治疗是一种长间隔的短程治疗。

初次会谈：此时要特别注意各个人坐的位置，所预备的椅子一定要比来人多，使人有选择的自由。坐的位置与人们之间的关系有关，从中可以看出他们如何安排自己谈论有关各个人的相互关系；可以看出他们是如何感受治疗师与家庭的关系的，治疗是否能成功。家庭如何分配全家人的座位？父母坐在一起？或是儿子坐在他们中间？是否有一位向后拉凳子？姑娘们是否坐得相互靠近？男孩们是否坐得较远？坐的位置给了治疗师一个提示，

谁是同盟，谁和谁分裂等。典型的情况是父母诉说他们的孩子有问题。在介绍病情以前，治疗师要先和父母打招呼，然后和其他家庭成员按年龄打招呼，以便尊重父母的权威。初次的介绍非常重要，这有两个原因：一是向全家亮明治疗师的个人特点，减少治疗的神秘性和移情现象；二是间接地暗示，家庭的问题不是唯一可谈的问题。因为是第一次和家庭会谈，治疗师是外人，要给家庭一个机会去判断是否允许治疗师进入他们的家庭。治疗师需要将自己在家庭暴露自己以前，将自己先展示给家庭。

（一）提问的技术：会谈中对治疗师来说主要是运用提问的技术

（1）循环性提问（Circular Questioning）。

谈常用循环性提问的方法，即当着全家人的面轮流而且反复地请每一位家庭成员表达他对另外一个家庭成员行为的观察，或者对另外两个家庭成员之间关系的看法；提问一个人的行为与另外一个人的行为之间的关系。例如，“你妈妈心情不好的时候，你们家里的哪个人常常第一个去安慰她?”“按照您平时的经验推测，哪个人对今天的会谈最感兴趣?”由于这类拐弯抹角的间接提问在被问者的回答和其他听者的“内部回答”之间制造了差异，引起持续的比较和搜索过程，因而极具启发性、暗示性，有人称之为“循环催眠”。

（2）差异性提问（Difference-making Questioning）。

在家庭中由于某人生病，其他人自然会把注意力集中在症状上或消极方面而忽略积极的方面。为了压缩症状和扩展无症状的时间、行为和场所，使当事人认识到症状性的行为的出现是有条件的，提问中要特别注意提问“例外的情况”。例如，“孩子在谁面前很少或从来没有像那样暴怒过?”“请你比较一下，你的孩子在哪些情况下容易烦躁不安？是你一句话重复说几次的时候，还是你放心让他去做的时候?”“你估计一下，你哥哥几分之几像18 岁的小伙子？几分之几像 3 岁的小宝宝?”

（3）前馈提问（Feed-forward Questioning）。

是一种未来取向的提问，它将病态或某种行为的积极赋义投射到将来。显然，前馈提问是一种资源取向提问，是针对当前临床上习以为常的缺陷取向（或病理取向）而提出来的。缺陷取向将某些人际意义的行为视为纯粹的障碍、病态，或是直线因果链上最后的个人性结局。这种认识有促进病态，使症状慢性化的可能性。资源取向却要求我们重新认识病理症状的功能意义及“病人”的健康资源。既往的诊治模式较少考虑行为与内心过程及家庭背景的关系，而资源取向促进病人自立性，开发其主动影响症状的责任能力，将个人和家庭导向积极健康的新的生活模式。此种提问可以刺激家庭构想关于未来的人、事、行动计划等，故意诱导这些计划成为将会“自我应验的预言”。或者反过来，让有关人员设想在有诱发因素时如何使症状性行为再现，以便能诱导出家庭对诱发性因素的预防性行为。例如，“请你想象一下，如果我们今天的会谈确实有效，你明天会是什么样子？你完全康复了又会是什么样子?”“以你们对这个孩子的了解，你们估计他为了得到那些当病人的好处，会在什么时候有下一次发作?”后一个问题可称为预防性提问。

（4）假设性提问（Hypothetical Questioning）。

基于对家庭背景的了解，治疗师从多个角度提出有时是出乎家庭意料的疑问。这些假设须在会谈中不断验证、修订，并逐步接近现实。治疗师通过假设给家庭照镜子，即提出看问题的多重角度，让受治者自己认识自己，并有助于家庭行为模式的改变，促进家庭成员的进步，或者让当事人将病态行为与家庭里的人际关系联系起来。例如，“请你们二位设想一下，如果这孩子没有那些阵发性气喘症状，你们在两年前提起的离婚问题今天大概会发展到什么地步了？”“假如从现在开始，妈妈不再去玩麻将，你爸爸发火的机会会更多呢，还是会少一些？”

（5）积极赋义（Positive Connotation）。

是对当前的症状、系统从积极的方面重新进行描述，放弃挑剔、指责态度而代之以一种新的观点。这个观点从家庭困境所具有的积极方面出发，并将家庭困境作为一个与背景相关联的现象来加以重新定义。在重新定义的过程中传达了这样一个信息——情景是相对的，一种现象的意义也是相对的，依看问题的角度不同而可以改变，而对于心理行为问题可以有多种角度，“横看成岭侧成峰”。“塞翁失马，焉知非福”的典故，就是一个众所周知的例子。例如，对于口吃的患者，治疗师说“这是用简洁的语言表达最安全的信息的最好形式”。

（6）软化症状（Softening Symptoms）和去诊断（De-diagnosing）。

这类提问是为了将病人从标签化的病态中解放出来，解除病人角色。从语言学叙事动词的角度看，将动词的“是”（To Be），“我是病人”，改为“做”（To Do），“我表现得像个病人”；把“我的神经很衰弱”，改变成“他懒得动脑子”，暗示症状并不是人格结构中不可动摇的成分，也不是器质性病变的后果，患者仍然对症状有影响力。具体的做法是：对神经性厌食的病人提问：“你是什么时候决定每天只吃两勺饭的？”对长期被当作“癫痫”诊治，而实际上是癔症的病人及其家人说：“我们今天宣布给你‘摘帽’了，以后你再也不用担心那些禁忌，可以像其他人一样什么都可以做。我们把癫痫当作一顶帽子，你要是戴腻了，或者头长大了，帽子嫌小了，把它扔了就是。”

值得提醒的是，这些技术之所以被称为“系统式的”，原因就在于与直接阐释相比，它们超越了平时我们所习惯了的直线式因果思维，遵循的是循环因果思维。前者按事件的时间先后，对症状性行为按序列“A—B—C—D ”作节段性处理，人为的确定 A 是 B 的原因，B 是 C 的原因……但这却忽略了行为常常是共时性发生，而且有反馈性联系，作用方向是双向甚至是多向的现实。循环因果思维体现了系统论和控制论的观点，通过上述技术体现出来就促进了对观察对象的整体性理解。

（二）布置作业

布置的作业是为了促动家庭在生活中，也能继续产生某些变化，是系统治疗极为重要的一环。

（1）悖论干预（Paradoxical Intervention）和症状处方（Symptom-prescription）。

家庭治疗师要求患者故意保持或“加重”症状性行为。例如，对成天担心失眠的患者说“睡不着觉的时候，请睁大眼睛盯着天花板某个地方，舌头抵住硬腭，命令自己坚决不睡觉”；对某些病人治疗师要布置一些令其抵制或反感的作业，如要求经常吵架的夫妻每周吵两次架，而病人不愿去做，这样一来正好有利于终止症状。与此相反，有些行为是合意的行为，而治疗师却故意不让做，这样反而促使病人或者家人设法去做。例如，对因患有惊恐发作而不敢出门的病人，治疗师故意要求他不能出门，有时反而激起他出门锻炼的努力。

（2）单、双日作业（Homework for Odd-numbered and Even-numbered Days）。

建议患者在星期一、三、五（单日）和星期二、四、六（双日）作出截然相反的行为。“星期一、三、五你可以装小孩或病人，什么都需要帮助和满足，不然就发病给她（指妈妈）看；星期二、四、六装大人，做作业、买菜、扫地、拖地板，管理自己和家庭。星期天随你便，你觉着当病人舒服，当小孩子好就继续当；若觉得当小孩子或病人没劲，就长大成18岁，表现得像个成年人。随你便。”与此同时，要求其他家庭成员观察患者两种行为各有什么好处。这类作业的作用是“醉翁之意不在酒”，治疗者的主要目的是传达一种信息，一种言外之意，引起对原有退化和症状性行为的反思或领悟，并选择进步的方向。另外，面对冲突处境的人，如与父母情感纽带解离困难的青少年，其困惑常起于不能同时处理矛盾（Ambivalent）的信息。这个作业可以帮助他们辨别自己的心理需要，澄清矛盾，学会用异时性的方式处理事态。

（3）记秘密红账（Keeping Merit-accounts）。

有些家庭习惯于翻旧账，系统治疗师将其戏称为“记黑账”“说坏话”。治疗师要求家庭成员对病人的进步和良好表现进行秘密记录，不准记坏表现和症状，直到下次会谈时才由治疗师当众宣读。有时也要求病人记录父母的优点和进步。常有数量上的要求，如必须记满20条后才能预约下次会谈。这种作业主要针对家庭中常见的缺陷取向的现象：如家庭中有成员出现不合意行为表现后，其他人会有焦虑、沮丧、挑剔等负面情绪和态度。这样的作业一方面促进其他成员的注意力重新分配，另一方面则诱导病人作出合意的行为，使之有“立功受奖”的机会。不少家庭在接受此任务时会面露难色，甚至表示不可能写出那么多条来。对这样的家庭要强调，正因为如此他们才更应该做这道作业。

（4）角色互换（Role-exchanging）。

让家庭成员定时或因事而定，交换在家中的角色，最好具体到当前的事务中。例如，请喜欢挑剔的丈夫亲自下厨房做饭；请拖拉的儿子负责每天唤醒全家；请事无巨细皆要亲自干预的妻子像丈夫那样，过几天依赖别人或不管事儿的日子。

（5）水枪射击或弹橡皮筋。

让家庭成员以善意、戏谑的方式，直接对不合意的行为或关系进行干预。令家庭成员准备玩具水枪或橡皮筋，当谁出现不合意行为时便瞄准行为者的眉心射击或弹击，即便是对权威的、不苟言笑的父亲或母亲也须执行。比如说，“你对妈妈一句话说10遍感到厌烦，但她有她的道理，而且一种习惯也不可能马上改掉。那么，先约定一个指标，让她一天内同样的话可以重复5遍，你得留意数着，如果超过这个限额，你就拿水枪射她。反过来，如果你妈妈提醒了3遍，你还不做作业，她也要这样惩罚你。”这种干预看上去像是一道行为作业，但它的意义并不在于实际上做不做，而是在观念层面上给予冲击。通常，大多数家庭都不认真执行，他们在接受任务时已经发出会心的笑声；少数家庭可能会尝试着做，这两种情况均能快速终止不合意的行为模式。

（6）定期写信或打电话。

对居住外地不容易来继续访谈的家庭，须维持治疗关系和干预效应。这就要求家庭成员定期写信或打电话汇报进步，尤其是以前没有过的新行为。做法同“记红账”，在打电话汇报时，家庭要拿出记录好的秘密红账，当众宣读、互相确认，治疗师在听到后要及时鼓励并布置新的作业。

四、积分悖论干预法

积分悖论干预法（Accumulative Soring Paradoxical Intervention Skill），是中国心理治疗师傅文青教授在实践中形成的治疗技巧。系统式家庭治疗中悖论干预原理不仅可用于家庭团体的治疗，在个别治疗中也有很好的效果。积分悖论干预法的思路是在治疗初期不但不寻求消除症状，反而要主动发动和加重症状，对诱发的症状进行评分，积累症状分数，最终达到消除症状的目的。

（一）具体步骤和操作技术

一般治疗前先简要讲解积分悖论干预法。例如，告诉患者，用该法治疗与其他方法有所不同，一般人寻求治疗的目的都期望把症状“治”下去，而该法在治疗初期不但不寻求消除症状，缓解痛苦，相反要主动诱发症状，加重症状，经过一个过程最终消除症状。同时也要指出该法最初会觉得有些痛苦，但随着治疗的推进，痛苦会有所减轻，并教会患者通过做一些放松动作以减轻痛苦。

1. 操作程序

（1）探索适宜治疗的靶症状：关键是通过深入的个别会谈对患者的内心冲突有透彻的理解，找准治疗的核心症状（靶症状），如难以控制的强迫感，自我挫败式的思考方式，心理上总觉得受外部或内部客体控制和威胁等情形。

（2）讲解操作原则：定时、定量主动发动和体验症状，或者在现实情境中主动诱发症状，加重和扩大症状，假装或表演症状，操纵症状，对诱发的症状进行评分，积累症状分数。

（3）现场指导诱发症状和评分，完成后再让其学会放松：在治疗室内让患者沉思、回忆和想象5分钟或更长时间，学会诱发和体验症状。采用症状自评百分制法对症状体验进行评分。如心情平静、不感觉焦虑可评为“0分”，加重到极度紧张、恐慌或痛苦的程度评为“100分”。注意在主动诱发症状后，如有些人不能很快从痛苦中解脱出来，要教会患者采用“紧张—放松技术”用来对抗和缓解不良感受。

（4）布置作业：每天在固定时间主动发动症状，或在现实情境中主动诱发症状，然后对症状立刻评分，1～3 次/天，每次 10～20 分钟，每天得到一定量的症状分数，按天数记录积累的症状分数，力争达到症状分数 150～300 分/天，在 1～4 周内累积到 1 500～5 000 的症状分。每 1～2 周就诊一次。

2. 临床案例

小明，16 岁，高一学生。主诉脑子里总有控制不住的念头，注意力不能集中，反复摆放书本、笔、水杯，放不好就不舒服，但控制不了，自觉都很没意思，浪费时间并为此苦恼一年余。其所在重点学校采用封闭式管理，以成绩排名作为学生的学号，该生对学习成绩非常在意，过分小心、迷信，成绩稍有降低就自责苦恼，经常回忆自己学习中的差错，做过的题目也反复检查，总是把周围某些事情和学习成绩联系起来，以至于看到学习不好的同学都觉得晦气。治疗者向患者介绍该法。建议其每天三次在规定的时间把控制不住的念头和重复性动作在心里主动诱发出来，并猛烈地夸大、加强，甚至假装症状。强迫、焦虑体验最严重为 100 分，没有症状为 0 分。

现场指导诱发症状和评分：治疗者先让患者站到治疗室另一侧默想 5～10 分钟，主动发动强迫和焦虑的感受，使情绪紧张水平从开始前的“0 分”，上升到较高水平。结果患者诉说只是有点儿紧张感，做不太好。治疗者嘱其回忆最恐惧、紧张、羞耻、难堪和失败的情景，特别是在学校时的紧张情景。此时，要注意观察患者的情绪性质和唤醒程度。10 分钟后，患者自评分数达到了 60 分，称其在学校的感觉找到了。治疗者表示赞赏患者的勇敢和努力，嘱其按此法，回家后每天当作业完成治疗任务，记录所得症状分数，建议两周后再诊。结果治疗初期的几天，患者感到主动诱发症状时，念头增多，强迫感加重，有些失控的感觉，必须做些放松动作才能缓解痛苦，但 7～8 天后变得像是完成一种习惯性任务，症状体验变得有些苍白，记录的分数也越来越低，2 000 分后感到心理变得自由，强迫念头和动作消失。6 个月后随访未复发。

（二）治疗原理

积分悖论干预法治疗有效的机制是什么？表面上看，积分悖论干预法的技巧与行为治疗的饱和厌恶疗法、暴露疗法及森田疗法都有相似之处。与弗朗辛·夏皮罗（F. Shapiro）提出的“眼动脱敏与重建技术”（EMDR）也有重合。EMDR 的做法是努力回忆和再现创伤性体验，再通过转动眼球来消除内心的不良感受。显然积分悖论干预法也含有脱敏、暴露的元素。但积分悖论干预法在操作技巧上，强调患者自己完成作业，独自诱发和操纵症状，使得患者进入一种自我主动“尝试”的治疗情境。操作细节上的不同意味着对病理心理的理解不同。该法“主动诱发和体验症状，加重并扩大症状，假装或表演症状，甚至操纵症状”的思路是一种反常的干预，其之所以能迅速控制症状，是因为患者以前对待自己的病症过分认真、关注，治疗师故意引导其夸大、扩展病态体验，达到使自己都觉得可笑的地步，从而震撼功能不良系统，产生领悟，起到刹车的作用。该法的定时、定量、积累症状分数的操作模式将治疗变成了积累分数的简单游戏，患者能通过不断获得分数，积累治疗效果和成就感。据有些学生反映，分数对恐惧上学的学生有魔术般的吸引力。定时使患者能主动把症状收集到固定时间，集中爆发；定量使患者能自由地把病态体验扩大或缩小，从而操纵症状。定量的要求还促使病人自觉地探索心理内部的各种体验，如追踪心理上的强迫感，从而发现某些强迫体验原来不过是内心的某些渴望或想象。有位 34 岁的患强迫洗手症状的患者，在主动诱发和体验洗手冲动时，甚至有射精的感觉。积累分数的评估过程具有使自我把症状痛苦"客体化"的效果，即治疗中患者以靶症状为线索，将注意力投向内部，去发动原本压抑或防御着的症状，在此过程中痛苦感受、困难情景成为被自我观察的"客体"，从而减少了对症状体验的交互性焦虑反应，同时恐惧感也得以宣泄，自我耐受力和自我效能感得到强化。因为定时和定量的要求，故所诱发的抑郁感能自我控制。

（三）临床适用范围

1. 积分悖论干预法比较适用于解决大中小学生的各种心理问题

学生来访者的特点是时间很紧、治疗费有限，难以完成长期的治疗计划，所幸学生正值青春期发展阶段，一般症状还不太成型，这种情况下如使用得当，该法常可收到戏剧般的疗效。例如，对学习、竞争诱发的轻度强迫感，人际关系和学校环境的过度紧张、考试恐惧等症，特别是对强迫思维、强迫意向等疗效显著。治疗过程中许多患者发现，主动诱发症状做到 5～8 天时，诱发症状将变得困难，症状的痛苦体验大大减轻，有些人虽然觉得仍有些症状，但在感觉上已不再困扰自己的生活了。

2. 治疗的注意事项

治疗师不可轻率地使用此法，应在充分会谈的基础上，与患者对内在冲突有了充分理解，找准适应证并建立好治疗关系后，才能尝试。实施前要签订连续治疗的协议，以便使患者能及时得到指导和保护；要特别注意让患者学会现场诱发症状和体验症状，使其意识到自己可以随意发动症状和体验症状。有些人阻抗较大，难以诱发症状性体验，这要待通过会谈使心理防御松动时再行治疗；有些患者对症状耐受力差，或完成作业后不能从症状中恢复过来，治疗者应充分理解加重症状的痛苦，要教会患者采用"紧张—放松技术"缓解不良感受。

3. 禁忌证

特别注意对精神分裂症、易冲动和自伤行为的患者禁用此法。对严重抑郁者也要慎用，治疗者曾发现 3 例患者在诱发和加重症状后，自杀意念增多。对与家人有严重对抗、冲突者要建立良好的治疗关系，并在家人和医生监护下谨慎试用。

A 案例分析

家在河北的刘女士打来电话反映，她的儿子近一年来情绪多变，本来两个人在好好说话，但儿子会突然暴怒并殴打自己。近两周，她就被儿子打了4次，身上青一块紫一块的，儿子每次打完她都指着她的鼻子说是为了报复。

问题

以6人小组为单位，分析该案例中治疗师可以运用哪些萨提亚的治疗信念，并进行分享。

子情境二　结构式家庭治疗模式

任务一　了解结构式家庭治疗模式的特征

R 任务体验

阅读案例

小林最近成了班上的“有钱人”，她刚找爸爸要完钱买文具，又找妈妈要，总是可以毫不费力地要到双份零用钱，这让同学们十分羡慕。

班主任听说此事后，感到怀疑，因为小林的家庭条件并不好，为何其父母突然这么大方了呢？带着疑问，班主任拨通了小林妈妈的电话。原来，小林的父母最近感情出现了危机，为了给孩子一个完整的家庭，两人决定暂不离婚。但小林的父母平时很少有直接的沟通，如什么时候该由谁缴纳水电费之类的事情，都是由小林在父母中间传话，而父母对于小林的教育更是缺乏统一的观念和方式。

R 任务分享

请问小林为什么能轻松地要到双份零用钱呢？小林目前的家庭状况对其成长可能带来哪些影响呢？

R 任务总结

在小林家，因为小林的父母关系不好，缺乏直接的沟通，而让小林在其中钻了空子，可以两边要钱。父母的这种沟通方式以及他们各自为政的教育方式，会削弱父母在家庭的权力，降低对子女教育的影响力，造成孩子不服管教，甚至出现撒谎、欺骗等行为。

Z 知识介绍

一、结构式家庭治疗模式的发展历史

结构式家庭治疗模式由米纽庆于20世纪60年代初创立。米纽庆当时在纽约一个贫民窟工作，他发现贫民窟的孩子很多是来自破碎、缺乏组织的家庭，他们在拳头、暴力中长大，理性发展不足，对语言的内容并不真正关心。因此，用当时盛行的心理分析疗法去帮助他们效果十分有限。米纽庆在观察中发现，解决这些孩子身上存在的问题，需要先了解他们的交往方式，再通过改变交往方式而使他们获得新的体验、感受和行动，由此奠定了结构式家庭治疗模式的一个特点，就是着重交往的过程，而非谈话的内容。1965年，米纽庆转到费城儿童诊所工作，他在那里遇到的家庭很多是“过分组织”的。这些家庭多来自中产阶级，父母过分保护、关心、过问子女，使子女缺乏个人空间而消极抵抗或愤怒地抗衡。米纽庆往往需要协助这些家庭把角色、责任、权力、感情都分开，避免重叠与纠缠。

米纽庆和他的同事吸收了贫民窟和费城儿童诊所的经验，认为大多数的问题症状都是家庭结构有缺陷造成的，因此治疗的重点是协助家庭调整刻板的关系形态，并重新定义关系。米纽庆的核心想法是，从家庭互动关系形态的角度，最能够了解个体的问题所在，并且必须在家庭结构发生良性的改变后，个体的问题才能够减轻或消除。

随后，米纽庆在1974年出版的《家庭与家庭治疗》和1981年出版的《家庭治疗技巧》等书中，清楚地介绍了结构式家庭治疗的理论、技巧和方法。

二、理论基础

结构式家庭治疗模式是基于一些对家庭动力及其组织的假设而展开治疗的方法，其目标不是直接去解决问题，而是改变家人的交往方式使家庭的功能得以发挥，由此解决困扰家人的问题。该理论模式有如下主要观点。

（1）以家庭作为治疗的单位。

（2）相信个人的问题是家庭交往过程中的问题反映。

（3）家庭功能发挥不良是因为家庭的结构不合理，通过改变家庭的结构与组织，可以使家庭的功能得到正常的发挥。

（4）不把个人行为问题作为治疗的焦点，而把改变家人的交往方式作为治疗的手段与中心。

（5）治疗不采用直接的、单对单的谈话方式，而是多元化、多层次地介入家庭成员的

交往过程中。

（6）注重此时此地的显示情况，而不注重对家庭历史的回顾与家庭问题成因的追溯。

三、重要概念

要了解结构式家庭治疗模式，须先了解以下一些基本概念。

（一）家庭系统

家庭是一个系统，由家庭成员组成。在系统中，每个家庭成员有其特定的角色与功能，他们彼此依赖、互相影响。作为整体的家庭有着超越单个家庭成员的结构，这个结构反映的是家庭成员的交往与关系，而不是单个家庭成员个体的特质。所以结构式家庭疗法认为，单独地了解每一个家庭成员，并不能达到对家庭的了解，只有通过观察家庭成员的具体交往过程，才能真正了解家庭成员的关系与相处方法，才能从整体上把握家庭的结构。

例如，有时我们看到妻子很紧张地对丈夫喋喋不休、叮嘱不断，而丈夫在旁却一言不发。对此，我们可能觉得这位妻子唠叨、啰唆，令丈夫厌烦而变得被动。但从系统内看，丈夫的被动可能令妻子喋喋不休或是更加紧张，而妻子的紧张也可能形成丈夫的更加被动，因此在系统内，成员是相互影响、互为因果的。

（二）家庭结构

家庭结构是由家庭成员朝夕相处，慢慢形成的一些习惯和规则，这些规则管束、组织或指引家庭成员依照固定的方式去相处。通过观察家庭的活动或查看家庭成员在治疗中的互动情形，可以了解家庭的结构。观察的重点是，看谁以什么样的方式对谁说些什么，结果是什么，是否有重复出现的家庭历程。特别重要的是，要观察家庭中的等级结构，思考其是否恰当。

1. 家庭结构的内容

家庭结构包括了次系统、边界、角色和责任分工、权力架构五方面。

（1）次系统。家庭大系统中，因功能、代际的不同可分成较小的系统，叫次系统，如夫妻次系统、亲子次系统等。次系统通常由性别、年龄、爱好及角色功能等因素决定。通常家庭系统由多个次系统组成，各个次系统有其自身的任务和功能，各个家庭成员会在不同的次系统里扮演不同的角色。

（2）边界。家庭作为一个系统有其边界，使它与周围的环境分隔开来。同时家庭次系统也有边界，边界的存在决定了次系统内成员之间、次系统成员与其他成员之间的角色、分工与权利义务关系。如果家庭内没有边界，那么在分工上就会出现混乱，家庭就无法发挥正常的功能；而如果家庭内次系统的变化过分僵化，次系统间就完全隔离，也将无法正常发挥家庭功能。因此是否存在边界及边界的渗透性，是结构式家庭治疗模式所关心的。

（3）角色和责任分工。每个家庭成员在家庭中都承担着特定的家庭角色，承担着不同的责任与权利义务。同时，家庭还须弹性地帮助其他成员完成责任。当家庭遇到变故时，家庭成员须相互适应，重新分配角色，以确保家庭的正常运作。

（4）权力架构。家庭的权力架构是指家庭中谁作决定，怎样作决定；谁是支配者，谁是被支配者等。家庭应当有清楚及称职的权力架构。

2. 家庭结构的特点

以上所说的家庭结构，通常有以下三个特点。

（1）结构的互补性。家人的角色和行为多是互补的，如严父与慈母。通常，勤快的父母容易养育出懒惰的子女，懦弱的父母容易养育出骄横的孩子，内向的丈夫易促成妻子的外向。因此，当治疗师见到某个家庭成员的行为时，便可探查一下是谁造成他这个样子。

（2）结构的一般性与独特性。约束个人行为的规则中，有些是一般性的，适用于所有家庭，有些则只属于这个家庭所独有。因此，治疗师需要留心观察，敏锐地分辨，避免偏见地把个别家庭独特的地方误认为不正常。例如，有些家庭常称家中成员“笨蛋”“傻瓜”，他们的意思可能是表示亲密，而非真的骂人。

（3）结构与过程关系。家庭结构是一个抽象的概念，治疗师不仅要留意家庭成员交往时谈话的内容，还要了解整个交往过程的经过，才可看出家人的关系和动力，以了解他们在现实生活中是怎样相处的。

3. 家庭结构的病态

上文简述了家庭结构的相关概念，而家庭结构也有可能出现病态，这常是造成家庭成员问题的原因。常见的病态的家庭结构有如下几种。

（1）纠缠与疏离。若家庭各次系统的边界不清，该封闭的地方不封闭，该开放的地方不开放，久而久之会导致家庭角色、分工和权力混乱，造成家庭成员的问题。

（2）联合对抗。纠缠与疏离往往使家庭中某些成员结成同盟，而与其他成员相对疏远甚至对立。当发生冲突时，结成同盟的成员会不分青红皂白一味维护本同盟的成员，即联合对抗。

（3）三角缠。有时家人并不直接向对方表露敌意，而是借批评另一成员去打击“敌人”，好比“指桑骂槐”。

（4）倒三角。在核心家庭中，通常家中权力是掌握在父母手中。可是一些家庭因父母不和或性格软弱等，导致子女支配父母的局面，即倒三角。

（三）功能正常的家庭与病态的家庭

1. 功能正常的家庭与功能失调的家庭的区别

各种结构上的病态在功能正常的家庭中也是存在的，功能正常的家庭与病态的或是功能失调的家庭有一些不同。例如，在现实生活中，所有的家庭都会面对很多压力和困扰，这是正常的，也是不可避免的。在处理压力的过程中，所有的家庭都有功能失调或病态的结构出现，只是正常家庭很快就能适应变化并重整他们的分工系统和权利分配，以便家庭能正常运作。而功能失调的家庭则在压力下因结构太僵硬，因而不能产生或动用不同的交往方式，只是重复使用已失调的交往方法，使病态的结构挥之不去，导致家庭成员的问题出现。

2. 家庭功能失调与家人出现问题的关系

结构式家庭治疗模式认为家人出现问题与家庭的“病态”结构或“功能失调”有很大关系，这存在着三种情况。

(1) 家庭环境孕育出问题。例如，孩子在纠缠的亲子次系统中长大，往往要付出更多的精力去应付这些病态，而使得他们很少外出，在孩子的同辈中变得不合群、疏离、精力不集中等。

(2) 家庭鼓励某些成员持续地出现问题，这样就可以使家人的注意力集中在某些成员的问题上而不用去处理更危害家庭的问题。例如，孩子偷窃会把父母的注意力引到他身上而不用因婚姻的问题吵架不停。

(3) 家庭消极的支持问题。例如，母亲害怕失去儿子，而顺从儿子的意思拿钱给他买毒品。

A 案例分析

小庆是一个6岁的男孩，正读小学一年级，他是班级里的“小霸王”，经常欺负同学，在班里的人缘极差，大家都不爱和他玩。老师屡次教育无效，建议由社工介入协调处理。社工接手后，了解到小庆与爸爸、妈妈和奶奶生活在一起，平时家里都是奶奶说了算，奶奶格外疼爱孙子，从不准小庆父母打骂他，甚至父母批评小庆时多说几句重话奶奶都要干涉。鉴于此，社工邀请小庆和他的家人一起到会谈室参加辅导。

小庆的家人准时到达了会谈室，社工请他们自己找座位坐下，结果，小庆的父母离得很远，中间坐着小庆的奶奶，小庆则由奶奶抱着。一开始，小庆还比较老实，没过几分钟，他就开始在奶奶怀里动来动去，后来干脆挣脱奶奶，在房间里乱跑，对于奶奶叫他坐好的指令毫不理会。对此，小庆的父母都不管不问。当社工询问小庆年龄等问题时，小庆的奶奶都代为回答，而当社工询问小庆妈妈有关其儿子学习、生活等问题时，小庆的奶奶都会把话题抢过来。

社工见状，要求小庆的父母坐在一起，并把小庆抱在身边，而让小庆的奶奶坐在离他们比较远的地方。而社工问小庆问题时，不准其奶奶插话，坚持让小庆自己回答。当社工问小庆父母怎么看待小庆的行为，平时怎么教育小庆时，小庆奶奶虽抢着回答，但社工都予以忽视，鼓励小庆父母自己表达看法和意见。

问题

上述案例中的家庭出现了哪些问题？运用结构式家庭治疗模式的相关理论进行分析。

（在上述案例中，家庭次系统的边界过于模糊，权力分配也十分不合理，奶奶过多地进入夫妻次系统，削弱本该由夫妻掌握的教育影响子女的权力，终致小庆无人可怕。在辅导中，社工采用冷落的方法，有意识地削弱小庆奶奶的权力，并通过座位调整帮助夫妻建立密切的联盟，巩固夫妻次系统的亲密关系，并提高父母在家庭中的权力，以此形成教育小庆的统一合力。）

任务二　掌握结构式家庭治疗的技巧

R 任务体验

组建 5 人学习小组，在小组内，根据教师提供的某三口之家的案例，由 3 个人进行角色扮演，另 2 人做观察记录。

R 任务分享

由 2 名观察员描述所看到的景象，并对该家庭的结构进行评估。

R 任务总结

家庭结构是很抽象的，难以通过语言的描述了解。因此工作者可以通过邀请家庭重演某个生活片段或商议某事来观察家人平常的沟通过程和方式。

Z 知识介绍

一、介入技巧

米纽庆的治疗法是行动导向的，具有主动性、指导性等特点，其主要技巧包括融入、家庭图示、情境扮演、辅导家庭中的互动关系、形成边界、边界重建、提供新的诠释框架等。

（一）家庭图示

这是米纽庆表示家庭结构所用的方法。在画出一张家庭地图时，工作者会确认家庭边界的情况，是僵化的、扩散的还是畅通的。他还会指出互动形态是处于纠缠状态还是疏离状态。

（二）情境扮演

这一技巧是工作者要求家庭成员将家中的一些冲突情境扮演出来，使工作者可以观察成员间的互动情形，进而评估家庭的结构。在上述历程中，工作者也会阻止业已存在的互动形态，确认家庭适应不同互动形态的能力，并鼓励家庭成员尝试较好的互动形态。通过情境扮演并处理其中的问题，改变就会逐渐产生，这是仅仅讨论问题所达不到的效果。

（三）提供新的诠释框架

提供新的诠释框架是指工作者对于家庭中的问题提供全新的、不同的诠释，用这种方式来探索现存的问题，可以使家庭成员从不同的角度去了解原先的问题。通过尝试建立新的诠释框架，可以掌握家庭结构中导致个人问题的根本性原因。这样一来，每位家庭成员都不必为某个问题担起全部的罪名，也不必为解决该问题背负完全的责任。

二、介入过程

结构式家庭治疗模式的辅导过程包括连接、评估和介入三大环节，它们是同时进行的。

（一）进入家庭，连接家人

家庭的结构是结构式家庭治疗模式关注的核心，但结构并不能直接被观察到，而是在家庭成员的日常生活交往方式中表露出来的。因此进入家庭，连接家人就是指工作者进入到案主家庭的现实环境中，或把整个家庭邀请到会谈室，观察他们的言行与交往方式，以了解家庭的结构。

工作者在进入家庭，连接家人时可以有以下三种立场。

第一种是贴近的立场。这是指工作者犹如家庭中的一个成员，表达自己对家庭结构、联盟、规则的看法。工作者会代表个别家庭成员说出心里的感受与看法，把他们心里的想法坦白地说出来。由于工作者能打开天窗说亮话，迫使家庭直面问题，而不是回避问题，从而创造了解决问题的机会。

第二种是中间的立场。在这一立场上，工作者不是作为家庭的一个成员，而是作为家庭问题的调查者和研究者，采取一个中立的、主动聆听的立场，以了解家庭成员的看法、感受、关系等。

第三种是远离的立场。在这一立场上，工作者是作为专家对家庭进行指导与治疗，会像导演一样让家庭重演他们交往的模式或指导他们尝试用新的交往方式去沟通。

工作者在连接的过程中临时变成家庭系统的一份子，需要适应、接纳该家庭的规则，还要注重了解家庭的交往过程与关系而不是关注家庭成员的谈话内容。

（二）评估

评估的目的是在搜集资料的基础上对家庭的问题作一个判断，为进一步介入提供依据。为了搜集足够的资料去了解整个家庭功能失调的地方，工作者需要对如下内容进行评估。

1. 家庭的形态和结构

工作者要了解家庭的形态，如家庭大小、家人的受教育程度、工作性质、社会阶层、家庭的特有文化、价值观等。还需要找出家庭结构，如家庭内部的联盟、对峙情况、边界是否清楚、家人对家庭的归属感及与整体家庭的配合、权力架构是否清楚以及分工是否合理等。

2. 家庭系统的弹性

家庭系统的弹性是指家庭的适应与转变能力。例如，家庭遇到压力时能否适应并重组结构。通常有问题的家庭是缺乏弹性的，当家庭成员及外界情况不断变化时，家庭仍固守原有的结构和交往方式，从而给个体带来困扰。

3. 家庭系统的回馈

家庭系统的回馈是指家庭对个别成员的需要、感受、行为和思想的敏感程度。正常的家庭对成员的问题很了解、关心与支持，但也会给成员足够的空间自行决定和处理自己的问题。而问题家庭的成员之间可能过分冷漠，也可能过分关心。

4. 家庭生活的环境

评估家庭时，工作者要了解家庭所处的环境，如年代、社会政治背景、社区、文化习俗，以及家庭所处的环境为家庭带来的压力或解决问题的资源等。

5. 家庭生命周期

家庭从形成到消亡，其结构、成员角色、权利义务等一直在发生变化，因此工作者判断家庭的结构与功能是否完善必须联系家庭的生命周期。

6. 家庭成员的症状与家庭交往方式之间的关系

结构式家庭治疗假设个别成员的问题产生于家庭功能失调与不良交往方式，所以不应过分关注个人的问题本身，而要考察个人问题与家庭交往方式之间的关系。由于家人的交往是互补性的，家人的问题通常是彼此造成的，因此工作者需要找出这户人家是怎样交往的，病症是怎样形成的，是谁的问题，它出现后谁最受影响，谁最想改变，以及谁会在改变中得失最多等相关问题。

评估家庭通常包括以下几个步骤。

1. 事前的准备

从家庭预约辅导时，工作者就可以从与家人的电话联络、转介资料、医疗报告、登记表等，初步了解家庭的情况及问题表现。工作者首先要确定问题并不是由生理因素引起的，否则要先转介该案主到医生那里去治好疾病。

2. 进入家庭、追查家人的交往过程

由于家庭结构是很抽象的，工作者在进入家庭时要细心聆听每个成员所经历的情况，观察他们如何相处。工作者要时刻思考：谁是家庭的发言人？谁选中或默许他们做发言人？谁是掌权者？当一个人说话时，另外的家庭成员在干什么？什么东西会导致问题的发生或使它挥之不去？工作者要一步一步地追查，再把资料整合起来推敲家庭的结构。

3. 了解家人交往的实情及改变的弹性

工作者邀请家庭在他面前重演某个生活片段或商议某事，使他可以观察家人平常沟通的过程和方式。家人的重演比语言的描述更清晰，工作者可以像导演一样使家庭用最自然的方式把问题生动地演出来。他还可以在旁边指导，看看他们是否可以改变演出的方法，从中评估家庭改变的弹性。

例如，在一次面谈中，家人谈不到两句就互相指责，工作者只要暂时不加制止就可以了解他们交往的真相。随后，一方面，工作者站到儿子后面让儿子试试“说服”母亲让他参加露营，他强调用“说服”而非“顶撞”的方法。另一方面，他催促母亲停止喋喋不休的历数往事，先听听孩子表达心声。这样，工作者从旁边“改变”当事人的演出，看看他们是否有能力弹性地去沟通，也给他们机会去体验不同的沟通方式。

4. 找出优点

家庭来到工作者面前，通常都会指出问题成员的诸多不是。工作者要协助家人从另一个角度去看问题的优点。例如，指出某家庭成员很聪明或充满创意，否则难以想出在半夜三更发出怪叫声去吵醒家人的想法。工作者引导家人去看待优点之余，还得留心家人的反应、接纳程度，以便修订或增强改变的手法。

5. 重新界定问题

家人通常把问题归咎于有症状的成员，而工作者则很难要他们放弃这种看法，承认症状是家人交往方式导致的。工作者在评估家庭后，要把问题重新进行界定，把它从个人的层面推到家人关系层面上去，使家人明白问题的成因在于环境而不是只出于某人。困境是大家造成的，要走出困境非全家努力不可，从而使家庭更齐心协力地去转变。

（三）介入

介入与评估通常是一起进行的，通过对家庭功能失调的评估，工作者与家庭共同制定辅导的目标。通常，结构式家庭治疗模式有如下三大介入目标。

1. 改变家庭的看法

家庭一般认为问题的关键在于有症状的家庭成员，而工作者却认为问题出在家人的交往方式上。为了改变家庭的看法，让家庭认识到个别成员的问题与家庭交往方式之间的关系，工作者常用上述情境扮演的方法。

2. 改善家庭的结构

家庭的一个主要问题是某些成员过分疏远或过于纠缠，从而影响了与其他家庭成员之间的关系及整个家庭功能的发挥，所以工作者在治疗中应帮助家庭建立必要的边界或使边界不致过分僵化。家庭的问题还在于权力掌握在某些人手中，而另一些人则成了牺牲者，因此必须向现有家庭的权力结构发出挑战。

3. 挑战家庭错误的世界观

家庭有它本身的期望、要求、价值观与道德观，但如果这些观念出现了偏差以致给成员带去困扰时，工作者就有必要帮助家庭改变错误的世界观。

A 案例分析

明亮22岁，患有强迫症，症状是反复地想问题，一切必须尽善尽美，一切都要在自己的掌握之中。经过多次治疗无效，最后走进了家庭治疗诊室。他从小由母亲带大，父亲工作很忙，即使管他也只是说教。明亮对父亲的说教与严厉不满，自己的愿望得不到满足，这种被控制的感觉，使他得了强迫症。

在开始的治疗中，明亮的母亲总说父亲不了解孩子，过分严厉，不体谅孩子的痛苦，总要保护孩子。明亮的父亲则总是不停地说教，侃侃而谈，完全不顾明亮有没有在听。父亲表面上很民主，实际上很专制，没有给孩子以充分的空间。母亲在对父亲失望之余，把全部精力都放到孩子身上，形成牢固的母子联盟。妻子对丈夫的说教同样有不满情绪，变成孩子背后的支持力量。

当丈夫主动与妻子交流时，妻子好像已经不太习惯和丈夫面对面地交流，总是关注着明亮的一举一动，不太理会丈夫的意见。她认为丈夫不管孩子，不理解孩子。明亮既埋怨母亲没有给他成长的空间，又离不开母亲生活上的照顾，不得不与母亲纠缠在一起，但他已经意识到这一点，只是还不知该如何分开。

问题

1. 请以小组的形式，分析明亮所在的家庭的结构形式，并绘制家庭图谱。
2. 请以小组的形式，运用结构式家庭治疗技术，为明亮的家庭拟订一个介入计划。

子情境三　萨提亚家庭治疗模式

任务一　理解萨提亚家庭治疗模式的理念

R 任务体验

1. 临时组成6人体验小组。

2. 围绕萨提亚的治疗信念，即“对人的信念、对应对的信念、对改变的信念”进行讨论。

3. 在规定时间内，每小组各成员选出自己认为最经典的5条信念，最后每小组要选出各组公认最经典的1条信念。

R 任务分享

各组成员分享最后的选择，并分析选择该条信念的理由。

R 任务总结

对该任务的意义和目的进行解释和澄清。

Z 知识介绍

维琴尼亚·萨提亚（Virginia Satir，1916—1988）是家庭治疗的创始人之一，她在自己近50年的临床经验中发展出了自己独有的家庭治疗模式，成为家庭治疗领域最具影响力的治疗师。1970年，美国精神医学会发表了一篇全美家族专题报告，列出21位最具影响力的治疗师，萨提亚是名单中唯一的女性，且高居首位。因为她的建树良多，她的两所母校威斯康星大学和芝加哥大学，曾分别向她颁授荣誉博士学位及“对人类杰出的贡献”金质奖章。萨提亚于1964年出版了她的第一本书《联合家族治疗》，被誉为家庭治疗的“圣经”，至今仍是美国各大相关科系的教科书。

一、如何感知我们的世界

萨提亚治疗模式有两个重要的理论基础：一是阿尔弗雷德·科尔兹布斯基和路德维希·贝塔朗菲所提出的系统性的思考方式；二是克尔凯戈尔和海德格尔等人为代表的积极存在主义理论。萨提亚认为，人类能够展示出积极的生命力量，而正是这种力量可以将人们功能不良的应对方式转化为高自尊情境下的高水平自我关怀。

萨提亚认为，人们对于世界的感知要么可以被归纳入等级模式，要么被归入成长模式当中。在等级模式中，仅仅存在一种关系：一方处于劣势，另一方处于优势。这是一种支配—服务式的安排，几个世纪以来，这种模式被认为是正常的。成长模式则是关注每一个个体的独特性，不论年龄、肤色、性别，还是健康状况，每个人都拥有平等的价值。

这两种模式决定着人们如何感知所处的世界，而人们究竟该如何看待所处的世界又可以通过四个方面加以评估，即怎样定义一段关系，怎样定义一个人，怎样解释一个事件，以及对于改变抱有怎样的态度。通过下面的表格（见表3-1）分析，可以看出两种模式是怎样从这四个方面影响人们感知世界的。

表 3-1 等级模式和成长模式对比分析

知觉世界的方式	
对关系的定义	
等级模式	成长模式
人们具有不平等的价值。 人们要么支配对方，要么服从对方。 角色与地位常常与自我认同发生混淆。 角色通常意味着优越感和权利，或是劣势地位和无能为力。 等级观点意味着权势和服从。 人们拥有超越他人的力量，但是会感受到孤立、恐惧、愤怒、怨恨及不信任	人们具有平等的价值。 人与人之间的关系是平等的。 角色、地位与身份截然不同。 角色仅仅意味着在某一时刻的某一段特殊关系中的作用。 平等表现在：人际平等、彼此联系、个人兴趣，以及对相似性和差异性的接纳上。 人们感受到爱、自我拥有、对他人的尊重、表达的自由，以及自我确认
对个体的定义	
等级模式	成长模式
人们需要去服从和顺应那些“应该怎么做”的规定，以此让自己在生理上和情感上存活下来，并被别人所接纳。 人生来就具有邪恶的潜能。 人们被期望能够像别人一样去思考、感受和行动，并通过竞争、评价、顺从和模仿来达到外部标准。 人们忽视或是否认他们的感受和彼此间的差异	每个人都是独特的，而且有能力通过来自内部的力量和自我确定来定义他或她自己。 人们生来就具有精神基础和崇高性，而他们也证明了一种普遍存在的生命力量。 整合与尊重、相似与差异，人们通过合作、观察和分享，发现了真正的彼此而欢喜雀跃。 人们可以清晰明白地表达感受，并接纳彼此间的差异
对事件的定义	
等级模式	成长模式
事件是一种线性的、因果效应的方式引向一个结果。 做某件事情只存在唯一正确的方法，只有占据主导地位的人才知道这个方法是什么。 人们否认他们自己的经历和体验，以便接受来自权威的看法。 诸如“它本来就是这样”和“这是清楚明了的”这样的想法，导致了操纵的产生，并封闭了原创性和发现精神	任何事件都是很多变量和事件叠加的结果。 每件事情往往存在许多解决方式，而我们可以利用自己的标准来选择恰当的方法。 人们超越事情的表象来理解它所处的情境，以及许多对它产生作用的因素。 反复的思考和系统的方法（行动-反应-交互作用）将会导致实用性、新发现、信息、秩序和联结的产生
对改变的态度	
等级模式	成长模式
要获得安全感就需要维持当前的状态。 人们认为改变是不正常的和讨厌的。他们因此反对和排斥它。 熟悉的东西要比舒适的东西更具有价值，即便代价是痛苦的。 人们害怕未知的东西。 人们只用对和错来评判改变。 面对变化的未来时，人们会感到恐惧和焦虑	安全感来自于在变化和发展过程中所获得的信心。 人们认为改变是持续的、至关重要的和不可避免的，他们因此欢迎和期待改变。 人们将不舒服或是痛苦看作是需要改变的信号。 进入未知的领域对于人们来说既是机遇也是挑战。 人们为发现新的选择和资源而欢呼雀跃。 遭遇变化的未来时，人们会体验到兴奋、联结和爱的感受

二、萨提亚的信念体系

萨提亚模式中存在着一些比较明确的信念和原则，这些信念和原则贯穿所有的萨提亚家庭治疗过程和方法中，总体上可以将萨提亚信念体系分为三个部分：对人的信念、对“应对”的信念和对“改变”的信念。

（一）对人的信念

它主要包括以下几个方面。

（1）我们都是同一生命力的明证。

（2）人们因相同而有所联结，因相异而有所成长。

（3）人性本善。他们需要找寻自己的宝藏，以便联结及确认自我价值。

（4）感受是属于我们的，我们都拥有它们。

（5）父母常重复在其成长过程中熟悉的模式，即使那些模式是功能不良的。

（6）健康的人际关系是建立在价值的平等上。

（7）人类的过程是普遍性的，因此适用于一切情况、文化及环境。

（8）大多数人在任何时候都是尽其所能而为。

（二）对“应对”的信念

它的主要内容体现为以下几点。

（1）应对乃是自我价值层次的显现；自我价值越高，则应对的方式越统整。

（2）问题（困难）不是问题，如何应对问题才是问题。

（3）我们拥有一切所需的内在资源，以便成功地应对及成长。

（4）人们的应对通常是在其痛苦经验中求生存的方式，而且这一点应该被承认。

（三）对“改变”的信念

它主要包括以下内容。

（1）改变是有可能的，即使外在的改变有限，内在的改变还是可能的。

（2）我们无法改变过去已发生的事件，只能改变那些事件对我们的影响。

（3）“希望”是“改变”最重要的成分。

（4）过程是“改变”的途径。故事内容形成情境，而“改变”就在那里发生。

（5）多半的人倾向于选择对他所熟悉的而非舒适的应对，尤其在压力之下。

（6）欣赏并接受“过去”，可以增加我们管理“现在”的能力。

（7）在迈向统整中的一个目标即是接受父母也是人，并且在人性的层次而非角色的层次上。

（8）治疗需要把重点放在健康及正向积极的部分，而非病理负面的部分。

（9）治疗需向正向导向的目标迈进。

（10）症状是潜意识对问题的解决之道。核对现有的问题如何成为案主的难题，认真看待问题，但治疗工作却未必局限在此范围内。

（11）运用自己作为治疗师最有力的治疗工具。

三、萨提亚的治疗目标

萨提亚模式的一个清晰的特点是当案主努力在生活中作出改变的时候，它是与案主建立协作，积极提升生命的目标的方法。目标可以被概念化地理解为引导行为举动的希望和意图。简单来讲，这些目标分别是提升自尊、优化选择、更有责任感及更和谐。这些目标的作用是一个指南针，指引案主和治疗师稳定的、相互协作的前进的方向。

（一）提升案主的自我价值（提升自尊）

自我价值是一个人对自己价值的评判、信念或感受。作为治疗师，要协助案主对自己有多一些的正向经验来假造较高的自我价值。当一个人的自我价值感受不依赖于别人的好意或者自我的成就甚至是自我的一些正面的经历时，他就可以更好地接纳自我，并将真正“由内而外”地感受到自尊。

（二）协助案主为自己作出选择（优化选择）

萨提亚鼓励人们在面对压力时考虑至少三种选择，而且更有力量为他们自己作出选择。一个选择等于没有选择，两个选择造成进退两难的处境，三个或更多的选择允许有真正的选择。在更好地选择时，必须认识到不同的外部选择并非总是存在的，因此，治疗师的焦点必须先关注到案主的内在资源和生命能量的增长。

（三）协助案主负责任（更有责任感）

萨提亚鼓励人们对他们的内在经历及外在行为更加负责任，感受、思想及期待都是属于我们的，我们可以驾驭它们，在当中作出选择以及经由它们体验喜悦。

（四）协助案主认识自己（身心更和谐）

协助案主认识自己（身心更和谐）是指接触“自己”，因以感受、思想、期待和渴望是与正向生命力和谐的，他可体验对自己、他人、情境的接纳以及感觉能够管理自己。这样一种存在状态很难达到，但是通过治疗，案主可以与治疗师共同体验到一致性在程度上的变化，获得内在与外在更一致的和平。

A 案例分析

自尊宣言：我就是我

在这个世界上再也没有第二个我。我和某些人可能会有些许相似之处，但却没有一个人和我完全相同。我的一切都真真实实地属于我，因为都是我自己的选择。

我拥有自己的一切：我的身体，以及我的一切行为；我的头脑以及我的一切想法和观点；我的眼睛以及它们所看到的一切；我的所有感觉：愤怒、喜悦、沮丧、友爱、失望和激动；我的嘴巴以及由它说出的一字一句：或友善亲切或粗鲁无礼，或对或错；我的声音：或粗犷或轻柔；还有我所有的行动，不论是对自己还是对别人。

我拥有我自己的想象，自己的梦想，自己的希望，自己的恐惧。

我的胜利和成功乃因为我，我的失败和错误也出于我。

因为我拥有自己的全部，我和自己亲如手足。我学习跟自己相处，爱惜自己，善待属于自己的一切。现在我可以为自己做一切了。

我知道，我的一些方面让我困惑，另外一些则使自己不解。但只要我仍然善待自己、爱惜自己，我就有勇气、有希望解决困惑和进一步认识自我。不管别人如何看我，不管那时我说了什么做了什么，想什么感觉到了什么，一切都真真实实地属于那时的自我。

当我回想起自己的表现、言行、思想和感受，发现其中一部分已经不再适宜，我会鼓起勇气去抛弃不适宜的部分，保存经证实是适宜的部分，创造新的以代替被抛弃的部分。

我要能够看、听、感觉、说、做。我能够生存，能融入群体，能有所贡献，有所作为，让我所处的世界，我周围的人和事因我的存在而井井有条。

我拥有自我，那么我就能自我管理。

我就是我，自得其乐。

问题

以 6 人小组为单位，分析该案例中治疗师是如何运用萨提亚的治疗信念的，并进行分享。

任务二　了解萨提亚家庭治疗的常用工具——生存姿态

任务体验

1. 请 4 名学生分别体验 4 种不良的生存应对姿态。

2. 全班同学根据自己惯有的应对姿态分为 4 个组分别入座，然后每组讨论其所属应对姿态的特点。

任务分享

每组分别选出一名发言人分享讨论结果，并给出提问和反馈问题。

R 任务总结

总结 4 种不良生存姿态的特点。

Z 知识介绍

婴儿经常通过微笑向照顾者表达自己的愉悦，通过笑闹引起照顾者的关注和安抚。感受到疼痛时会哭泣，遇到讨厌的事物时会躲避。婴儿会尝试通过各种各样的行为来满足自己的需求。例如，微笑可以得到关注和宠爱，哭闹可以带来食物等。不久之后，婴儿就了解到了什么可以带来认同，什么则会带来反对。生存姿态便是个体在家庭中为适应家庭规则，得到家人的关注和爱的过程中所形成的一种相对稳定的对外沟通方式。对于每个人而言，这种沟通方式是取悦他人、缓解压力的方法，也是自我保护的途径。但生存姿态在一定程度上迫使个体无视自己的真实感受，隐藏真实的自我，久而久之会给人带来愤怒、受伤害等负面情绪，亦会导致人的低自尊。萨提亚认为生存姿态可分为四大类：讨好、责备、超理智和打岔。这四类生存姿态表现特点各有不同，但共通点都是低自尊，渴望被爱和被接纳。同时，每种生存姿态都拥有其独特的资源，如敏感、才智等。萨提亚治疗模式常常运用生存姿态对案主进行评估以期了解案主的行为特点和资源系统。而萨提亚的治疗目标便是利用案主已有的资源系统帮助其获得更高的一致性，对外形成表里如一的沟通方式。

一、讨好型生存姿态

讨好型生存姿态的特点是在交往中漠视自己的感受，尊重他人和情境。讨好者常常以一种令人愉快的面目出现，因此在大部分的文化和家庭中得到高度的接纳。然而讨好者与具有表里一致性的使他人愉快的尝试截然不同。讨好以牺牲自我为代价，它否定个人的自尊，并传递给人们一种信息，即我是不重要的。这意味着讨好者是这样来处理压力的，即告诉自己："要想让自己能够活下去并且保持安宁，唯一的方式就是不顾自己的感受，对所有的事情表示顺从。"下列表格（见表 3－2）可描述讨好型生存姿态。

表 3－2　讨好型生存姿态的表现特征

行　为	道歉、屈服、依赖、恳求的眼神、过分的好、过分雀跃
言　语	"我不值一提。我不值得被爱。" "我决不能让他人生气。" "我不能拒绝他人。" "都是我的错。"
主要的情感	受伤、悲伤、焦虑、不满、被压抑的愤怒
自我概念	低自我价值感、缺乏自信、远离自我、聚焦于对自己的期待
资　源	关怀他人、敏感、体贴

二、责备型生存姿态

责备是与讨好截然相反的生存姿态。责备型生存姿态的特点是决不可以表现出"软弱"，为了保护自己，需要不断指责其他人或环境。责备者关注自己的感受，也关注情境的需要，但藐视他人感受，认为他人是不需要考虑的。相对于在讨好型生存姿态中的卑躬屈膝，指责他人时人们会大喊大叫地表达出自己的态度："如果不是因为你，我就不会陷入麻烦。"由于具有爆发性的特点，我们当中那些经常指责他人的人，也会时常断绝自己与其他人的亲密关系。责备者将大量的时间用于自我惩罚，不肯承认自己的脆弱，只有在单独一人的时候才哭泣。在责备他人的过程中，他们认定，在生活中获得成功的唯一方式，就是通过战斗扫清前面的道路。下列表格（见表 3－3）可描述责备型生存姿态。

表 3－3　责备型生存姿态的表现特征

行　为	指责、咆哮、呵斥、愤怒的神情、恐吓、批判、独裁、吹毛求疵、控制
言　语	"这都是你的错！" "你到底在搞什么？" "你从来都没有做对过！" "要是你……就……" "我不可能有错。"
主要的情感	愤怒、挫折、不信任、不满、被压抑的受伤、害怕失去控制、孤单
自我概念	低自我价值感、不成功的、远离自我、缺乏控制、聚集于对他人的期待
资　源	自我争取、有领导才能、有能量

三、超理智型生存姿态

超理智型生存姿态的沟通模式无视自己和他人的感受与价值，仅仅关注环境背景，并且力争通过数据和逻辑说明事实。这种姿态的显著特征就是保持非人性的客观。以这种方式行动时，我们既不允许自己，也不允许他人关注自己的感受。它反映出这样一种社会准则：成熟意味着不去触碰、不去审视、不去感受也不去抒发个人的情绪感受。为了达到绝对的客观，超理智型生存姿态的人会将别人说过的话语重新整合，如将"我今天觉得很冷"变为"今天天气很冷"，这种做法将注意力从感受转移到客观环境中。下列表格（见表 3－4）可描述超理智型生存姿态。

表 3－4　超理智型生存姿态的表现特征

行　为	僵硬而刻板的姿势、看起来冷淡的、严肃而高人一等的、喜欢提出建议、不带人性地客观、无聊的、逻辑而客观、引用数据及抽象概念、冗长的解释
言　语	"人一定要讲逻辑。" "事实是这样的……"
主要的情感	显露少许情绪、内心敏感、孤单的、孤立的、空虚的、害怕失去控制
自我概念	低自我价值感、缺乏自信、远离自我、缺乏控制
资　源	才智、关注细节、解决问题

四、打岔型生存姿态

处于打岔型生存姿态的人似乎一秒也不能保持静止，他们企图将别人的注意力从正在讨论的话题上引开。打岔者不断变换想法，并且希望能够在同一时间做无数事情。对于打岔者而言，自我、他人以及互动的情境都不具任何价值。打岔型生存姿态常常表现出来充满欢乐、自主并快乐。由于这个理由，许多打岔行为得不到合理纠正，大家会认为打岔者是开心果，他乐意这样。事实上，打岔是对应压力的一种表现，持有这种表现习惯的人认为只有将有压力的话题转移才能生存。下列表格（见表 3－5）可描述打岔型生存姿态。

表 3－5　打岔型生存姿态的表现特征

行　为	不合时宜的行为、多动、打断他人、争取注意力
言　语	改变话题以分散注意力、不能专注于一件事上、避开有关个人的或情绪上的话题、讲笑话、打断话题
主要的情感	显露少许真正的情绪、混乱、内心敏感、孤单
自我概念	低自我价值感、缺乏自信、没有归属感、感到失控
资　源	幽默、自发性、创造力、有弹性

为了缓解长时间维持某种生存态度所带来的痛苦，人们常常会转换自我的生存姿态。为了缓解讨好别人所带来的痛苦，人们开始责备他人，为了缓解责备他人带来的内疚感和无力感人们又会超理智应对。在不同的情境中，人们也会采用不同的应对姿态，但在压力下沟通时，人们反而会更多地采用某一种状态。虽然我们中的大部分人被深深地禁锢在这些模式中，但是只要有足够的机会能够学会表里如一的表达，我们就能从这些不健康的沟通模式中解脱出来。

任务三　了解萨提亚家庭治疗的常用工具——冰山

任务体验

1. 请一名学生志愿者就所经历的一件负面事件在教师的带领下体验冰山访谈的过程。

2. 学生以 5 人为一组，每组给出 10 句来访者的负面表达，再分别找到负面表达背后的正向资源。

任务分享

各组成员分享所找到的正向资源，并在全班讨论，针对每种负面表达寻找更多的正向资源。

R 任务总结

对该任务的意义和目的进行解释和澄清。

Z 知识介绍

上一个部分所谈到的四种生存姿态都是低自尊应对方式的表现，而治疗师的目标之一就是帮助案主获得内外一致的体验，学习表里如一的表达。当我们决定作出表里一致的反应时，我们想到的不是控制他人的情绪，也不是保卫我们自己或忽视他人的存在。一致性意味着与他人建立直接的联系，展示真实的自己，既能考虑自己，又关心他人，同时也充分意识到在当前情境的角度上对问题作出反应。萨提亚认为可以通过多个层次帮助案主获得表里一致的表达方式，即“个体冰山”（见图 3－1）。

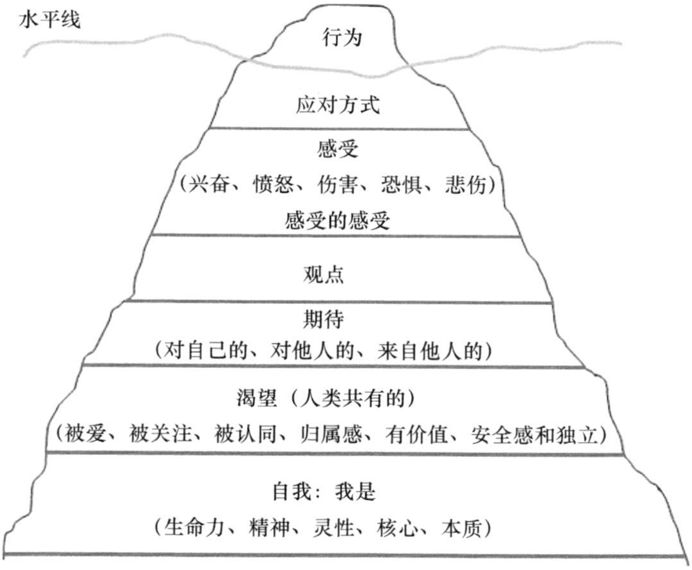

图 3－1　个体冰山

萨提亚的“冰山”，实际上用隐喻的手法将一个人的“自我”比喻成一座冰山，我们能看到的只是表面很少的一部分——行为，而更大一部分的内在世界却藏在更深层次，不为人所见，恰如冰山。“冰山”有七个不同的层次，治疗师需要做的工作往往是透过案主的表面行为，通过例行性的询问，协助案主一起探索其内在的“冰山”，从而寻找影响案主“不一致”的根本原因，并帮助案主了解自我资源。需要注意的是，“冰山”探索并非线性而是系统性历程，治疗师聚集于案主内在“冰山”的变化而非外显的行为。“冰山”可用于萨提亚治疗的各个环节，评估案主问题、设定改变目标、帮助案主转化及巩固案主成长都可以使用“冰山”来进行。

通过案主的行为方式，我们很容易发现其在使用不一致的应对姿态。要么讨好，要么指责；或者是超理智，或者打岔，几种行为姿态混淆在一起也很常见。这些不一致的应对姿态，往往伴随来访者大量的负面心理感受。往下探查这些应对姿态带来的“感受”时，通常会有委屈、受伤、愤怒、恐惧、孤独等。此时，治疗师帮助案主接纳自己的真实感受是很重要的。再往下一层是“观点”，案主之所以有上述的负面感受是源于一些根深蒂固的观点，把这些观点清理出来，重新讨论，案主会有新的发现。“观点”往下是“期待”——对自己的期待、对他人的期待、他人对自己的期待，通过对期待的澄清可以将案主引向正向积极的方向，使其从负面情绪中摆脱出来。再往下探查是“渴望”层，渴望包括被爱、被接纳、自由等。这些是人人都想要的东西，来访者当然也不例外。在这一层次，来访者常常发现，这些生命中天经地义的东西，已被自己长久地忽略。“冰山”的最下层是“自我”，是自己的生命力、精神、灵性的体现。从这里，来访者能够获得改变的能量和动力。经过对“冰山”的探索，所有的一切都呈现出来。接下来，轮到来访者作决定：是继续这样的生活还是改变，改变的目标是什么。当清晰地看到自己身体无意识的表达（“冰山”最上两层）给内心带来的糟糕状况（从“感受”到“期待”），同时发现自己真正想要的（渴望）以及蕴藏着无限资源（自我）的时候，案主决定作出改变会更加容易。萨提亚的治疗是改变性的治疗，只要改变案主“冰山”内在的某个层面，其他各层将会相应改变，这也是萨提亚所强调的系统性的转化。

任务四　了解萨提亚家庭治疗的常用工具——家庭结构图

R 任务体验

请一名学生志愿者在教师的带领下绘制其原生家庭结构图。

R 任务分享

学生以 5 人为一组，讨论绘制家庭结构图的过程中发现了什么，萨提亚家庭结构图与其他治疗流派的家庭图有哪些异同？

R 任务总结

对该任务的意义和目的进行解释和澄清。

Z 知识介绍

一、家庭结构图的绘制说明

家庭结构图可以帮助来访者重新审视自己的原生家庭，检验其想要改变的东西，并对原生家庭中的某些事实进行探讨。家庭结构图将从两个层面与来访者共同探讨其原生家庭：一是事实上的现在，二是观点中的过去。

（一）第一阶段：事实上的现在

从来访者的原生家庭开始，按下列提示先提供事实上的资讯，包括所有家庭成员或自来访者出生至今在其家庭中同住的人，包括：父母，父母的其他配偶，来访者及其手足，已去世的家庭成员（如夭折或死亡），成长过程中与其居住的其他重要成员。

圆圈代表女性，圆圈外加一个方形代表男性，每个孩子按照出生时间次序排列在家庭结构图上（见图 3－2）。如家庭中有人已去世，便在圆圈中画一个“×”，表示已不在现实家庭中了。每位家庭成员还需要完成一些基本信息，包括以下几方面。

1. 个人资料

姓名，出生日期，出生地点，现在的年龄或去世时的年龄，职业，教育程度，重大疾病，爱好及兴趣。

2. 法律上的关系

结婚或开始同居的日期，分居或离婚的日期（如已发生），收养关系（如存在），所经历的不同家庭（如来访者在成长过程中经历了两个或两个以上的家庭都需要画出来）。

（二）第二阶段：观点中的过去

请来访者假想回到过去，其在 18 岁之前所体验的家庭，可能和来访者现在所体验的家庭不同，请来访者回到当时的感受。在这个过程中，需要在家庭图上增加的信息有以下几点。

1. 个人的个性形容词

按照来访者儿时的体验和感受，对家庭中每位家庭成员分别给出 3 个正向的形容词或 3 个负向的形容词。完成后，请来访者观察自己的原生家庭图，可以询问她/他看到了些什么？有何感受？有何回忆？

2. 家庭关系

选取一个在来访者 18 岁之前发生的特定状况，这个特定状况给家庭中每位成员都带来了很大的压力，请来访者总结归纳出当时家庭成员之间的关系，依照下列方式在家庭成员之间画上关系线。如果两个人之间不只有一种明显的关系，即同时加上第二种关系线。

- 粗而实的直线　　代表纠缠不清的关系
- 曲折线　　代表风暴、冲突或憎恨的关系
- 细而实的直线　　代表即使在压力之下也是普通的、接纳的、少冲突及正向的关系
- 虚线　　代表疏离退缩的、负向的或冷淡的关系

3. 应对姿态

根据对18岁以前的记忆，为每位家庭成员加上他们在压力之下的主要应对姿态。如果有另一种在压力之下明显的次要应对姿态，则将之加在主要应对姿态之下。

二、家庭结构图的例图

(1) 第一阶段的家庭图例（见图3－2）。

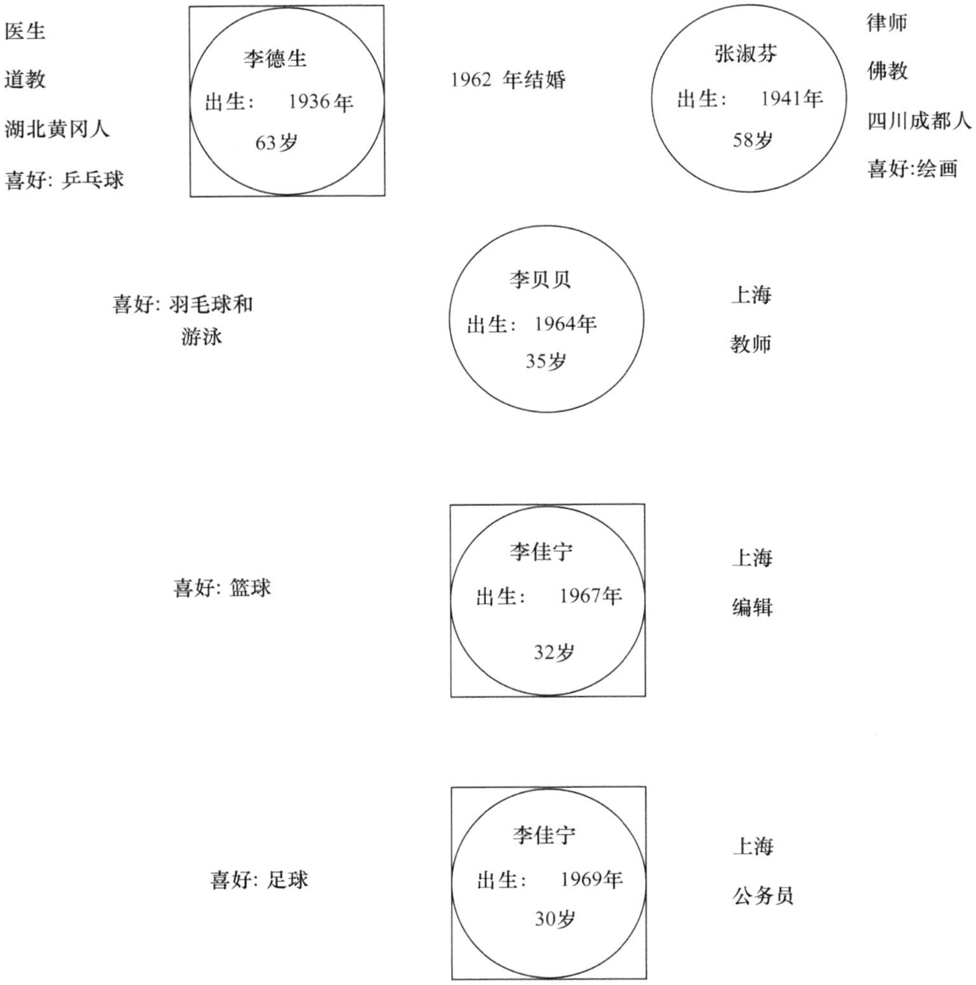

图3－2　第一阶段的家庭图例

（2）第二阶段的家庭图例（见图 3－3）。

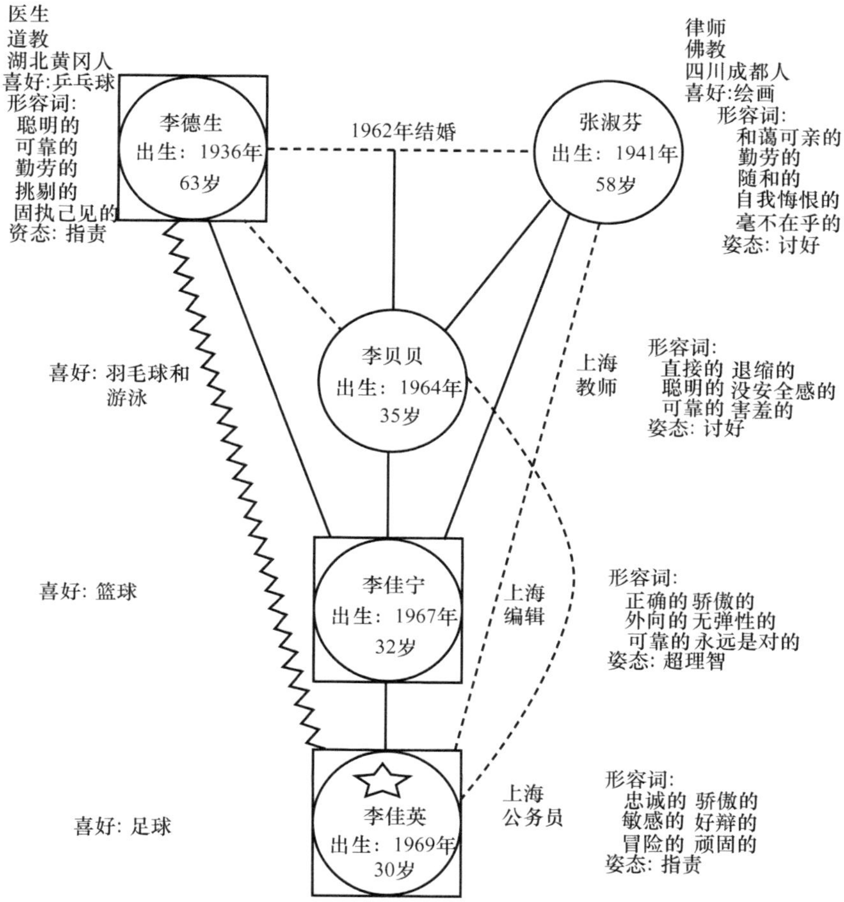

图 3－3　第二阶段的家庭图例

任务五　了解其他工具

任务体验

在教师的引领下进行一次简短的冥想。

任务分享

学生以 3 人为一组，讨论冥想的体验及功能。

R 任务总结

对该任务的意义和目的进行解释和澄清。

Z 知识介绍

一、冥想

萨提亚会利用各种方式帮助人们进入和使用自己的大脑右半球。冥想正是这些方法中的一个，在她的教学和工作坊中，萨提亚常常会以一个冥想作为开始，再以另一个冥想作为结束。冥想可以帮助参与者聚集能量、预习要开展的工作或者开放情感和直觉，平息内部对话。

二、温度读取

在萨提亚帮助小组，成员通过改进他们的沟通技巧和自尊的努力，让人们直接体验到改善，可以说是一个主要的组成部分。其中她开发出的一个方法就是温度读取技术。这是一种让小组成员分别从内部和外部来体验他们所处的人类环境，从而改变个体内部、两个人之间以及多个人之间"温度"的方法。这一练习直接聚焦于加工过程，内容包括欣赏和激动，忧虑、担心和迷惑，抱怨及解决的途径，新的信息，希望和梦想。

温度读取技术是一种有效的工具，可以帮助个体变得对自己和他人更具责任感。这一技术是响应某种需求而产生的，即在小组成员为参加咨询而到达并聚在一起的时候，通过发现他们的感受来澄清和排除潜在的棘手情绪的需求。例如，在家庭中存在着共同分享许多欣赏、埋怨、迷惑、新的信息以及希望的潜能。温度读取给了每个人一个机会，在一个相互的情境中吐露自己满意和不满意的地方。它为人们提供了一个安全和信赖的氛围，让人们可以用表里一致的方式直接地沟通、确认，发出和接收信息。图 3 - 4 是温度读取图。

（一）欣赏

这里要提到的第一个种类，即欣赏和激动，是指向他人的。这是一个包容并鼓励小组或家庭成员开启生活的积极方面的努力。这一目标非常契合萨提亚的整体主旨：去寻找、承认并分享彼此的积极成分。它同样可以增加人与人之间的信任和亲密感，并帮助人们更具建设性地应对焦虑和问题。欣赏可以帮助人们开始建立起合作的平台。在温度读取中，人们会分享自己对他人的欣赏，尽可能地做到细节化和关注当前。要做到这一点，第一步就需要个体使用第一人称"我"来表达对小组中的其他人的欣赏。远离"我喜欢你做的菜”这样的概括性语句，代之以更加具体的信息，如“我喜欢你昨天烹饪的晚餐，特别是你做的那道鸡肉饭”。我们可以直接告诉对方，让人们的身体更靠近，并保持目光接触。

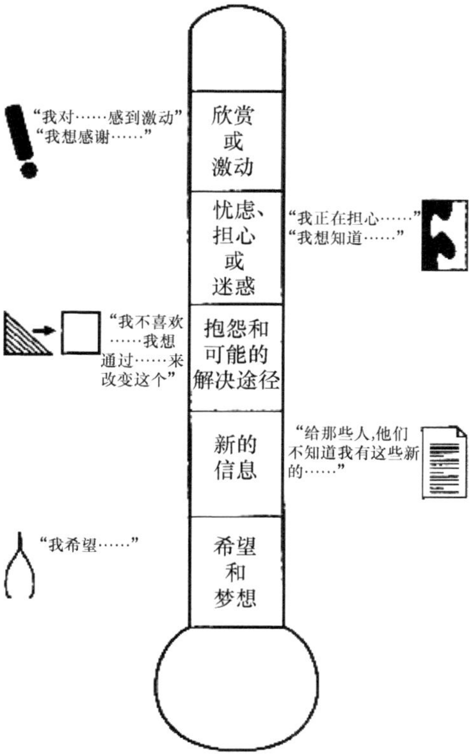

图 3-4　温度读取

（二）忧虑

第二个种类的内容称为忧虑。它包括担心和迷惑。因为害怕显得不够独立或是太过愚蠢，成年人常常不敢表露出自己的忧虑。为了掩饰自己的忧虑，父母们常常会教育他们的孩子相信，成年人是无所不知的。

当人们无法处理自己对其家庭成员的忧虑和担心时，他们会创造出一些可能的流言和假设。通过表达自己的忧虑，他们可以澄清这些流言，弥补他们的不确定性，并且更深入地了解自己、他人和世界。要做到坦然面对每个家庭成员的行为，人们需要表达出他们的担心或迷惑，并提出恰当的、非责备性的问题。可以帮助人们清除疑惑的问题，通常以什么、怎样、何时、何地、可能还有、为什么作为开头。为沟通创造出不具威胁性的环境，对于整个家庭的康乐和学习都是非常重要的。要尽量避免那些实际上表达出陈述意味的问题，如“谁晚上没有刷碗？”相对的，要鼓励人们用第一人称“我”作陈述，来表达他们不满的感觉，并用问题来表达忧虑或困扰。没有得到解答的迷惑或担心常常增强了不安全的感觉，并使低自尊得以维持。温度读取技术提供的结构性方法提前排除了这样的后果。

（三）抱怨和建议

第三个种类是分担问题。识别出问题的人通常会提供可能的解决途径。一个原因是发现问题或发出抱怨某些事情出错之前，他们往往已经将当前的情景和以往的经历进行了比较，或是他们有一个未实现的期望或理想。表达出抱怨可以提示潜在的愤怒感。当人感到愤怒时，承认它是非常重要的。通过向别人承认这种感受，从而成为愤怒情绪的主人，可以帮助人们正确地应对和处理负面情绪。

（四）新的信息

分享信息属于第四个种类。新的信息以多种形式出现，它也许是下周举办音乐会的通知，也许是打折商品的宣传。人们常常会假定如果自己了解关于事件、约会以及优先选择的信息，那么其他人同样也应该知道，而不需要再进行告知，这样的假定往往会给沟通带来困难。

温度读取也会强调更多的个人信息：新的决策、成就和活动。分享这些信息是建立一个家庭团队的重要方面。它帮助人们确保每个人都得到了相同的消息，并且在同等的理解程度上运作。没有会感到自己被排除在外或是被人忽视。被人聆听，可以给人带来被认同的感觉，并提升其自尊。

（五）希望和梦想

第五个种类的关注点转移到了不远的将来，在这个阶段，人们可以分享希望和梦想——就像萨提亚常常说的“将我们的希望洒向整个宇宙”。一个没有用言语表达出来的希望几乎没有机会实现，一个清晰说出的希望则有很多达成的机会。当然，没有人能担保愿望可以实现，但是当我们将自己的希望用言语表述出来的时候，我们也就可以和他人一起，将能量和资源直接调配到实现这些希望的方向。

很多人都曾经学到过不要谈论自己的希望和梦想。还是孩子的时候，我们就开始审查和评判这些希望，害怕父母听到这些梦想会变得不高兴。允许人们谈论自己的希望和梦想，其本身就往往足以使人们从审查带来的不舒适感当中解放出来。一旦人们能够以开放的态度来面对机会，寻找资源包括发现个人身上的价值和资源，同时也包括从外界寻找可利用资源和支持，所以寻找资源也就成了让人们实现梦想的一条途径。其他人常常会对个体的梦想产生兴趣，并且能够帮助个体来实现它们。通过支持个体的希望和梦想，家庭生活也会变得更加丰富多彩。

A 案例分析

妻子在结婚周年的那一天花费了大量的时间和心血准备了晚餐，并满心期待地等待丈夫回家。丈夫回家后，像往常一样，洗手吃饭。当丈夫吃了一块肉时，说道："这个肉硬了点儿。"妻子看了丈夫一眼，然后跑回卧室痛哭了起来。丈夫认为妻子不可理喻，继续吃自己的晚餐。

问题

以 2 人为一组，分别画出妻子与丈夫的内心"冰山"，并在全班进行分享。

任务六 运用萨提亚家庭治疗的技巧

R 任务体验

游戏：松鼠搬家

学生 3 人一组，其中两人面对面，举高双手呈拱桥状，扮成树；另一人就蹲在拱桥下，扮成松鼠。老师充当主持，以说故事的形式发号指令。游戏中有三个指令，包括松鼠搬家，樵夫伐木及森林大火。主持发号指令后，玩家要按指令重新组合，哪一人/一组人最慢或未能组成组合为输。

松鼠搬家：扮松鼠的人需要移到另一棵"树上"。

樵夫伐木：扮树的人需要与另一人组成一棵新树。

森林大火：所有玩家需要重新组成树和松鼠的组合。另外，可以增加一些限制以增强游戏性，如规定某局数内不可和同一人组合。

R 任务分享

游戏完成后，请学生分享在游戏过程中有什么样的体验？认为什么过程是容易的？什么过程是难的？为什么？

R 任务总结

游戏的意义在于帮助学生理解家庭的冲突与重整，尤其是在重整的过程中所要经历的混乱是不可避免和必经的过程，但最终的朝向是新的平衡。

知识介绍

一、萨提亚家庭治疗的过程

萨提亚早期认为治疗的目标在于消除个体的心理障碍，而后期则认为治疗的方向是健康取向，我们把它叫作人性认同过程模型。并对治疗基础提出了四个基本假设：第一，人类适合成长和改变，能够进行各种各样的改变；第二，每个人都拥有他们成长发展必需的所有资源；第三，家庭是一个系统，每个人、每件事都是相互影响的，不能将结果简单地归咎于某一个人；第四，治疗师本人及其理念是治疗时最重要的工具，治疗师的人性（个人特质）比专业技术更重要。人性认同过程模型分为三个基本阶段，阶段与阶段之间没有清楚的界线，有所重叠。但是，三个阶段具有各自独有的特征。每次会谈中都有所体现，整个治疗的过程也是以此为特征。

（一）建立关系

制定非正式的治疗契约，这一阶段的主要任务是了解必要的信息，并建立良好的咨访关系。在收集信息的过程中，治疗师要让案主感到舒适并产生希望和信任治疗师，这样可以使家庭成员最终愿意承担改变所必需的风险。因此，治疗师要积极营造治疗氛围，治疗师的学识、安慰和引导，向家庭成员传达其无所畏惧及处理痛苦事件的能力，认真接纳每一个人，让他们感到被重视且独一无二，提高家庭成员的自尊水平，使他们对自己感觉良好，产生希望。

在这一阶段，治疗师已经开始教给个体新的技能，也帮助他们使用已有的技能。通过家庭成员在当前情景中建立的联系，治疗师可以获得家庭成员相互交谈的方式，自我价值感高低、沟通类型、保护自尊的技巧或防御策略及家庭系统所使用的规则等，评估家庭成员间的相互距离。此阶段的另一个任务是，在互信的基础上建立一个非正式的工作契约，让家庭成员了解，他们对承担多大风险有决定权。治疗师不会在家庭成员没有准备好的情况下推动他们跨越界线。

（二）混乱阶段

这一阶段的特征是普遍的困惑与混乱，治疗师帮助家庭成员放下自我防御与保护，表达自己隐藏的痛苦、脆弱，以及让他们感到羞耻的弱点。个体可以承受不确定性带来的模棱两可感，这是个体开始接近自己内心的第一步，能够允许自己进入脆弱的领域，预示着个体愿意作出根本性的改变。

治疗师需要让案主将注意力集中在此时此刻，而不是沉溺于过去的记忆或者对将来的不确定感，适应现实，将会重获对自己命运的控制感。治疗师要在强硬和共情之间取得平衡，治疗师要接受治疗过程中的不确定性，并承担一定的风险。

（三）重新整合阶段

这一阶段是情感的休憩阶段，标志着一个疗程的结束或者下一个疗程开始前的准备。治疗的这些阶段有时是相互重叠的，并不像描述的那样清晰，治疗师需要知道当前治疗是在哪一个阶段。治疗师的专业知识可以帮助人们对自己的生活作决定，而不是替他们作决定。在整个治疗过程中，治疗的整体方向会让位于某个紧急事件，以保持整体方向与新出现的问题之间的平衡。

二、萨提亚家庭治疗改变的历程

一旦治疗师为改变的发生建立起一种接纳、积极的环境，他们就可以帮助来访者开始改变的过程了。不论动机如何，希望得到改变的人们总会经历一系列特定的步骤。根据萨提亚的理论，整个过程分为以下六个阶段。

（1）现状：在个人或系统的当前状态中，出现了对于改变的需求。

（2）引入一个外部因素：系统或个体明确地向另一个人——朋友、治疗师，或是系统之外的某个人表达改变的需要。

（3）混乱：系统中个体开始从现在的状态转变为一种不平衡的状态。

（4）整合：新的学习内容被整合，新的存在状态开始发展。

（5）实践：通过不断实践新的学习内容，新的状态得到强化。

（6）新的状态：新的状态代表了一个功能更加良好的存在状态。

关于这六个阶段，现分述如下。

（一）阶段一：现状

当一个系统正处于现状时，我们可以对它的动作方式作出预测。因为这个体系已经建立起一套清晰的期望和反应方式，可以作为我们预测的依据。它们的不断重复使自身弊端得到强化，并且通过这种重复，家庭系统中的成员渐渐觉得这些预期和反应方式是正确的，变得对此习以为常。

由此，一个家庭的现状慢慢地渗透到日常的经历和体验当中，并产生强有力的生存姿态和信念。当家庭处在健康的平衡状态时，每一个家庭成员所贡献或付出的，会和他（她）所得到的一样多。例如，当母亲因为工作需要而晚归时，她的丈夫或孩子将会准备晚餐。又或者，当新生儿诞生时，稍大的孩子仍然会感到被爱和被需要。如果他们确实感到自己被取代了，那也只是在一个健康的平衡状态重建之前的很短时间。因此，这种价值的交换是公平和公正的。

而在一个不健康的系统当中，每一位家庭成员都不得不奉献出比他（她）所得到的更多的东西。然而，也没有人会跳出来抗议或是罢工。经过多年这样的生活，诸如愤怒、恐惧、未被满足的期望、缺乏亲密感，以及有限的亲密关系等后遗症，会在家庭的各个不同成员身上积累。当一个系统中的成员习惯性地以讨好、责备、超理智或是打岔的姿态来应对时，就表明这个系统是不健康的。也表明至少有一个人所付出的超出了他（她）所得到的。这就是为什么每一个接受访谈的家庭成员都会告诉我们，他（她）比起其他人承受了更多的负担，这个系统是不公平的。

以功能不良的方式维持平衡的家庭将会继续它们的模式，直到某些相对急剧的事件发生。某些事情发生了，而最终系统中的某个人会出去寻求帮助。治疗只是应对危机的一种可能性。家庭成员也许会求助于朋友、宗教、分居、药物滥用、暴力或是抑郁症。在一个不健康的体系中，当平衡突然瓦解，上述都是常见的选择和可能的反应。例如，当一个家庭系统中的痛苦到了无法让人忍受的程度，一些家庭成员可能会尝试通过大量使用酒精和毒品来应对这一切。在经过一段酗酒的日子之后，酗酒变成了新的问题。而当这个家庭最终来进行治疗时，酒精滥用常常会成为关注的焦点，而最初的家庭痛苦则被隐秘地掩盖在底层。但是，在萨提亚的模式中，治疗任务却是去寻找那些可以将我们带回到原始家庭危机中去的蛛丝马迹。

在改变过程的第一阶段，一个家庭的现状被破坏，我们就可以看到许多保护性模式出现。举例来说，当父亲沉湎于酒精当中的时候，我们经常发现母亲会用一系列托词来对其丈夫的酗酒行为进行否认和辩解。在治疗过程中，这个家庭往往会将某个孩子的行为当作问题加以呈现。在一个层面上，这种做法转移人们对于酗酒的关注；而在另一个层面上，它也将人们的注意从功能不良的家庭系统上引开了。

防御，包括有关阻抗的概念，对于大多数非健康系统中的成员来说却是一种生存资源。萨提亚模式中有一个十分重要的基本概念，即人们可以在他们的知觉和理解范围内，做到他们可以做到的最好。理解这一点让我们可以接纳人们的立场，以此作为起点，并帮助他们从那里离开。

（二）阶段二：引入一个外部因素

进入阶段二，就标志着将一个外部因素，也就是那些以前并不在这里的人，引入系统之中。以治疗为例，外部因素就是心理治疗师或家庭咨询师。就治疗所要做的工作来说，这个处于外部的个体需要被系统中绝大多数成员接受，这也就是为什么在治疗的初期建立一个可以产生改变的情境是如此重要。

1. 保持接触

除了传递接纳、希望、可靠性及对改变的意识之外，萨提亚流派的治疗师还发现，对表里一致进行示范也起着至关重要的作用。表里一致的沟通在任何干预方案中都是一个强有力的方面，而在家庭系统中的干预格外需要效力。

2. 检验预期

检验预期是帮助人们以新的方式来了解自己的方法之一，就是探讨他们对于改变的态度和预期。人们往往会持有这样一种态度，期望另一个人可以发生改变，从而解决自身的问题。等级模式会认为这是人类进化过程中存在的一种与生俱来的权力斗争。那些以这种观点行事的人并不会讨论手头的问题，而是关心（并且争论）谁对谁错、谁高谁低、谁是胜利者谁是失败者，以及谁才拥有告诉别人怎样去做的权利。

3. 检验改变中存在的障碍

有时候，仔细审视那些我们相信自己无法改变的情形，不论对于治疗师自己还是对于来访者都是有帮助的。这样做可以让人们看到究竟在自己前进的道路上已设置了什么障碍。萨提亚曾经治疗过一个名叫卡罗尔的试图减肥的妇女。卡罗尔在她的治疗时段里，对于各种信息都持非常开放的态度，畅所欲言。她特别强调自己曾经寻求过所有改变体重的方法，但是没有一条是成功的。萨提亚最后问道："如果你真的减轻了体重，你认为自己有可能会遇到什么问题呢?"正是这个问题开启了治疗的新历程。

4. 将阻抗重构为尊严

阻抗的概念是指即使人们感觉并不那么好，他们也会说自己一切正常。人们以这样一种方式来表现他们自己，而治疗师的角色就是接纳他们，而不担心"阻抗"。毕竟，阻抗在过去曾经很好地服务于他们的生活。

例如，艾得克斯说他想要有更多的伙伴，但每次别人靠近他时，他似乎都表现得很冷淡。一些人也许会认为他正在表现阻抗。萨提亚的方法是问他："我注意到卡尔走向你，她的手伸向你时，你后退了。我想知道你是否注意到了这一点?"这样，无论来访者作出肯定回答或是否定回答，都可以用这种方式帮助他觉察自我，是什么让自己阻抗朋友的到来。

（三）阶段三：混乱

当治疗师成功地介入之后，家庭系统渐渐开放，至少到达了可以仔细审视它自身的程度。仅仅通过识别、承认和检验自身常规的预期和反应模式，这个系统就可以开始它的改变过程。甚至不需要意识到这一点，家庭就脱离了它的现状（理所当然地遵循那些不成文的规则），并冒险向一套新的动力系统转变。在这种情况下，混乱的状态也就不可避免地产生了。

混乱意味着系统现在正在以某种人们无法预期的方式运行。对于很多成员来说，如果不能预料到他们家庭的期望和反应方式，就意味着他们丧失了自己的安全感和稳定性。他们正处于地狱的边缘，有时会被毁灭的恐惧所麻痹。

1. 将恐惧和焦虑正常化

在治疗的早期，家庭成员也许会感到支撑整个家庭的基石正在他们的脚下晃动。他们感到自己正在失去控制，而他们对于未知事物的恐惧则显得越来越突出。而在这个时候，新的可能性对于整个家庭来说仍然并不十分明确。

通过中和来访者的恐惧和焦虑，治疗师可以将混乱的阶段正常化。展示新事物——新的可能性出现的机会，移除那些不允许对自我进行审视、感受和评论的禁忌。这样做可以帮助家庭成员变得开放，并使他们意识到他们自己的内部加工过程。而治疗师此时仍然需要保持表里一致，不要恐慌，并且在家庭成员经历混乱阶段时，给予他们坚定的支持。

萨提亚模式认为，在来访者最为混乱的时刻，一定要将个体紧紧锚定在现在。在这个阶段，只能制定那些10秒钟后就可以执行的决策。在混乱阶段作任何长期规划，都会产生在暴怒状态下制定长期决策一样的效果。

在混乱阶段，来访者的焦虑水平会达到最高。在敏锐地感受到自己脆弱性的同时，他们也正在开始对安全的探寻。这时候，人们最容易作出一些绝对化的批评，以及具有保护色彩的绝对化陈述，如“我永远也不会再和你说话了”以及“我发誓再也不会管你的任何事情”。当某个来访者采取了上述这种立场的时候，萨提亚模式会倡议大家退后一步，沉静下来，并使谈话内容渐渐转向对个体感受的关注，从而探讨隐藏在这些情感爆发下面的渴求和期望。

在改变过程的这个阶段，萨提亚会倡导，同时也进行大量的身体接触。你也许会希望亲密地靠近个体来访者或是家庭成员，也许甚至会触摸他们的手、肩膀，或是任何看起来适合的部位。要使改变从混乱最严重的时刻产生出来，治疗师需要保持精神集中、稳扎稳打、积极关注，并且对整个过程有所掌控。否则，来访者也许会退回到他们最初的不健康模式当中去。当然，如果他们这样做了，治疗师只需要再一次重新开始整个过程。

同样，治疗师还需要保持身体的平衡和呼吸的均匀，带着尊严和希望接近家庭和治疗过程。如果治疗师试图回避或忽视混乱，治疗可能会拖延数年，而几乎没有任何深层的改变。一些治疗师不愿意让他们的来访者体验到痛苦或焦虑，因此会允许甚至鼓励他们退回到旧的、熟悉的模式当中去。有时，治疗师会感到惊慌失措，而来访者则丧失了对他们的信任，从治疗中脱离，不再继续参加以后的疗程。

混乱阶段恰恰是治愈的开始。来访者从那些已经不再适合，或者代价太过高昂的立场或知觉中解脱了出来。他们会对自己和他人的知觉进行新的思考。只有通过处理混乱阶段，治疗师才能够帮助来访者重新排列和建构他们的知觉和期望，并对此加以更新和改变。

2. 陷入僵局

我们已经发现，如果一个治疗师在治疗过程中会陷入僵局，那么它通常发生在这个阶段。他（她）开始变得过分认同来访者的进程，或是在某种程度上陷入与个人或是家庭的关系中。导致这些情况发生的，常常是治疗师本人生命中那些未完成的部分。

3. 让家庭规则浮出表面

对于来访者在原生家庭当中学到的规则，萨提亚会在其中增加一些新的维度，以此来提高个体的自我价值感。像“我永远也不可以与大人顶嘴”这样一条规则，完全可以被转变为一条包含更多选择可能性的方案。例如，我在某些时候可以与大人顶嘴：① 当我想要表达自己感受的时候；② 当我感到自己正在被辱骂和虐待的时候；③ 当我感到自己一文不值的时候。

僵化的规则和低自我价值感常常会导致家庭成员出现生理、情绪和认知症状。表里一致的沟通本身就是发展自我价值感的机会。个体的沟通方式反映出了他（她）迄今所学的部分。与此同时，我们还可以探讨他（她）在学习这些应对方式时使用的方法和手段。例如，如果某条家庭规则规定不能表达愤怒，那么成年以后，这个孩子也许会不惜任何代价回避那些可能激发自己愤怒情绪的情景。而如果这种情况发展到极端，他（她）可能会使用暴力来应对自己所有的愤怒感受。

家庭规则的功能也包括保持一个封闭的家庭系统运作。根据萨提亚的理论，一个封闭的系统常常是由具有下述特点的家庭成员构成的。

（1）彼此警惕。

（2）具有敌意。

（3）感到无能为力，被控制，消极。

（4）观点和行为上僵化。

（5）用冷漠的面孔对待彼此。

当家庭规则将一个成员的自我价值感压迫到某种程度，以致他（她）的生存成为问题的时候，上述症状就会出现。

4. 在混乱阶段为改变的发生提供情境

作为一个整体，即便是功能不良的系统通常也拥有一整套可预测的期望和行为模式。在每个成员的应对模式下面，是未表达的内心世界的个体冰山。尽管每个人的应对风格各具特色，一旦我们看清每个家庭成员为了保持平衡所采取的行动，就可以将重点放在产生改变的某些可能性上。要减少系统运作带给人的痛苦。但是其动机的动力学则遵循一个普遍的规律。治疗师需要对特殊和普遍的动力因素进行处理。

作为治疗师，我们利用来访者带入治疗的事件情节，帮助他们思考改变可能达到的范围。例如，如果我们发现在一个家庭中，青少年常常在饭后洗碗的时候爆发争斗。那么我们也许可以将这一情况作为情境，对以下这些问题进行检验。

（1）权力斗争。

（2）父母间的冲突。

（3）缺少认同感。

（4）缺乏亲密感。

当然，还有很多其他的可能性以某种方式影响了这些青少年的自尊。问题的重点在于，他们正在使用功能不良的行为来满足自己的需求。治疗师可以使用这一内容帮助创建一个可供改变发生的情境。无论家庭的症状是通过言语、非言语、认知，还是以某种相互结合的形式展示出来，个体的自我价值感都需要找到其他的方式来表现它自己。对此，心理治疗可以成为一种卓有成效的探索方式，而在混乱阶段所采取的一系列步骤（见表3－6）则可能昭示出问题的本质。

表 3-6　家庭治疗改变中混乱阶段采取的步骤

在混乱阶段采取的步骤： 1. 与个人或是家庭保持接触。 2. 建立契约。 3. 为改变的发生建立情境。 4. 与每个成员的内心过程建立联结。 5. 如果某个“事件”是问题所在： ① 塑造出一个场景（提高觉察）。 ② 识别预期（努力形成接纳）。 ③ 确认感受（从而人们可以体验到它们）。 ④ 区分过去和现在（要通过循序渐进的方式达到这一目标，特别是对那些存在于家庭成员之间的知觉、期望及感受）。 ⑤ 重新看待内心的渴望，并触碰内心的资源。 ⑥ 不带任何期望地接纳存在于我们记忆当中的过去。 ⑦ 回到现在：重新建构当前的知觉和期望，并致力于转变。 ⑧ 为当前的自我而骄傲。 6. 提供支持、接纳、希望和多种可能。

重新认识并利用混乱阶段，是萨提亚为“改变过程”的概念化作出的最主要贡献。由于这个阶段接纳了人们对于未知事物的恐惧、焦虑、不确定感和担忧，它的意义就显得格外重大。另外，它还以一种积极和富有创造性的方式来利用这些感受，并由此将个体或系统从功能不良的现状，转变为一种崭新的、功能良好的存在状态。

（四）阶段四：整合

阶段四的内容包括：发展新的可能性、利用潜在的资源、整合各个部分，以及重新评估过去和现在的期望。我们会接纳自己对于父母、生活经历、自我价值和未来的新知觉。只有放弃许多生存应对模式，才可以接纳新的存在方式。如果从来没有探究过什么是自己想要的，那么就从现在开始。我们要打破长久的寂静，在决定如何感知和接受自己的同时，也探求自己希望别人如何知觉和接纳我们。要接管那些曾经自动化操作的东西，让我们的控制重新回到意识范围之内，并且渐渐开始对自我的内心过程承担更多的责任。

（五）阶段五：实践

阶段五是一个实践的阶段。需要谨记的是，过去的模式仍然拥有强大的力量。要维持并且实践自己的新选择，需要发展出强人的支持系统。如果我们能够很好地做到这一点，就可以在建立起健康的新状态的同时，获得一种更加着眼于现在的生命能量。

在这个阶段中，治疗师也许需要让来访者将事情记录下来，或是在汽车里、冰箱门上、厨房的公告板或是浴室中粘贴一些提示留言。治疗师可能还会鼓励来访者利用护身符、断言、冥想和锚定练习来减少过去的模式带给自己的习惯。

（六）阶段六：新的状态

阶段六为我们提供了一种新的状态，一种更加健康的平衡，它让个体和关系的功能都更加完善。新的舒适感取代了过去的熟悉感。关于系统如何运行的新的预期也发展了起来。新的自我形象和新的希望开始浮现。更多的自主性和创造性得到解放而更进一步显露出来。

在萨提亚模式中，改变的过程包括六个阶段，每一个阶段都建立在前一阶段的基础上，就像是我们在过去知识的基础上学习新知识一样。所有这些阶段都不是单一的，相反，它们是多面的、可重复的。也许，我们可以首先沿着从童年时期到现在的时间线索进行思考。一旦我们触及自身人性的复杂，关注点就可以拓展和成倍增加。

改变的过程将贯穿人的一生。而每次我们经历一遍这些阶段，它们就变得更容易、更快乐，也注入更多希望。也许终会有一天，每个个体在经历这些阶段的时候，都可以利用其自身的能量资源，为自己提供环境、信任、冒险精神和支持系统，为自己带来实现更深层突破和进一步成长的机会。

A 案例分析

萨提亚治疗的案例：

1951 年，我第一次成功地运用家庭治疗方法治疗了一个精神分裂症患者的家庭。当我和患了精神分裂症的女儿在一起时，关于现状的一些想法浮出了我的脑海。当这个女孩开始改变的时候，混乱的阶段开始了，母亲险些心脏病发作，而父亲看起来方寸大乱，事情似乎已经到了无法控制的地步。我对自己说：“哦，天啊，我都做了些什么？”

问题

为什么女孩开始改变之时，整个家庭出现了混乱？如果你是治疗师，接下来你会怎么做？

学习情境四

家庭过程辅导

理论学习目标

1. 了解一般家庭过程。
2. 了解家庭成立的过程及相关理论。
3. 了解婚姻解体的过程、现象和因素。

实践学习目标

1. 掌握家庭过程各阶段干预的重点。
2. 能够对家庭成立过程进行辅导。
3. 能够对婚姻解体过程进行辅导。

任务一　了解一般家庭过程及阶段任务

任务体验

1. 讨论该阶段家庭的主要任务及容易遭遇哪方面的家庭问题。
2. 讨论该阶段家庭具有哪些正向资源。

任务分享

每个小组选择一名代表发言，与其他组分享讨论结果并进行交流。

R 任务总结

阐述任务目的和意义，强化对家庭过程中各阶段特点的理解。

Z 知识介绍

一、家庭生命周期概述

就像人的生命那样，家庭也有一个从建立到消亡的过程，人们通常用生命周期来表示家庭的不同发展阶段和不同阶段的各种任务。家庭生命周期也被称为家庭生活历程，是家庭自建立之日起，经历一系列发展阶段，最终归于消亡的全过程。一般来说，家庭生命周期包括了父母“个人生命循环”的后半部分和子女“个人生命循环”的前半部分，即“原始家庭”（生长家庭）与“生殖家庭”。

二、家庭生命周期阶段划分

家庭生命周期的研究有诸多模型，其中美国学者杜瓦尔（E. M. Duvall）提出的八阶段模型被广泛采纳和运用。该理论将家庭生命周期划分为八个阶段[①]：① 新婚期，未生育期（2 年）；② 育儿期，老大出生至老大 2 岁半（2.5 年）；③ 学龄前期，老大 2 岁半至 6 岁（3.5 年）；④ 学龄期，老大 6 岁至 13 岁（7 年）；⑤ 青少年时期，老大 13 岁至 20 岁（7 年）；⑥ 空巢期，孩子陆续离家（8 年）；⑦ 中年父母期，家庭空巢到退休（15 年）；⑧ 老年家庭成员期，退休到夫妇两人死亡（10～15 年）。这些阶段有着不同的发展任务。家庭作为一个单位要存续下去，必须满足不同阶段的需求，否则将会给自身发展带来重重困难，需求的方面主要包括：生理需求、文化规范及人的愿望和价值观。

家庭生命周期中各阶段是相互连接前后延续的，其间有着转折和衔接，后面阶段将受到前面阶段的影响。每一个阶段都有其特别的发展任务，若该阶段的重点任务不能得到很好地执行，或者家庭不能在阶段发生转折时作出相应调整，那么，不仅容易遭遇家庭关系的紧张和家庭矛盾，而且会影响到下一阶段的家庭生活。阶段之间的转折过渡时期是最容易导致家庭关系紧张、家庭成员焦虑的时期，也是需要家庭成员加倍投入精力，努力作出适应和调整的关键时期。生命周期理论十分重视家庭发展中的阶段性、家庭生活中的转折事件对家庭生活的影响、不同时期的家庭任务和家庭规范、不同家庭成员在家庭中的位置、角色的认知及其适应性调整的重要性等。

按照家庭生命周期理论，可以将中国一般家庭的发展划分出不同阶段。但是当前中国家庭生命周期的划分因国情不同及家庭生活模式的特殊性呈现出不同于西方的特点：如计

---

① 根据不同学者和不同国家的不同情况，具体阶段的划分也有所不同。

划生育政策使中国家庭养育子女延续的时间有限，一般18～20年即可以结束；中国的家庭具有网络化特征，子家庭建立后虽然从母家庭分裂出来，但其界线不清；子家庭的生命周期寓于母家庭之中，呈现出子系统与母系统交互发展的过程等。

中国一般家庭过程大致可以划分为：新婚期，即从结婚到生育第一个孩子；育儿期，即从生第一个孩子至最后一个孩子上学；教育期（有学龄儿童期和有青少年子女期），即从孩子入小学至孩子独立；空巢期，即子女相继离家；孤老期，即夫妻中只剩一人，直至该家庭生命终结。

处于不同生命周期的家庭在各阶段有不同的任务。大致来看，新婚期的任务是：婚姻系统的形成及整合，夫妻角色的认定，姻亲关系的协调。育儿期的任务是：父母角色的认定，家庭财政、家务劳动的分工或协作，职业与家庭之间的精力分配。教育期的任务是：亲子关系的调整，夫妻情感的深化发展。空巢期的任务是：接受子女独立、离家的现实，婚姻关系的再调整。孤老期的任务是：面对自己及配偶的衰老与死亡，安排晚年充实的生活，体味人生的意义。具体来看，各个阶段及其主要任务如下。

（一）新婚期

新婚期又称为婚姻调整期，是指从结婚到第一个孩子出生之前的阶段。一般认为，婚姻关系中最严重的危机和情绪紧张是来自婚姻开始的前五年内。刚结婚的配偶，激情过后面临的是新角色的扮演和适应。由一个人的生活变为两个人的生活，由恋人的关系变为夫妻的关系，如何彼此适应，容纳双方在性格、生活习惯、价值观、婚姻期待、沟通方式、姻亲关系等方面的差异，发展两人都感到满足的新生活方式，是婚姻幸福与否的关键。一般而言，在婚姻初期的婚姻关系中，以性关系的调适、金钱问题、姻亲关系、育儿问题及沟通问题为最重要，若能在婚姻的开始就能对彼此的差异加以协调，将使未来家庭周期的各个阶段都会有快乐的婚姻。具体而言，新婚期应当完成的任务包括如下几个方面。

（1）确立夫妻的角色和责任的分配。相互接受谁做什么、谁对谁有责任的各种形态。

（2）发展互相满足的性关系，建立亲密的规范。

（3）家庭经济的预算与处理，满足于金钱的赚取与花费。

（4）发展使双方满足的沟通方式，学习如何以非冲突的方式表现自己的感受、需要和愿望。

（5）与生长家庭感情分离，协商、发展平等、良好的姻亲关系。

（6）发展成熟满意的家庭计划，如决定住所的问题、生育问题等。

（7）发展成熟且彼此满意的工作观点和时间分配。

（8）日常生活中的互相适应，如娱乐方式、饮食习惯、共度的时间等。

（9）了解和尊重彼此的个人自由和特性，给个人一定的自由空间。

（二）育儿期

育儿期是指从第一个孩子出生到学龄前的儿童养育时期。孩子的出生使得家庭的系统改变，夫妻的角色转换，可能带来家庭危机，是第一个危险期（所谓婚姻的“七年之痒”

即落在这一时期)。而父母婚姻状况的平稳与否，将决定着孩子发展过程是否顺利健康。所以，应当等到夫妻双方在心理和物质上都有所准备后再生育子女。对夫妻而言，育儿期有下列任务比较重要。

(1) 适应新的父母角色及职责的划分。

(2) 学习为人父母的各种技能。

(3) 建立家庭的规则和标准。

(4) 对因孩子的成长而失去隐私的适应。

(5) 保留夫妻两人独处和亲密的空间和时间。

(6) 教导儿童新的技能。包括培养良好的饮食习惯，训练自我控制的能力，建立自信和对周围环境的信任，教导如何去合作和分担责任，建立性别认同（包括对同性父母的性认同及对异性父母角色的了解)，教导性别的不同和出生的过程，发展健康的爱别人的能力，社会化的发展，发展积极的态度和感情等。

(三) 有学龄儿童期

当孩子上了小学后，就需要渐渐从对父母的感情依赖和生活依赖中分离出去，适应学校的生活和更广泛的社会交往。而父母对孩子的管教方式也应该相应调整，多关心孩子的适应能力和学业问题。具体而言，有学龄儿童的父母要执行的职责包括以下几点。

(1) 帮助儿童适应学校环境和规则。

(2) 鼓励孩子独立，支持孩子与同辈群体的交往。

(3) 提供有关性的知识及健康的异性关系的发展。

(4) 促进孩子良心的发展，建立是非善恶的标准。

(5) 父母对孩子的管教态度、期望和要求应协调一致，分工合作。

(6) 接受孩子的特性和不够完美。

(四) 有青少年子女期

家里有青少年阶段的孩子，常会使父母在管教上受到冲击，容易引发亲子之间的冲突和青少年问题。对于子女来讲，青少年时期是一个从儿童跨入成人的过渡期，生理上的趋于成熟、性意识和性冲动的萌发、自我意识的强化、要求独立和得到尊重的心理需求、心智发展的不成熟、职业取向的不确定等往往使他们处于一种不稳定的状态。青少年又常常面临许多问题的冲击和困扰，如对异性的强烈情感和学业的矛盾，对父母经济上的、情感上的依赖与试图摆脱家庭控制、争取自由的行为和不稳定的情绪等，都需要父母去了解和体会，但父母往往不容易做到。父母人到中年，不管在事业、家庭生活还是个人健康等方面可能面临缺乏新目标的空虚和大势已去的慨叹，所以这一时期对孩子和父母来说都会造成许多困扰，是一个特殊的时期，而预防青少年问题可以说是此期的主要问题。要减少冲突和困扰，家庭需要做到以下几个方面。

(1) 父母应该认识和接受青少年有反抗的倾向和要父母给予明确规范的愿望，既给予一定的宽容和自由，又要有所限制。

（2）父母应该认识和鼓励青少年独立的愿望，并在孩子需要意见和帮助的时候才伸出自己的手。

（3）父母应该学习建设性地商讨问题，摈弃权威式的命令和强迫。

（4）培养孩子对家庭、对社会的责任感和自信心。

（5）鼓励和协助孩子在家庭以外发展良性的同辈关系。

（6）鼓励孩子学习与异性正常交往，告知早恋、非婚同居等行为的伤害性后果。

（7）父母应当发展新的兴趣，创造夫妻、亲子之间共同活动的机会。

（8）提供辅导子女选择学校、专业、职业和事业、婚姻或其他重要决定的建议，而不过分控制他们。

（五）空巢期

空巢时期是子女纷纷离家，家中只剩下夫妻两人共度时光的时期。此时期家庭中的主要危机在于家庭面临子女的独立和分离而感到心理和生活上的压力。特别是那些婚姻基础较弱、关系不好的夫妻，常有被子女遗弃的感觉，而希望拴住子女，在子女身上得到并维持无法从配偶那里得到的家庭之爱。当夫妻急于拴住成年子女的时候，往往使子女在潜意识里引发愧疚感或罪恶感，使子女成为不良夫妻关系的牺牲品。但是另一方面，对于一般的家庭，若能接受子女与家庭的分离，并正确处理和调整子女离开后的夫妻生活，则有可能迎来婚姻的第二个蜜月期。为此，此时期家庭的主要任务有以下几个方面。

（1）乐见孩子的成熟而允许其离家。

（2）重建父母关系为夫妻关系，发展自己的兴趣及夫妻双方共有的兴趣点，不要除了子女外无话可谈。

（3）尝试新的生活方式，创造条件过自己一直想过而没能实现的生活。

（4）处理更年期的情绪问题。

（5）做好退休后经济上的安排，妥善使用退休金。

（6）增加健身休闲活动或社区活动，保持亲戚关系和邻里来往，保持对社会生活的参与。

（7）适应公婆、岳父母和祖父母的角色。

（8）保持适度的性生活。

（9）在心理上做好死亡和可能失去配偶的准备。

（六）孤老期

此时期是夫妻有一方死亡、家庭面临解体的最后阶段。老来丧偶是人生压力最大的遭遇之一，活着的一方往往需要极大的勇气和智慧才能在心理上接受配偶的死亡，并需要经过很长的时间才能慢慢愈合这一人生中压力最大的事件所带来的创伤。所以这个时期的老年人在情绪上、生活上特别需要他人尤其是子女的支持和照顾。配偶死亡不仅断绝了夫妇长达数十年的婚姻情感关系，而且会给鳏夫寡妇带来一种孤独甚至恐惧的心理。如果调节不好，一方去世，另一方可能也会很快随之而去。有研究表明，老年人丧偶，在生活上会造成多方面的困难，如经济收入减少、安全感减弱、家庭关系相处难度增加、角色适应难度增大、心理支持减少等。对于女性老人来说，如果丈夫在世，一旦婆媳发生冲突，丈夫尚可从中调解，也可充当情绪宣泄的对象。如果丈夫去世，老年妇女与子女、儿媳发生矛盾，就容易积怨于心，长此以往对精神健康不利。对于男性而言，他们一生主要是专注于自己的事业，类似洗衣做饭之类的家务活则多半不会做，一旦老伴去世，生活起居上即面临困难。在“空巢家庭”中，老人丧妻之后需要别人及时的同情与精神慰藉，但是由于男子一贯扮演刚强角色，不容易像女性一样寻找别人的心理支持，这点显然对丧偶男性老人的心理精神健康不利。因此，此时期的任务包括如下几个方面。

（1）处理痛苦情绪的冲击，了解从夫妻两人变为孤独个人可能发生的尖锐变化，接受独居的事实并加以适应。

（2）寻求新的友谊，保持与家人、亲戚和社区的接触，寻求且发现新的生活意义。

（3）评估可能的经济境况和补助收入的可行方式。

（4）接受和适应健康的衰微。

（5）再婚。

（6）子女负起奉养和照顾老人的责任。

从上述内容可以看到，每一个家庭发展阶段，都面临着各自的任务和挑战，在不同阶段家庭问题的重心也有所不同，如果不能较好地完成任务和处理问题，将会给个人和家庭带来压力和危机。

了解一般家庭过程，能够帮助家庭成员应对可能遇到的危机和挑战，从而对家庭问题和危机保持警醒并做好计划和预防，使得个人和家庭都能顺应环境变化而得以成长。而将生命周期概念运用于家庭社会工作实践，也可以使社会工作者在为家庭提供服务时，能与家庭一起讨论各阶段面对的不同生活内容，提醒和帮助家庭调整自我认知能力与婚姻生活能力。

需要说明的是，以杜瓦尔理论为基础划分家庭发展阶段在学术界有所争议。虽然在西方，传统上大部分家庭都会经历之前描述的家庭生命周期，然而，随着当代各种不同形式家庭的大量出现，家庭生命周期理论正面临着挑战，如有的学者认为这种划分方法明显不能适应多子女家庭、同性恋家庭、“丁克家庭”、单亲家庭、阶段重叠的家庭、双亲死亡的家庭和一些其他形式的家庭。虽然由于有些个体家庭所经历的并非主流周期，使得家庭生命周期理论受到一些批评，但是用它来表述家庭发展的历程仍是非常有价值的。

A 案例分析

陈先生今年30岁，在工厂当工人，生有一个男孩和一个女孩。其妻子娘家在外地，由于孩子出生后无力承担保姆费用，于是辞职在家照顾孩子。去年陈先生贷款30万元买了房子，由于收入不高，所以被妻子逼着晚上做兼职，以便有额外的收入来补贴家庭。夫妻时常会因为家庭琐事发生口角。由于陈先生忙于上班和做兼职，与孩子相处时间少，孩子都相当怕陈先生，再加上陈先生感慨过去没有好好念书，以致学历低而只有微薄的薪水，因此对孩子在学校的学习给予相当大的压力和期望。最近小学二年级的大儿子考试有两门不及格，被陈先生狠狠地打了一顿，第二天没有去上课。妻子对这样的情况感到无助，于是向社工寻求帮助。当社工与陈先生联系时，陈先生也知道大概是什么事情，很快就表达了自己内心的痛苦和无力感。

问题

案例中的家庭处于哪个阶段？需要重点处理好什么关系？对案例中的情况社工应该如何介入？

任务二　掌握家庭成立过程辅导的技术与方法

R 任务体验

1. 小组讨论。每个学生用 10 句话描述爱情，与同组其他同学交流，每个小组挑出组内具有共识的观点。

2. 角色扮演。背景：失恋大学生小刘情绪十分低落，悲观困惑，学习生活深受影响，于是向社会工作者寻求帮助。选择相关角色进行扮演。

R 任务分享

1. 各组选出发言人分享爱情观点和理由。
2. 观摩角色扮演后进行讨论。

R 任务总结

阐述任务目的和意义，对任务体验与分享进行点评。

Z 知识介绍

一、恋爱

家庭的成立始于婚姻，婚姻源于两性的选择与结合。在现代社会，择偶过程与恋爱越来越密不可分，恋爱往往是婚姻的序幕。虽然不是每一对恋人都能走进婚姻的殿堂，但婚姻是恋爱的最好归宿。人们常说：有爱情没有婚姻是不幸的，有婚姻没有爱情是痛苦的。

恋爱是在性吸引基础上建立起来的相互认可的强烈情感联系，是异性间特殊的互动方式，以交流两性间相互爱慕的情感为主要目的。一般恋爱中的“异性”是指自然性别的异性，而广义恋爱中的“异性”既可能是自然性别的异性，也可能是社会性别的异性。美好而成功的恋爱是人们热切向往的，但是恋爱并不是一件简单的事情，它是一门艺术，也是一种能力。作为个体成长过程中经历的重要阶段，恋爱往往对个体的情绪控制、人格发展、价值观的形成等具有不可忽视的影响。有心理学家认为，恋爱是青春晚期和成年早期最重要的事件，只有经过了恋爱，人才会真正成熟起来。

（一）恋爱的阶段

一般来说，恋爱的发展具有阶段性，恋爱的最后结果如何则取决于许多因素。根据一般人的经验，恋爱的进程包括以下几个阶段。

1. 爱情的萌发

恋爱进程的第一阶段是爱情的萌发。爱情的萌发带有突然性色彩，或者是因一见钟情而萌发爱情，或者是因为长久相处的感情积累而致爱情爆发。爱情的萌发又往往带有一定的盲目性，这常使人困惑，分不清自己的情感和理由，更难以分辨对方的感觉和意向，既甜蜜又忐忑。爱情的萌发既可能存在于某一方，也可能存在于双方。当一方萌发了爱情而希望知道对方是否对自己也有相似的感情时，就进入了爱情的试探和表达期。

2. 试探和表达

对于萌发感情的一方，总是抱有从对方那里得到回馈和肯定的希望。因此，处于爱情中的人常常有意无意地以各种方式试探对方对自己的感情，以期得到回应。表达爱情是恋爱进程中关键的一环，当双方彼此接受对方的爱慕时，双方就正式确立了恋人关系。表达爱情需要一定的勇气，也需要一定的技巧。有的人暗恋对方很长时间却不能与对方确立恋爱关系，就是因为不敢表达或不会表达爱情。应该说，这一阶段是最富有戏剧性和最需要付出智慧、勇气的时候。有的人用直接的方式来表达，如写情书、送花、主动提出与对方约会、当面表达爱情等。也有人采取委婉的方式来试探，找理由接近对方，如借书、邀约一起参加集体活动、经常打电话、有意等候在对方经常出入的场合等，或由第三者告诉对方。直接的方式好处在于可以给对方以触动，在短期内直接获得答案，或者使感情迅速升温。委婉的方式可以避免被直接拒绝的难堪，但是也可能使本来有意的双方互相猜疑，像打太极拳似的你来我往，最后可能因一方失去耐心而错失良机。这两种方式因人而异，无所谓好坏。重要的是要表达出来，让对方能够感受到自己的诚挚和真情。表达爱情需要一定的勇气，也需要一定的技巧，既不宜过于粗鲁，也不宜过于含糊，更不宜时间过长迟疑不决。如果一味耽于单相思而不敢表达，则可能永远也没有机会去争取到幸福。如果表达方式不对，其效果也可能适得其反。但不管怎样，最后的结果只有三种可能，要么进入正式的恋爱阶段，要么无功而返，要么继续努力。

3. 热恋

当彼此接受对方的爱慕时，双方就正式确立了恋人关系，进入热恋阶段。在热恋阶段，感情比较强烈，并具有排他性，身体方面的接触会在双方的交往中占据重要的位置。双方会尽量向对方展现自己的优点，尽情向对方倾诉自己的心思并渴望得到回应，而且往往会有意无意地忽略对方的缺点和双方的差异，总是很快在观点和行动上达成一致或和谐。处在此阶段的男女，其理智处于脆弱的地位，感情几乎支配了一切，难以看到对方的缺点，“情人眼里出西施”就是这一阶段的典型反映。两人在一起的时刻对彼此来说都是最快乐的时光，渴望能够永远卿卿我我厮守在一起，并希望听到对方山盟海誓的承诺。这一阶段恋人依依不舍的眷恋之情常常使他们忘记了时间和空间，即要求相处的时间更长，空间距离更短。热恋也是一个证实、发现、判断的时期。证实自己在求爱阶段对恋人的一些理想化看法，发现另一些在求爱中并没有注意的优缺点，并根据这些优缺点的综合印象作出感情是否延续的判断。热恋可能是人生中最甜蜜，也是最缺乏理性的一段时间，但是热恋阶段持续的时间一般不会太长，在热情过后，恋爱就进入平和、理性的阶段。

4. 平和恋爱期

经过热恋阶段感情的充分宣泄，双方的关系会稍稍松弛下来，回到比较冷静、平和的交往状态。前一个阶段的兴奋和激情，慢慢变得温和平静，有的人可能会因为失去新鲜感而烦躁不安。实际上这是平和恋爱期的正常表现，既是情绪从高潮回落的必经过程，也是双方关系走向巩固和稳定的标志。没了新鲜却有了默契，少了冲动却多了脚踏实地的相处，看见了缺点，却也开始了解真正的对方。此时尽管双方还会希望给予对方好的印象，但已经逐渐率直真实地表露自己，并开始理智地相互观察，加深了解。将会注意到两人之间的价值观是否一致、性格是否调和、习惯是否相容、家庭和客观条件是否支持等，开始考虑长久相处的一系列问题。随之一些小的分歧和争吵开始出现。如果双方在一些重要问题上不能达成一致或容纳，仍有分手的可能。当彼此认为可以把恋爱关系稳固起来时，就会从恋爱转入婚姻阶段。当彼此认为恋爱关系无法维持或一方认为对方不适合自己时，恋爱关系便会结束，双方就此分手。

5. 进入婚姻准备或分手

经过相对长久的平和恋爱期之后，可能的结果就是进入婚姻准备或者分手。如果经历了之前的阶段后，得到的是对感情的肯定判断，恋爱双方既爱慕对方的长处与优点，又能容忍对方的缺点与不足，彼此心灵契合、心平气和，这样恋爱就会慢慢发展到家庭角色扮演阶段。恋人从浪漫的迷雾落入现实，开始考虑柴米油盐、谋生途径。这种家庭角色扮演为以后的婚姻生活打下基础，作出铺垫。如果对感情得出的是否定判断，那么便进入分手阶段。分手是许多人在恋爱中不得不面对的问题。一般来讲，分手往往是由一方先提出的，不管是什么原因导致分手，都会对双方特别是不愿分手的一方造成伤害。一般来说，不希望分手的一方会尝试挽回，但是大多数情况下无法成功。当确认了不可能再挽回时，失恋者往往会在一段时间痛苦、自责、回忆而不能自拔，有的人甚至走上自杀的道路。这个时候需要进行心理调适。实际上分手只是代表一段感情的结束，不代表做人的失败和所有人生美好事情的结束。对于已经破裂的感情来说，最好的办法就是潇洒地跟它道别，不沉溺于痛苦，也不强留。可以给自己找一些事情做，把心里的创伤交给时间去治愈，相信以后还有机会。

以上恋爱阶段的有无、长短是因人而异的。但是从以后婚姻和家庭稳定的角度来说，应该尽可能经过平和恋爱期再谈婚论嫁。如果从热恋期直接进入婚姻，很可能会因缺乏深入了解和理性判断而导致严重的婚姻摩擦甚至离异。虽然爱上一个人可能不需要什么理由，但是对婚姻伴侣的选择毕竟不是一件可以轻易决定的事，它需要理性、充分的考量和双方相对长久的磨合。

（二）恋爱相关问题

1. 有关性

性是恋爱不可回避的话题。性意识的发展必须经过恋爱阶段才能完善，而恋爱是释放性冲动的重要途径。通过恋爱接触异性，人们不再感受到性的压抑紧张。

爱情包括情爱和性爱，性爱的性欲基础使爱情具有排他性、冲动性和直觉性。性活动一般是两人之间的隐蔽事件，这样恋爱双方就会排斥第三者进入二人世界，干预最亲密的恋爱关系。从某种角度来讲，恋爱的产生来自生理冲动的基本需要，因此恋人们时时会感觉到对爱情的激动兴奋和与对方更进一步密切关系的需求。冲动是性爱的特点，这种冲动使爱情充满活力，生机勃勃。热恋中的男女常为一些小事而高度兴奋，也具有比平时更高的创造热情。但冲动的不可遏止也会造成性欲需要的增强，如不加以克制就会引起性行为。

对于性的问题，恋爱中的未婚者需要事先有一个考虑和心理准备。“走稳每一步”“真爱要等待”是那些希望走向幸福婚姻的恋人们应该把握的重要信念。否则，匆匆忙忙、过早地走完性接触的几个阶段，进入同居时期，而一旦发现对方不是合适的结婚对象，那么将对双方特别是女性造成极大的伤害。现代社会虽然对性持更加开放的态度，婚前性行为也越来越普遍，但是婚前性行为毕竟与贞操、怀孕、性病、自我价值判断、婚姻中的信任等联系在一起，从而使得问题变得复杂。很多人尤其是女方会担心甚至恐惧：怎么判断对方是真的爱自己而不仅仅是以性方面的占有为目的？怀孕了怎么办？即使在性比较开放的现代社会，双重的标准仍然起着作用。许多男性既需要处女的贞洁，又往往乐于与异性在婚前和婚外发生性关系。有些人在约会中甚至就是以性交往而不是婚姻为目的的。应尽量使性的接触与感情的进展、与对方的了解程度同步，并在该拒绝的时候态度坚决、语气委婉。除此之外，还要了解一些有关性及与之相关的避孕方面的科学知识。

2. 有关早恋

早恋又称为青春期恋爱，是指恋爱者尚未到达合适的恋爱年龄而发生的恋爱行为，一般是 18 岁以下的青少年之间发生的爱情。在青少年阶段发生过感情的人很多，大多数都是暗恋、单恋，只有相互有好感，才能发展成为早恋。青春期恋爱行为是青少年在性生理发育的基础上，心理转化为行为的实践。

早恋的副作用主要有以下四个方面：第一，干扰恋爱者的知识学习过程。一般早恋者正处于接受学校教育的最佳年龄，因此在陷入恋爱之后，往往无法集中精力学习知识（当然也有个别例外）。第二，干扰恋爱者正常的心理发育过程。对于早恋者而言，早恋是一个既充满欢喜而又充满苦闷的过程。由于对对方的爱恋，常常造成情绪变化，或者因为外界压力，造成心理失衡。而不和恋人在一起时，又常常坐卧不安而沉迷于幻想。情感的大起大落有时会导致早恋者心理发育畸形，如某些方面早熟、无法合群等。第三，阻止恋爱者社会化的正常进程。青少年社会化的一个重要内容是同辈群体交往，通过这种交往可以培养其社会交往经验。但早恋者会暂时中断同辈群体的交往而专注于与唯一的异性交往，从而影响社会化。第四，可能促成越轨行为。青少年容易冲动、自我控制能力差，容易过早地发生两性关系，对双方身心造成严重损害。早恋者一般年轻气盛，对一些事件十分敏感，如面对一些让自己“吃醋”的行为恼羞成怒，冲动伤人，造成违法犯罪，还有的由于父母不支持，谈恋爱花销无法取得，诱发偷和抢的念头，这也是早恋对社会造成的危害。

简单地反对早恋并不能避免早恋现象的发生。人本身就是“感情动物”，尤其处在朦胧感情意识阶段的青少年，对异性的好奇和亲切感是本能的。关键是如何避免早恋带来的负面作用。一般来说，处理青少年早恋问题应注意以下几点：第一，鼓励异性青少年之间的正常交往。通过讨论问题、共同学习活动、共同开展健康娱乐活动等方式让异性青少年有正常的交往，这样可以避免异性间的神秘感，并让其学会和多个异性交往以避免过早专注于某个唯一的异性。为了防止早恋而禁止男女学生接触效果并不好，只能更加激起异性间的神秘吸引力。第二，应区分一般相互好感与恋爱行为。不应当把友好的、一般性约会都认为是早恋而加以嘲笑和斥责。如果对男女青少年的交往“神经过敏”，这样反而对其起到心理暗示作用，加剧早恋行为的发生。第三，对于确实已陷入早恋中的青少年要用引导和转移注意力等方式进行教育，而不能用强行拆散、公开嘲笑等方式进行压制。在了解了早恋的情况以后，以平等、真诚、信任的态度对待当事人，尊重其人格、感情和生活中的合理要求，尤其要理解青少年在青春期生理及心理的一系列变化及由此产生的各种现象和问题。耐心地做好疏导工作，引导当事人正视早恋，使其理解爱情并不是单纯的异性相吸，它包含高尚的情操和充实的精神生活，同时认识到早恋的成功率极低，个人的理想、兴趣、志趣的变化都会引起恋情的变化和发展，应把精力放在追求理想和实现人生价值上，而不宜过早恋爱，空耗精力，消磨时光。可以鼓励早恋中的青少年积极参加各种活动，丰富精神生活，转移注意力，一方面培养其各种情趣，另一方面也可以利用活动中健康宽松的男女交往环境，增加其对多个异性的了解，逐步培养其对异性的正确态度，把握交往分寸，锻炼理智分析和冷静控制情感的能力。

恋爱毕竟是一个人的权利，谁也没有理由剥夺他人的这种权利。只是因为早恋对青少年的身心健康有负面作用，所以社会不主张早恋。但青春期恋爱并非毫无益处，如能够满足青少年渴望接近异性的心理，缓解学习和生活的压力，培养勇气与承受挫折的能力，拥有情感的寄托，培养审美能力，提高情商，提高自信心等。也有教育学家和青少年家长认为，早恋是青少年对男女关系的探索和学习，为将来的恋爱与婚姻做准备，不宜过分禁止或压制。

3. 有关单相思

所谓单相思，是指爱情指向单向而不是互相爱慕的恋爱行为。单相思有两种类型：一种是一方对另一方怀有强烈的感情，而另一方对此毫不知晓；另一种是一方对另一方怀有强烈的感情，另一方也知晓这种感情，但不愿发生感情交往。对于第一种类型的单相思，克服办法是在交往中有感情的一方应尽可能让另一方了解自己对其的情感，并在此基础上了解对方是否有与自己发生情感交往的倾向。如果有，那么单相思就可以转化为恋爱了，如果没有，那么单相思者应当立即终止单向情感以免自己受到更深的伤害。而克服单相思需要勇敢和主动，只有这样才有可能把爱情愿望变为恋爱的行为。对于第二种单相思，克服的办法是放弃幻想，不再纠缠。恋爱是一种相互以感情为回报的互动过程，如果单相思者的感情付出得不到回报，那么这种付出就失去了意义。因此，单相思者应尽快从情感旋涡中走出来，以避免自己承受更大的痛苦，不应让一次爱情付出的失败毁掉自己一生的幸福。当单相思者走出阴影后，仍会有机会寻找到如意的爱情。

4. 有关同性恋

同性恋是指自然性别相同的社会成员之间发生的爱慕行为，即一个人持久性地对同性产生情感、浪漫和性的吸引。虽然同性恋现象在人类社会中早已存在，但是至今为止，它一直是一种在道德领域和法律领域备受争议的社会现象。长期以来，多数社会的主流价值观对同性恋行为采取反对的态度。20 世纪 70 年代以前，同性恋行为一直是被精神病学家归为一种精神疾病。自 20 世纪 70 年代以后，人们对同性恋的认识逐渐产生较大分歧。一方面，许多社会成员仍坚持反对同性恋行为的态度；另一方面，也有不少社会成员主张对同性恋行为采取宽容态度。

反对同性恋行为的主要理由是：① 同性恋行为违反自然法则。高级生命有机体的情感模式遵循的是“同性相斥，异性相吸”的原理，人作为最高级的生命有机体，其性的交往模式也应遵从这一原理。而同性恋行为则违反了自然界这一基本原理，因此应当禁止。② 同性恋行为违反社会基本伦理要求。社会生存的前提是人口的繁衍，人口繁衍的前提是异性间的婚姻关系或两性关系。正是基于这种社会自身的客观要求，异性恋成为基本的社会伦理要求。同性恋行为的直接后果是破坏了异性恋模式，间接后果是破坏了社会人口的正常繁衍，因此应该禁止。③ 同性恋者是传播艾滋病的高危人群。研究发现，由于多种因素的影响，同性恋者特别是男同性恋者，是传播艾滋病的高危人群。而艾滋病又是人类至今尚无能力彻底征服的疾病，因此从保护社会成员生命安全的角度出发，同性恋行为应当被禁止。

主张对同性恋行为宽容的主要理由是：① 同性恋是性取向的一种，是自然的存在，虽然数量很少，但每个人不同的性取向是自然给予的个体特征，不能简单将其划分为病态或非病态。② 同性恋是一种正常的行为方式。1948 年，著名的金西报告指出，美国成年男子中 30%有过某种同性恋活动，而 10%的成年男子则主要过同性恋的生活方式。作为一种正常的行为方式，它没有理由受到禁止。③ 恋爱是一种个人权利，社会不应当干预个人的权利。而同性恋只是一种恋爱方式，它与异性恋一样，是个人的一种选择，社会没有理由禁止人们进行这种选择。④ 社会对同性恋行为的反对会导致对同性恋者的歧视，而这种歧视会导致同性恋者产生心理压力、生活压力，这是不公平的。同性恋只是一种私人生活方式，人们不应当因其私人生活方式的不同而歧视他们。

无论对同性恋行为是支持还是反对，人们都无法回避一个事实，那就是同性恋者在社会成员中已经占有一定比例。根据许多国家的调查，同性恋者占全体居民的 3%～4%。因此，开展对此类问题的研究是十分必要的。

（三）如何对待失恋

失恋是爱情的结束，是恋爱双方终结恋爱行为的过程。失恋意味着恋爱关系的终结，但是恋爱关系的终结并不一定导致失恋。从心理学角度看，冲击感阶段和烦躁不安的痛苦阶段是失恋必须要面对和经历的过程，失恋会引起当事人的挫折反应和痛苦体验，可能会是最严重的挫折之一。

人在失恋后可能会在认知、情绪、行为、身体等方面有相应的表现，其中情绪问题比其他方面的表现要明显，包括：① 认知失调。失恋者对他人关于自己的评价及自我评价都会比较敏感。失恋使得当事人自尊心受到打击而产生羞耻和嫉恨，自我评价降低，特别在异性面前没有了自信，容易否认自身价值及对异性产生偏见等。② 情绪偏差。失恋后产生抑郁、孤独、悲观、绝望、焦虑、易激惹、敏感、苦恼等情绪体验，从而表现为情感冷漠、内心痛苦、思想颓废、情绪极度悲伤和绝望等。失恋后在心理和生理多个方面（抑郁、焦虑、人际关系、饮食睡眠）可能产生困扰，尤其是抑郁成为主要的症状表现。③ 行为障碍。失恋会引起痛苦、恼怒甚至绝望等一系列消极情绪反应，如果这些激烈情绪得不到排解，就会导致心理失衡乃至行为不当。比如急切另寻恋爱对象、报复以前的恋人，或是羞愧难当、陷入自卑、逃避现实、自我放纵，更有甚者还会出现自残、自杀等极端行为。④ 生理问题。失恋者还会出现生理问题，常见的有失眠、头晕、头痛、饮食不正常、乏力等。失恋对不同的个体意义不一样，不同个体的承受能力不同，因此失恋的反应也会有所差异。

恋爱失败的原因是多种多样的，但对恋爱中的某一方来说，基本分为两大类，即主动型失恋和被动型失恋。前者是指恋爱中的一方主动中断恋爱关系而导致恋爱失败，后者则是指一方因对方率先中断恋爱行为而被迫放弃恋爱行为。失恋尤其是被动失恋往往会造成失恋者心理上较大的痛苦。一旦失恋，失恋者应当学会尽快摆脱失恋的阴影，调整自己的心理状态，避免沉湎于失恋痛苦中而不能自拔。如何摆脱失恋的阴影可以从以下方面着手。

1. 理性看待失恋

首先，要认识到失恋并不一定是件不幸的事，相反许多时候失恋对于个人生活是有益的。当一个恋爱者认为对方并不爱自己或自己已不再爱对方时，勉强维持恋爱关系只会让双方感受更大的痛苦，而及时中断恋爱关系可以使双方得到解脱。此外，失恋也是人生中重要的生活经历，可以帮助失恋者走向成熟。总结经验和教训会使失恋者下次恋爱的成功率加大。其次，失恋者要认识到失恋也是恋爱中的一个正常事件。每次恋爱总是存在两种结局：成功或失败。面对一个正常的恋爱结局，不必过于伤心留恋。

2. 建立合理的自我心理防卫机制

心理防卫是当个体处在挫折与冲突的紧张情境时，在其内部心理活动中具有的自觉不自觉的解除烦恼、减轻内心不安、恢复情绪平衡与稳定的一种适应性倾向。对待失恋不妨尝试采用以下心理防卫机制：① 合理利用酸葡萄心理，即合理化作用。顾名思义，吃不到葡萄就说葡萄酸，是指个体遭受挫折或无法实现自己的目标时使用有利于自己的理由来为自己辩解，以隐瞒真实感受和动机，从而成为自己解脱的一种心理防卫机制。可以为自己找一个理由，也可以通过降低对方在自己心目中的位置，来冲淡内心的痛苦和沮丧。比如用一些调侃性话语如“天涯何处无芳草，何必单恋一枝花”“走自己的路，让他（她）后悔去吧”等，这些都可以起到平衡挫折心理的作用。② 积极发挥升华的作用，即个体把被压抑的不符合社会要求的原始冲动或欲望，用符合社会要求的方式表达出来。当遭遇爱情挫折时，人们会本能地产生一种破坏性的攻击欲望，这种攻击欲望可能指向他人也有可能指向自己，而这种攻击欲望是难以为社会道德和社会规范所容忍的。在这时，如果能将这种欲望以一种崇高的、有利于社会和本人的方式表达出来，就有可能大大缓解个体的痛苦情绪。比如恋爱受挫时，可以转而投入到学习、写小说、绘画等创作活动当中去，来抒发自己被压抑的情感。③ 利他，即采取一种行为，不仅能直接满足自己的欲望，又有利于他人，同时能赢得社会赞许。失恋之后，既然“覆水难收”，何必折磨自己又纠缠对方？不如设身处地地站在对方的角度和立场上考虑问题。既然失去了爱情，还可以建立起友情。④ 恰当使用幽默。幽默是一种较为成熟的心理防卫机制，它对降低挫折情绪有积极的意义。当处于失恋的境地时，有时可以用幽默的语言或行动来表达被压抑的情绪。⑤ 顺其自然。是指认清情感活动的规律，接受令人厌恶的情绪，接受自己可能出现的各种想法和念头，接受已经发生的现实。应该直面现实，在承受痛苦的过程中磨砺自己。在乐观接受现实的同时，用最有效的办法去补救，将代价降低至最小。

二、择偶

择偶是指社会成员选择配偶的行为，它以婚姻为目标。作为婚姻制度的一个环节，择偶比较容易受到外部影响，同时在一定程度上体现了当事人的喜好和意志。择偶是人生的重大选择，因为这决定了一个人将和另外一个异性建立起一个新的家庭。这个家庭是否和谐稳定，不仅决定了夫妻双方的婚姻关系是否幸福，而且直接决定了家庭作为一个社会的细胞是否能够积极发挥其功能，进一步关系到社会的稳定和均衡。

虽然择偶和恋爱有着相似性的一面，但是择偶和恋爱有着本质区别：择偶是一种社会性行为，而恋爱是一种个人性行为；择偶是一种动机复杂的理性行为，而恋爱则是动机单纯的情感行为。择偶是恋爱的一种结局，但择偶不一定要以恋爱为前提，当然恋爱与择偶在很多时候是重合的，尤其是在现代社会。

（一）择偶的理论

择偶观是指人在挑选配偶过程中所持有的价值判断和态度倾向，它是人们婚姻意愿的一种表现，从一定意义上说也是现实社会价值观念的一个缩影。关于人们为什么要择偶，在择偶中倾向于选择什么样的人作为对象，择偶过程受哪些因素的影响，研究者们从不同的角度提出了自己的理论解释。总的来说，对于择偶行为的解释，可以分为两大类：一类是个人主义的解释，即从个人的角度来解释择偶行为；另一类则是从社会文化的角度对择偶行为作出解释。

对择偶行为的个人主义解释主要包括生物学解释和心理学解释。生物学解释认为，人们之所以择偶乃是受人的生理本能的驱使，因此人的择偶行为是一种由遗传形成的先天性的行为。心理学的解释则主要有父母偶像理论和需要互补理论等。父母偶像理论是弗洛伊德及其追随者根据精神分析法研究得来的。该理论认为，作为儿童时期恋母情结或者恋父情结的延续，人们长大之后总是倾向于寻找与自己父母类似的人结婚。例如，作为儿子，在其成年之后就可能会选择具有自己母亲气质的女子作为他的配偶。反之，作为女儿就会寻找具有类似自己父亲气质的男人作为丈夫。温奇（R. Winch）提出的需要互补理论认为，人们倾向于选择那些能满足其内在心理需要的人为其配偶。有人更进一步提出，所谓的互补更多地表现在性格、气质和生理特征方面，这些方面具有互补性特征的男女往往更能相互吸引。这两种理论由于过度强调先天的性意识对个性发展的意义，忽视了社会因素的作用而受到了人们质疑。

对择偶行为的社会文化角度的解释则比较注重社会因素如职业、经济地位、家庭背景等对择偶的影响。从社会文化的角度来看择偶，可以发现，人们在择偶中并不是自由的，而是深受社会规范的控制和影响，选择谁做配偶其实并不是个人的自由选择，虽然有时候看似是个人的自主决定。

同类匹配理论认为，无论男性或女性，择偶时多倾向于选择与自己的年龄、教育、种族、宗教、居住地、价值观、社会阶层，以及角色认同等相近或类似的异性为配偶。其中价值观的相似对择偶的影响尤为重要：共同的价值观使得人们在空间上和心理上更容易接近，当人们具有类似的价值观时，更倾向于互相吸引。在择偶过程中，双方价值观类似可以促进感情的满足，加强彼此的沟通。而具有共同价值观的人往往具有共同或者相似的社会化背景，这样传统择偶规则“门当户对”的合理性就可以得到解释：具有类似社会背景的人习得了相同或相似的价值观。而具有相似价值观的人的互动比较容易导致有效沟通和最小限度的紧张，因为双方具有共同语言。事实上，今天的婚姻仍然往往局限于门当户对的男女之间。虽然同类匹配理论尚有争议，但研究者们基本上都同意，同质因素在择偶过程中具有重大影响力。特别是在习惯、家庭背景和价值取向方面的相似，对于择偶和以后婚姻生活的顺利与否具有重要意义。

用社会交换理论来解释择偶行为，倾向于把择偶看成是一种交易行为。该理论认为，人们为某一特定的异性所吸引，是由其所能提供的资源决定的。持这种观点的学者认为所谓的经济理性不仅存在于市场关系和人们的经济行为当中，而且也存在于包括友谊、爱情和婚姻在内的几乎所有的社会互动行为之中。择偶本身也是一个理性选择的过程，如有的男性用较高的社会经济地位去换取女性的美貌或者换取女性的服从，有的女性则通过嫁给比自己条件优越的异性来改变自己的经济地位等。这种交换如果能得到双方的认可并一直维持下去，往往也可以维持稳定而和谐的婚姻生活。

择偶梯度理论认为，男性倾向于选择社会地位、受教育程度、职业阶层、薪金收入等与自己相当或比自己低的女子；而女子则倾向于选择社会地位、受教育程度、职业阶层、薪金收入等比自己高或与自己相当的男子，即婚配模式中的“男高女低”模式。尽管男性由于其较高的社会经济地位在婚姻选择中一般处于优势，然而女性却可以依靠肤色、长相、体形、持家能力等资源实现向上流动。这一理论的形成与社会对男女社会性别的建构从而导致的男尊女卑现象有着密切的关系。

也有的学者试图把前面几种关于解释择偶行为的理论解释综合起来，序列理论就是这种尝试之一。序列理论主要有以下三种：克尔科霍夫和戴维斯提出的“过滤”理论认为，在择偶的早期，双方类似的宗教、教育和父亲的职业等社会因素发挥着主导作用。但是随着双方关系的继续深入发展，价值观一致所起的作用变得意义更为重大。实际上，这个理论表明，人们在择偶和交往过程中，其前后的预期并不是始终一致，而是会发生变化的。博尔顿更是把择偶看成是一种发展的过程。他认为：“也许择偶不仅应当按照形成互动情景的变项来研究，而且应当作为关系形成的一个过程和某种社会环境中个体间交易达成的过程来研究，后者是关系转折点的决定成分，它产生于婚姻成立时的许诺。”默斯登则提出，择偶包括“刺激—价值—角色”三阶段发展序列。在刺激阶段，一方的人格气质会吸引对方，使得彼此间出现一种好感。如果双方想进一步交往，即进入“价值比较”的第二阶段。在这个阶段，双方在言语的交谈过程中会比较对生活、政治、宗教和性的态度以及男子和妇女在社会和家庭中所扮演的角色等。如果他们了解到彼此具有很多类似的价值取向，那么就会进一步加深感情的交往。不过，由于言语表达并不能体现一个人的真正本质，因此有必要观察对方在现实生活中的实际角色扮演，这就是婚姻选择的第三个阶段。这时候，双方不仅要彼此信任，而且要评估对方的个人缺点，并和自己的相容度相比较。只有经过多方面的权衡，才会决定是否进入婚姻阶段。

以上理论从不同的侧面探讨了个人因素和社会因素对于择偶和婚姻的影响。总的来看，被更多地引用和为实证研究所支持的择偶理论，主要是社会取向的同类匹配理论、社会交换理论和择偶梯度理论等。我国自20世纪70年代以来所作的择偶方面的调查研究，有不少实证研究都在不同程度上验证了西方学者的这些理论，比如当今社会仍普遍通行门当户对或男高女低的婚配模式，男性更偏爱容貌姣好、温柔贤惠、善于操持家务的女性为配偶，女性则较关注对方的学历、职业和才能，“郎才女貌”的传统择偶标准仍在现代社会起主导作用等。

（二）影响择偶的因素

人们的择偶行为实际上是受到多种因素影响和制约的。个人的、社会的、生理的、文化的、经济的、地域的、制度的等各种因素都会对择偶产生各种影响。关于择偶的影响因素，大致可以从以下几个方面进行分析。

1. 个人因素

在择偶过程中，双方当事人的个人因素会对择偶行为产生最直接的影响。

第一，生理条件。如年龄、长相、身高、身材、健康状况等。就年龄因素而言，中国历来的婚姻传统一般是男比女大，但女比男大的情况也有，过去曾流传着“女大三，抱金砖”的说法。在当今的择偶行为中，男比女大依然普遍，男性比女性在年龄上的选择范围大得多。尽管现在人们对于年龄的要求有所放宽，“姐弟恋”也时有发生，但“男大女小”已基本成为中国人择偶时考虑年龄因素的习惯。至于相貌、身高则一直是人们在择偶过程中较为关注的因素。因为在两性交往中，个体的外表形象是引起异性好感并产生爱慕的重要因素。对于男性来讲，他们在择偶过程中更加关注女性的容貌，而女性对于男性容貌的关注度则相对较弱，她们往往对男性身高有一定要求。此外，除了年龄、长相、身高等，人们在择偶时对对方健康状况也很重视。无论在什么年代，健康都是选择伴侣时最为关注的基本条件之一。

第二，生理条件之外的个体属性和能力。如性格、人品、文化水平、职业、经济收入、爱好等。双方性格如何，人品怎样，同婚姻成败的关系极大，因此人们在择偶过程中较为注重这些方面。在不少关于择偶行为的调查中都发现，与家庭生活密切相关的个性品质是最受关注的“得分点”。在考虑个性、人品等个体主观因素的同时，人们在择偶过程中始终会将对方的经济地位作为一个极其重要的考虑因素。由于利益获取和财富拥有已经不再依赖于政治面貌、家庭出身等外在条件，而更多地与学历、职业、能力、胆识等个人素质相联系，因此人们越来越关注学历、职业等隐性的能转化为物质的潜能，同时依然看重住房、收入、财产、积蓄等显性的经济实力。一般来说，在择偶过程中，男性比较看重女方的个性特征和自然特征，而女性则比较看重男方的能力特征和家庭背景。

2. 家庭因素

尽管个人因素对于择偶行为具有重要而直接的影响，但选择配偶历来不是轻松的、纯属个人的自由选择，双方当事人并不能真正实现选择配偶的自由。事实上，选择谁与自己终生相伴，还要受到家庭背景、社会规范和风俗习惯及地域因素的制约。

在中国传统社会中，人们实行的是包办婚姻，子女择偶是由其父母或者家族长辈决定的，所谓的择偶只是反映了家庭或者家长的意志，婚姻当事人反而没有选择的权利。由于婚姻当事人的利益必须服从于家庭或者家族的利益，个人的婚姻幸福则被放在次要的位置，因此家庭背景几乎是影响择偶行为的首要因素，具体来说，它包括家庭的社会地位、经济实力、人口状况、职业背景等。

尽管随着社会的发展，传统的“门当户对”观念受到了严峻的挑战，但是这并不意味着人们在择偶时放弃了对于家庭背景的考虑。在当代青年的择偶行为中，“门当户对”的观念仍然起着重要作用，只不过它的内涵被赋予了新的时代特色：除了依然强调家庭的社会经济地位外，人们越来越关注文化上的“门当户对”，即生活习惯、思维方式、价值观、兴趣爱好等思想观念方面的相似。而一个人的文化素养、气质修养则与家庭环境的熏陶、父母的影响分不开。由此可见，家庭背景是影响青年人择偶行为的重要因素。此外，尽管现在人们摆脱了父母的支配，在择偶过程中拥有了自主权，但是在择偶时依然会受到亲友、网络尤其是父母的影响。如果亲友网络持赞同态度，那么双方当事人结合的可能性就更高。

3．社会规范和风俗习惯

从择偶行为的本质特征来说，缔结婚姻是一种社会行为，而以婚姻为目标的择偶行为也是如此。一个人到底选择什么样的人作为自己的人生伴侣受一定社会历史条件制约。在一定的社会历史时期，个人的偏好也罢，家庭的标准也罢，都存在相当大的稳定性和一致性，这实际反映了时代特征。在现实生活中，人们的择偶行为往往是一定的法律规范、伦理观念、风俗习惯等综合作用的产物。每个社会都有一套婚姻制度，这其中就包括择偶的各种社会规范和风俗习惯，它们会规范或限制择偶的范围、方式与行为，并对违反常规的择偶形成巨大压力。例如，中国封建社会明文规定婚姻的缔结要遵从“父母之命、媒妁之言”，“良贱不婚”是比较普遍的规定，缔婚的条件是门第的高低与财产的多寡。又如，人类学的跨文化研究表明，几乎所有的社会都有乱伦禁忌之类的习俗。中国就有“同姓不婚”的古训，娶妻避其同姓，便是择偶排斥血亲的反映。现代社会虽然不再绝对限制同姓婚姻，但依然有诸如乱伦禁忌、禁止近亲婚配等法律规定。风俗习惯的力量很强大，有的社会把婚姻看作是一种命中注定的安排，因此在择偶的时候要祈求神灵的保佑，而且希望得到祖先的许可和保护。再如在中国传统社会，人们不仅要考虑对方的家庭背景、外貌、性格气质、教育、职业等因素，还会在择偶时考虑对方的生肖、长相甚至算命意义上的生辰八字，以了解彼此之间是否存在“相克”的可能性。随着社会的发展，关于择偶的社会规范和风俗习惯发生了巨大变化，总的来看，人们在择偶时所享有的自由度也在扩大。

4. 地域因素

地域因素对人们择偶行为的制约也不容忽视。在传统社会中，由于社会流动有限，人们择偶多半有一个特定的“通婚圈”，很少超出这个范围。新中国成立之后，由于中国实行城乡二元户籍制度，很自然地限制人们在城乡之间以及城市与城市之间、乡村与乡村之间的自由流动。事实上，直到20世纪80年代之前，由于社会流动小，农村居民的择偶范围多半是在一个乡镇范围之内，很少超出这个区域。由于受到户籍管理制度的限制，城市居民选择对象也多半局限在同一个城市中。改革开放以后，随着国民经济的蓬勃发展和城乡二元户籍制度的松动，人口流动日益加快，传统的静态封闭系统被打破，人们择偶逐渐突破了地域的限制。特别是20世纪90年代之后，由于社会流动迅速增加，无论是农村居民还是城市居民的择偶范围均大大扩展，甚至出现了跨国跨境婚姻。

需要说明的是，由于各地经济发展的不平衡，地域因素仍制约着当代人的择偶行为。例如，经济相对富裕的农村的姑娘都不愿远嫁，尤其不愿嫁到经济条件差的地方。实际上这一现象不仅存在于乡村，也同样存在于城市中。由此可见，地域因素在当前中国人的择偶行为中仍然发挥着一定的作用。

（三）择偶标准与社会变迁

择偶虽然看起来是社会个体的行为，但是却受到社会价值取向和社会道德标准的影响。择偶动机和标准更多地为当时的政治、经济状况及社会风俗等所制约，可以从一个侧面反映整个社会的价值取向。也就是说，择偶观念会受到社会结构和社会变迁的制约和影响，会被烙上时代的印记。例如，在中国过去的封建社会中，社会的分层标准是“士农工商”，“士”的社会地位最高，而商人的社会地位最低，因此才有“才子配佳人”之美誉，而“才子”多半要通过博取功名证明自己。而到了现代社会，经济上的成功成了衡量人生成功的最重要的甚至是唯一的标准，商人的地位自然已今非昔比，成功的商人已经成为人们竞相追求的对象。

择偶的动机和标准并不是固定的，而是会随着社会变迁发生变化。从新中国成立至今，人们的择偶标准就发生过一系列明显的变化。20世纪50年代中国社会是一个“英雄”“模范”崇拜的时代，“英模”崇拜成为择偶主流。那时的“英雄”主要为军人干部，他们成为女性择偶的首选对象，生产工作中的“模范”则成为女性们的次优选择。20世纪60年代到70年代是政治席卷一切的年代，男女择偶的关注点是政治面貌与家庭出身。出身的好坏非常重要，贫下中农、几代红之类的出身是一个颇有分量的条件，它起码可提供一个较为可靠的政治背景，以保证在飘忽不定的政治风云中不会使家庭出现大的动荡。“又红又专”的军人、工人是青年择偶时的首选对象，而属于“臭老九”的知识分子以及一些家庭出身不好的“黑五类”社会成员就不好找对象。20世纪70年代末到80年代，是一个被人誉为“文化复兴”的时代，是知识开始渐渐流行的时代。知识分子的地位上升到了社会分层等级序列的前列，他们的社会声望和地位第一次超过了工人。此时社会主流意识形态的宣传已从政治转向经济，对富裕生活水准的追求成为绝大多数中国人的行为动机。经济资源成为影响人们社会地位的重要因素，并逐渐成为决定因素之一。政治属性不再受到重视，人们开始向学历和经济标准看齐，因此知识分子和一些先富起来的社会成员找对象就相对容易些。婚姻选择趋向经济，人们择偶日益趋向于功利。20 世纪 90 年代后，社会对经济和物质的崇拜更是发挥到极致，表现在择偶上，经济标准以及与之相连的职业因素成为人们看重的头等因素。此外，进入 21 世纪之后，人们对择偶标准的多元化表现出空前的宽容。可以说，择偶是在寻觅主流社会成员期望的资源。一个社会的不同时期，社会成员拥有的主流社会资源是有差异的，占有社会主流资源的成员是人们择偶时考虑的主要对象。

择偶标准的动态变化不仅反映了社会历史变迁的影响，也体现在个人生命周期的不同阶段。例如，在青年时代往往求完美而较为理想化，在择偶时因机遇或条件限制，未必能遇上理想的意中人，于是往往会调整期望、降低标准而比较务实，而在多年婚姻生活实践之后，可能有新的感悟并对原先的择偶标准进行反思，变得更切合实际。

三、结婚

（一）婚前准备

婚前准备是指男女双方结婚之前的相关准备。广义的婚前准备包括择偶、恋爱的过程，而狭义的婚前准备仅仅是指男女双方确定要结婚之后直至正式结婚之前的这个阶段。从浪漫的恋爱进入现实的婚姻，对男女而言都是一个重要的转折，当事人应该在许多方面做好准备。婚前准备对结婚过程和婚后的夫妻婚姻生活有着非常重要的影响。

总的来看，婚前准备主要包括心理准备、知识准备、物质准备和法律准备四个方面。其中心理准备是指双方在心理上对婚后的生活变化有一个大致的预期，以便做好适应性调整。例如双方婚后个人生活空间的变化（从单身到组建一个新的家庭）、生活内容的变化（从婚前的恋爱交往到婚后的家庭生活）、人际关系的变化（双方亲属的介入）、角色的变化（从追求浪漫的恋人到负有家庭责任的夫妻）等。如果是再婚，还要估计到如何处理与前夫（前妻）及其子女的关系。婚前的知识准备主要是学习处理家务和婚姻生活问题的方法，如生理知识的准备（怎样形成和谐的性生活和良性的两性交往）、家政的安排（如何使得家庭这个社会经济单位健康稳定地运转）等。婚前的物质准备则主要是指建立一个新的家庭所必不可少的物质基础，如住房、基本的家用电器等耐用消费品、日常生活必需品的配备等。这些是组建新的家庭所必不可少的。至于法律准备，则是现代社会越来越看重的一个步骤。人们越来越意识到，婚姻是一种契约关系，如何签订婚姻契约，以便在婚姻过程中维护自身的婚姻权益，这方面的法律准备成了许多人婚前准备中思考的重要内容。

具体来看，婚前准备可以从以下方面着手。

1. 审视双方的性格、习惯及兴趣

性格方面不合、生活习惯不同、兴趣与爱好不相近，都可能成为婚姻关系的绊脚石。

在恋爱阶段，在浪漫温柔的情感面纱下，男女双方会尽量掩饰自己的种种缺点。即使发现不太合适，也常会忽视自己与对方的种种差异，认为爱情可以超越一切。然而，从“恋人”到“夫妻”是一个巨大的跨越，也是从理想的王国进入到现实的王国，其中的反差是巨大的。婚前的期望值太高，婚后失望的概率也会很大。所以，在双方正式决定要结婚之前，应该认真平静甚至是理性地权衡对方是否真正适合自己。

2. 学习有效沟通

婚姻生活中夫妻发生冲突，往往起因于双方缺乏沟通或者沟通不善。在恋爱阶段，当发现对方在性格、习惯、兴趣爱好和为人处世的方式与自己有不同之处，总是希望对方婚后能够发生改变，以符合自己的要求。事实上，有时候要求对方改变是比较困难的，当对方也有如此预期时，最终导致双方互不相让，难以沟通。建立有效的沟通方式，将有助于减少婚姻生活中的不稳定因素。首先应该认识到人不会十全十美，夫妻之间的差异是客观存在的，由此而引发矛盾和冲突也是不可避免的，如此双方才能够正视眼前面临的婚姻问题。在此前提下，向对方坦诚提出自己的观点，并尝试站在对方的角度来了解、学习和接纳对方，互相让步，共同制定出一个双方可以接受的折中目标，从而减少冲突。有效的沟通是开诚布公的，双方能耐心聆听对方的观点、意见，也愿意坦诚表达自己的观点，倾诉自己内心的感受，切不可陷入“冷战”。同时，还要求尽量站在对方的立场来看待彼此的感受，并以此来调整自己的行为。双方如果能够经常把有关自己的各方面经历、感受进行交流，不仅能增进对彼此生活状况的了解，而且能让彼此真切感受到亲密和尊重，这种沟通比单纯的表白感情更能增进亲密感。

3. 学习处理冲突

男女在恋爱阶段出现意见不合，大多会迁就了事，或者一方主动退让以免伤及感情。一旦结婚之后，共处的时间变多，大家要一起决定的事情多了，产生摩擦和冲突的机会也自然大为增加，从而使婚姻生活出现矛盾。因此，婚前要学会以建设性的态度来处理纷争，不要在冲突中强行斗出胜负，而是争取双方能够就争议的事情达成协调。处理冲突的方法是双方尽量平和、清楚地说明各自的观点、想法和感受，站在对方的处境去体会各自的立场，并尝试以互谅互让的态度来寻求协调。建设性地排解争执，不但让双方可以更深入地相互了解，而且在争执中体会到真挚的爱。

4. 了解婚姻的期望

应该承认，择偶本身是一个复杂的理性选择行为。尽管如此，我们仍然必须意识到哪些是婚姻生活中永恒的因素，哪些因素是可能消失的。在决定举行婚礼之前，男女双方都应该问自己：结婚的动机是什么，是为了单纯的感情，还是对方的人品、能力抑或是钱财或者社会经济地位吸引自己，又或是对方相貌出众，自己对婚姻的时间期望值是多少，自己和对方想在婚姻中得到什么，如果是基于双方互相爱慕，同心同德去组建一个美好的家庭，并为此愿意同甘共苦，那么未来的婚姻生活满意度就可能较高。

5. 认识夫妻角色及分工

很多婚姻之所以会出现危机，常常是家庭职能发挥上出现了障碍。“男耕女织”“男主外、女在内”是中国传统的夫妻角色分工。这种分工模式仍然被现代社会的许多家庭所认可。在婚姻生活中，总是涉及许多的琐事，如经济收入及分配、打理家务、照顾老人和子女等，而从关系的角度来看，则是涉及夫妻权力或者权威分配的问题。这其中并没有一个可以通用的角色分工模式可供借鉴，传统的不一定就是封建的，现代的也未必就是好的。最好的方式是根据各自家庭的实际情况，采取适合自己的角色分工模式。例如，如果妻子在赚钱养家方面比丈夫更有优势，就不应非要强求“男主外、女主内”。夫妻在结婚之前应该对彼此的优势、能力等有正确的评估，对婚后的角度分工达成一个大致的默契，这样可减少婚后的争执和冲突。

6. 性和生育计划安排

准备结婚的男女在生理上应该了解相关的性知识，包括异性的性器官组织、情欲反应、受孕和避孕的知识与方法。这是和谐快乐性生活的前提。同时性生活与生育又密切相关。随意的怀孕和堕胎不仅危及女方的身心健康，而且直接影响到夫妻的感情。因此夫妻应事先对未来的生育应该有个周密的计划和安排，男女婚前要在这些方面达成基本的共识。

7. 家庭财务预算安排

家庭是一个经济单位，处理好家庭财产安排是良好的婚姻关系必不可少的组成部分。夫妻婚前应该对未来的生活进行财务预算的安排。这其中包括新婚住房安排、结婚费用，也包括结婚之后的家庭经济管理模式。类似这样的计划最好是由夫妻双方共同协商，在婚前初步达成一致。

8. 重视双方的姻亲关系

婚姻绝非夫妻两人的事情，婚姻的重要功能之一是扩展人际关系和社会支持网络。因婚姻而连带产生的姻亲关系是中国社会最为看重的一种网络资源，其重要性几乎等同于血缘亲缘关系。准备结婚的男女双方对此问题应该有充分的认识，对婚后将要涉及的姻亲关系进行协商，作出规划和安排。具体而言，这其中会牵涉到一些非常细节的安排，包括如何供养双方父母、如何对待长辈以及各种“人情”计划等。一方面，夫妻二人要以平等的立场来对待双方的父母和亲戚。另一方面，由于不同地方的社会习俗差异很大，来自不同地方的夫妻由此而出现的争议也较多，在这点上，夫妻在日常生活中要把握“入乡随俗”的分寸和原则，尊重彼此对待姻亲关系的习俗，切不可以自己的习惯标准去强求自己的配偶。类似的方式也可以运用于对待双方各自的朋友群体上。

此外，婚前准备还包括涉及双方的一些事务性的工作。其中比较重要的有下列工作：① 婚前健康检查。虽然中国现行规定婚检自愿执行，但是从保障以后婚姻生活和生育子女的健康考虑，准备结婚的新人还是应该进行婚前体检。况且婚检的意义并不仅仅在于确定能不能结婚，而是可以提供一个适应未来生活的指导，以及如何注意体内潜藏的不利因素，以控制生育与性生活。② 双方父母的沟通。婚姻不仅是一男一女的结合，还是双方家庭之间的联姻。在婚前，安排双方父母有所接触和沟通，以化解分歧、协助将要成立的家庭做好家庭计划，将有助于今后的婚姻和家庭生活。③ 做好婚礼的诸项计划和安排。诸如举行婚礼的时间、地点、规模、邀请哪些人、婚礼的程序安排、婚礼需要的物品、组织人员、新房的装修和布置等。

（二）结婚的规范

现代社会的结婚规范包括法律规范和社会习俗两大部分。这两部分范围相互配合，共同制约着社会成员的结婚行为和过程。法律规范带有强制性，社会习俗则具有软约束力。一般来说，结婚包括两个层面的含义，即法律层面和习俗层面的结婚。其中法律层面的结婚是指男女双方按照法律的规定确立夫妻关系的过程，而习俗层面的婚姻则是指男女双方按照传统的社会习俗确立婚姻关系的过程。这两个层面的结婚可以重合，也可以不重合。法律对婚姻制度的规定是近代社会才有的，而在过去，婚姻基本上是由习俗来进行调节的。在中国，虽然现代的国家法律对婚姻进行了严格的干预，但难以完全取代习俗的作用。特别是在农村地区，时至今日仍然有不少农村地区男女结婚不到相关机构登记，而是按照当地的社会习俗举行结婚仪式，以此来确立婚姻关系。这种婚姻在法律上称为“非法婚姻”，但受到农村社会的认可。

1. 结婚的法律条件与程序

婚姻的达成是有条件和程序要求的。按照《中华人民共和国婚姻法》（以下简称《婚姻法》）的规定，结婚条件有两种，一是必须具备的条件，二是禁止结婚的条件。必须具备的条件为：① 结婚必须男女双方完全自愿，不许一方对他方加以强迫或任何第三者加以干涉。② 结婚年龄男不得早于22周岁，女不得早于20周岁。③ 符合一夫一妻制的基本原则。禁止结婚的条件有：① 直系血亲和三代以内的旁系血亲。② 患有医学上认为不应当结婚的疾病。男女双方必须亲自到国家的婚姻登记机构进行结婚登记，如此才是合法夫妻，其权益才能够获得法律的保障。

在中国，婚姻的达成有必须经过的法定程序，即结婚必须办理的法律规定的手续。根据现行《婚姻法》和《婚姻登记条例》的规定，要求结婚的男女双方，应持本人户籍证明等证件，共同到一方户口所在地的婚姻登记机关，提出结婚申请，并按登记机关的要求填写结婚申请书。婚姻登记机关应当对结婚登记当事人出具的证件、证明材料进行审查并询问相关情况。对当事人符合结婚条件的，应当当场予以登记，发给结婚证；对当事人不符合结婚条件不予登记的，应当向当事人说明理由。

只有在办理结婚登记以后，婚姻关系才具有法律效力，受到国家的承认和保护。进行登记是结婚必经的法定程序，也是结婚唯一的法定程序。实行婚姻登记制度，是严格执行《婚姻法》，保护婚姻关系的需要，同时可以提高当事人的法制观念，有利于减少纠纷，维护安定团结，保护当事人的合法权益。

2. 结婚的习俗

几千年的传统文化对中国人的婚姻产生了深远影响。关于结婚，中国古代社会形成了一套完整的习俗规定。虽然随着时代的发展，这套习俗早已发生变迁，在不同地区的表现形式也有所差异，但它依然在一定程度上影响着当代中国人的婚嫁。

传统中国社会，男女结婚奉行的是“父母之命，媒妁之言”。所有的婚事都是由媒人往来传言，再由父母决定，当事人没有选择的权利。古人认为，“婚姻之道，谓嫁娶之礼。”古代中国的婚姻一定要经过嫁娶仪式，结婚习俗也皆是围绕着嫁娶仪式展开的。中国自从周代开始，就已经形成了一套较为完整的结婚习俗，即“六礼”。六礼最早见于《礼记·昏义》，是指从议婚至完婚过程中的六种礼节，实际也是婚礼的六个阶段，即纳采、问名、纳吉、纳征、请期、亲迎。以后各代大多沿袭周礼，但名目和内容有所变化。

具体说来，“六礼”的基本内容如下：① 纳采，为六礼之首礼。男方欲与女方结亲，请媒妁往女方提亲，得到应允后，再请媒妁正式向女家纳“采择之礼”，古纳采礼的礼物用雁。纳采是全部婚姻程序的开始。② 问名。男方托媒人前往女家询问女方生母之姓氏、女子的姓名、排行及生日时辰，以备占卜吉凶之用。这个阶段，男女双方也会借助媒人了解彼此家庭及个人的各项情况。③ 纳吉。问名若属吉兆，男方会请媒人送上定亲礼物，并签订聘书，订立婚约。这时才算订了婚，双方的姻亲关系就此确立。④ 纳征，即通常说的过大礼，“纳”的意思是聘财，而“征”就是成的意思。也就是说男方家庭要向女方家庭支付聘礼之后才可成婚的意思。⑤ 请期，即择吉日成婚。男方家庭会择定一个成婚的良辰吉日，再派媒人向女方家庭传送吉日书，女方同意后，便可确定婚期。⑥ 亲迎，即在结婚之日，新郎去女方家中迎娶新娘的过程。亲迎礼形式多样，其中包括一系列隆重且烦琐细碎的礼节。亲迎往往被视为婚礼的主要程序。亲迎结束之后，男女双方的婚姻关系即正式确立。出于对女方家庭的尊重和答谢，新婚男女还要遵守“三朝回门”的习俗，即婚后的第三天，新媳妇在丈夫的陪同下，带着礼品回娘家。因为带有向女方父母报平安的意思，因此也称为“回门”或“归宁”。

中国各地的结婚习俗不尽相同，但基本都围绕“六礼”展开。六礼的演变形式颇多，但其要义是在结婚之前有“订婚”过程。因此，如果要简单归纳传统礼仪的组成，就是“订婚”和“结婚”两大步骤。所有的社会习俗都没有脱出“订婚”和“结婚”两大步骤的框架。各种习俗的区别只是在于订婚习俗和婚礼习俗的具体区别。

尽管在现代社会，法律意义上的结婚与习俗意义上的结婚发生了分离，但是对于大多数人来说，举行婚礼是结婚必不可少的形式。婚礼带给新人成家的喜悦，在收获祝福的同时，也让他们更加明了即将要扮演的角色，以及角色赋予的权利义务与责任。许多家庭会力求使婚礼办得隆重、体面和喜庆，这除了希望今后的婚姻能稳定美满，也是家庭炫耀财富和地位、联络亲邻的一种手段。此外，婚礼还有排斥离婚的意义，是使结婚当事人及其家庭以严肃、慎重的态度来对待婚姻大事的一种规范模式。

随着社会的不断变迁，现代结婚习俗发生了较大的变化。与传统的“六礼”相比，现代结婚习俗大大简化，很多习俗只保留了形式，其内容已今非昔比，而且体现了个性自由、男女平等的时代风尚，并带着某种程度的西化色彩。当代社会兴起了各种形式的婚礼，如带有宗教仪式的婚礼、公证结婚、旅游结婚乃至集体婚礼等，至于采取哪种形式，主要取决于新人的想法，以及与双方家长的沟通和协商。

A 案例分析

案主：“我和我老公属于闪婚，刚开始觉得他很成熟，老实，我很崇拜他，于是我们就结婚了。可是现在结婚一年了，我觉得我们根本没有共同的爱好，共同的语言，感觉他对我很冷淡，我好压抑、难受，没有了快乐，连身体也不好了，就好像被抛弃了一样，我该怎么办呢？”

问题

为什么会出现案例中的情况？择偶应该考虑哪些因素？

任务三　掌握婚姻解体过程辅导的技术与方法

R 任务体验

1. 辩论：论点一，婚姻危机是由大事件导致的。论点二，婚姻危机是由小事件日积月累导致的。

2. 分组讨论婚外恋或家庭暴力的危害和干预思路。

R 任务分享

1. 对辩论过程和结果进行讨论和交流。

2. 每组对分组讨论结果进行总结，选出发言人进行分享。

R 任务总结

阐述任务的目的和意义，对任务体验和分享进行点评。

Z 知识介绍

一、婚姻冲突与危机

（一）婚姻压力、冲突与危机

1. 婚姻压力

婚姻问题多半起源于婚姻或家庭的压力，如不处理好，容易导致冲突和危机。根据美国华盛顿大学医学系的霍姆斯医师设计的焦虑经验检测表，在每个人的一生中所面临的压力多半与婚姻和家庭有关。这其中最大的压力事件为配偶死亡（指数 100）。其他与婚姻有关的压力事件依次为离婚（指数 73）、分居（指数 65）、结婚（指数 50）、配偶生病（指数 44）、怀孕（指数 40）、家庭财务危机（指数 38）、与配偶争吵（指数 35）、配偶外出就业（指数 26）等。

表 4－1 表示了在不同家庭生命周期阶段面临着的不同的婚姻家庭压力源。

表 4－1　不同生命周期阶段的不同婚姻压力源

婚姻家庭周期	压　力　源
建立婚姻关系	1. 如何获得配偶的接纳 2. 如何获得配偶家人的接纳 3. 如何安排与生长家庭间的关系 4. 昔日朋友的干扰
生育第一个儿女	1. 该如何接纳家中的新成员 2. 女性退出职业市场的冲击 3. 女性失去工作伙伴的友谊
孩子上学	1. 面对孩子由家庭进入学校的压力 2. 如何接纳孩子的老师、朋友、同学
配偶的工作变化	1. 面对外在世界对家庭的冲击 2. 处理因工作变动的搬家问题 3. 事业或调职对家庭的影响
子女青春期及离家	1. 面对子女青春风暴期的压力 2. 子女学业、感情、事业问题对父母的影响 3. 如何接纳子女的异性朋友

续表

婚姻家庭周期	压　力　源
家庭中加入其他成员	如何照顾领养的孩子或前夫前妻的子女
父母过世	面对父母过世的痛苦
失去配偶	1. 面对配偶过世或离婚的痛苦 2. 处理新的家庭及人际关系
再　婚	1. 如何被新配偶接纳 2. 如何被新配偶的家人接纳 3. 安排与原有家人亲友的关系
单　身	1. 如何与生长家庭中的家人维持和谐关系 2. 如何被朋友、同事接纳

资料来源：彭怀真．婚姻与家庭［M］．台北：巨流图书公司．1996：157.

可以看到，婚姻压力发生在整个家庭生命周期，期望压力不存在是不现实的，冲突也难以避免。在组建家庭之后，夫妻双方应该就各个阶段的变化，在角色、责任、情感等方面进行调整和适应，在遭遇大的压力事件时，尤其要共同努力，化解冲突，保持婚姻的生命力。

2. 婚姻冲突与危机

婚姻冲突和婚姻危机都是不良的婚姻关系。婚姻冲突即夫妻双方存在对立或不一致，在利益、需求、计划和愿望上经常地发生冲突，导致感情上明显的、持续的不良状态。婚姻危机则是指夫妻各自的情趣与需求特别尖锐地对立，并影响到家庭生活的重要方面。在这种婚姻关系中，夫妻持互不容忍甚至敌对的立场，无法达成让步与妥协，感情濒临破裂，家庭面临解体的危险。危机意味着冲突严重，当前矛盾对婚姻造成了较大的破坏，使用常规方法不能应对，需要进行变革，否则无法达成婚姻目标。

导致婚姻冲突和危机的因素包括内在因素和外在因素。前者是起因于夫妻双方自身的因素（如彼此性格不合、性生活不和谐），后者则是起因于夫妻之外的包括社会环境的因素（如双方父母的干预压力）。具体来看，大致包括夫妻性格不合，婚前了解不够，生活习惯差异，争夺家庭权力资源，第三者介入，经济压力与纠纷，事业压力，教育子女上的分歧，偏差行为（如酗酒、赌博等不良行为），性生活不和谐，长期分居，观念差异，亲属关系处理问题，家庭角色错位等。

导致婚姻危机的常见原因有婚外恋、家庭暴力等，这些行为的后果往往恶劣、严重，给婚姻带来无法弥补的创伤和致命的打击。此外，日常生活中日积月累的矛盾如家务劳动分工、子女教育问题、不良生活习惯、婆媳矛盾等也常常是婚姻危机和解体的导火索，不能将其视为小问题而忽视掉，而应该及时妥善地应对婚姻生活中的压力与冲突，这样才能使婚姻之树常青。

（二）婚姻调试中的注意事项

婚姻生活中压力和冲突是不可避免的，婚姻需要双方不断努力磨合才会幸福。夫妻应该在互相信任的基础上树立危机意识和变化意识，不断去了解对方的想法和期望，接纳和适应彼此的改变。一般来说，婚姻调适要注意以下几个方面。

1. 重视磨合期的调整和适应

一般夫妻新婚之后都会经历一个婚姻磨合期，这个磨合期少则几个月，多则三五年。也有的夫妇在婚前同居或者试婚阶段经历这个过程。婚前与婚后、“理想”和“现实”的巨大反差，主要是在婚姻磨合期体现出来。在这个磨合期，新婚夫妇要经历各方面的调整和适应，如生活空间和内容的变化、家务的安排、经济收入的分配、双方各自的亲属卷入、家庭与事业需要兼顾等。磨合期是夫妻离婚的第一个高发期，如何平稳度过这个磨合期，对于构建一生的良好夫妻关系将起到非常重要的作用。而双方的互相协商、宽容、妥协和开诚布公的态度有助于磨合期的尽快适应。

2. 保持感情生活的常青

很多度过甜蜜浪漫恋爱期的恋人，在结婚后却发现，原本浪漫的感情很快就被各种争吵和冲突所取代。结婚之后忙于工作、照顾子女和处理家庭事务等，双方的感情交流和沟通就少了，久而久之共同语言也越来越少，感情因而出现裂痕。这些夫妻没有意识到，爱情是一棵需要不断浇水施肥才能保持常青的大树，呵护感情、营造新颖浪漫的爱情生活是一生的任务。保持爱情常青的具体方法有很多，如携带子女一起出去旅游以体验合家团聚的天伦之乐；留有只属于两人的空间和时间；重新回到婚前约会恋爱的场所，回忆当初热恋的美好时光；在一些特别的日子送礼物给对方，带给对方一个意想不到的惊喜等。与此同时，要经常关心对方的事业发展，寻求共同的兴趣爱好，订立共同的目标，让彼此都感受到这是一个真正“志同道合”的家庭。总而言之，夫妻双方应该经常更新爱的艺术和技巧，呵护充实自己的婚姻生活。

3. 构建良性的婚姻沟通模式

善于沟通的夫妇大都能够把握好一个原则，即赞赏对方的优点，感激对方的哪怕是微不足道的付出。而那些沟通不善的夫妻却与此相反：尽管配偶为整个家庭付出了很多，自己却视而不见，甚至认为配偶的付出是理所当然的，更有甚者是“变本加厉”地索取。这种处事方式无疑将损害夫妻之间的感情。人无完人，所以也没有十全十美的伴侣，爱一个人不仅要欣赏对方的优点，也要接纳对方的缺点。当夫妻双方开始承认和接受对方有缺点这样一个不可回避的事实时，彼此才可能平和地进行沟通，进而采取更积极的行动。一个良性沟通模式的基本原则应当是以维持夫妻关系为目的，以相互宽容为基础，以适当批评为手段。并且批评的方式一定要婉转适当，使对方能够接受，不适当的批评将会使对方产生强烈的逆反心理，不仅无助于纠正对方的缺点，甚至伤害夫妻的感情。

4. 调整婚姻期望值

婚姻期望值的高低对婚姻危机是否发生有较大的影响。不少夫妻结婚之后发现，婚姻生活越来越乏味。所谓“婚姻是座围城”，大致就是这个意思。导致这种婚姻状态的因素是很复杂的，其中一点是和人们对婚姻的预期有关。在婚前，人们对婚姻的预期更多是情感方面的。结婚后，对婚姻的期望更多是功利性的，人们不但习惯于拿婚前的“理想”来比照，而且还要和周围人的婚姻生活进行比较。其结果便是，前者是“理想”和“现实”的巨大差距，后者则是主观判断上认为自己的婚姻质量不如别人，从而产生极大的失落感。实际上，很多人之所以对自己的婚姻生活不满意，很重要的一个原因在于对婚姻生活的认识和期望存在误区。从客观角度来看，评价婚姻生活的标准包括夫妻物质生活状况和私生活状况，如家庭经济收入、住房状况、消费水平、闲暇生活、性生活和谐度等。有的夫妻发生冲突，就是认为自己的物质生活水平不如别人。而夫妻对婚姻满意度的评价是一种主观判断，它和婚姻生活中的客观性维度并不是一致的。物质生活水平高的夫妻，对婚姻的满意度不一定高，反之亦然。在现实生活中，有这样的经验观点：夫妻之间大都希望与配偶“同甘共苦”，而事实往往是，有的夫妻能够“共苦”但不能“同甘”，而有的则是能够“同甘”但不能“共苦”。之所以出现这种情况，与夫妻各自对婚姻的预期有直接关系。生活环境的变化使得夫妻对婚姻的预期也随之变化，应该根据环境的变化调整自己的婚姻预期。

5. 构建诚信的夫妻关系

很多夫妻的矛盾和冲突，往往起源于双方互不诚实、互不信任。虽然夫妻双方都知道，“同心同德”“同舟共济”乃是维持婚姻关系的根本原则，然而现实婚姻生活中要真正做到这点并不容易。夫妻之间不诚实守信，表现是多方面的，经济上的、感情上的、行为上的，都可能存在。如果夫妻间互不信任，长此以往，将会严重损害夫妻间的关系。因为一旦对方发现自己隐瞒了某些事实，很可能采取类似的“报复”措施，由此陷入恶性循环，最终将严重损害夫妻间的信任关系。即便有时隐瞒真相的出发点是好的，这种做法也并非长久之计。如果在婚姻生活中，为了某些特殊的原因，确实不得不隐瞒对方，那么最好是等事情过了之后，再寻找一个合适的时机，向对方坦诚表白，并解释这样做的原因，以求获得对方的谅解。反之，如果一方发现配偶对自己有隐瞒行为，也不要急着下定论，而应该先弄清对方这样做的真正目的。如果对方是出于善意或者不是故意的，则应该采取理解批评的方式，在表示自己理解对方做法的同时，提出委婉的批评，希望配偶下次坦诚相告。

二、离婚

（一）离婚现象

婚姻过程主要包括择偶过程、嫁娶过程、维持适应过程和解体过程（离婚或自然解体）。有婚姻的成立就有婚姻的解除，婚姻解除的方式有自然解除与离婚两种。因配偶一方死亡或法律认定的出走等原因的婚姻解除为自然解除。在配偶生存期间，通过法律手段解除婚姻关系称为离婚。离婚是夫妻双方通过协议或诉讼的方式解除婚姻关系，终止夫妻间权利和义务的法律行为。按照中国《婚姻法》的规定，如感情确已破裂，调解无效，应准予离婚。离婚之后，男女双方之间因夫妻关系而产生的权利和义务也随之终止。但父母与子女间的关系，不因父母离婚而消除。子女无论由父亲或母亲中的哪方抚养，仍是父母双方的子女，父母对于子女仍有抚养和教育的权利和义务。

中国有关离婚的规定衍生于礼制，至今已有几千年的历史了。在辛亥革命之前，离婚主要采取休妻、义绝和离异三种形式。为了维护封建神权、族权、父权和夫权统治与稳定家族秩序的需要，古代离婚制度单方面实行禁止妇女离婚的规定，同时也对男方的休妻行为作了相应的限制。即便是某些特殊情况下允许义绝和协议离婚，由于离婚所具有的封建纲常伦理特征，男女地位和权利严重不平等，处于礼制约束下的妇女一般是不敢要求离婚的。这使得中国历史上的离婚率一直比较低。辛亥革命之后至新中国成立之前，受西方文化的影响，中国虽然已经出现了以双方自愿离婚和判决离婚为主的近代离婚制度，但基本上还是承袭传统的封建主义内涵，已婚妇女的离婚权利得不到保障。新中国成立以后，随着 1950 年和 1980 年《婚姻法》的颁布，离婚率出现高潮，通过民政部门办理的登记离婚和通过法院系统判决的诉讼离婚被作为最主要的婚姻解除方式。

统计数据显示，从 20 世纪 70 年代末开始，中国离婚人数和离婚率持续上升，尤其近年上升幅度更大。根据民政部门的统计数据，1980 年离婚对数为 34.1 万对，1990 年为 80 万对。1980 年离婚人数还相当少，到 1990 年离婚人数上升了一倍。2000 年离婚对数为 121 万对，2003 年为 133.1 万对，2005 年为 161.3 万对。2009 年民政部门办理离婚登记 171.3 万对，同比增长 10.3%。2011 年一季度，中国共有 46.5 万对夫妻办理了离婚登记手续，比 2010 年同期增长 17.1%，平均每天有 5 000 多个家庭解体。

民政部在 2009 年民政事业发展统计报告中（见图 4－1、表 4－2、图 4－2、图 4－3）曾提到：从近 5 年的情况看，离婚人数逐年上升，平均增幅为 7.65%。民政部 2012 年社会服务发展统计公报显示，2011 年共依法办理离婚手续的有 287.4 万对，增长 7.3%，离婚率为 2.13‰，比上年增加 0.13 个千分点。其中，民政部门登记离婚 220.7 万对，法院办理离婚 66.7 万对。2012 年共依法办理离婚手续的有 310.4 万对，增长 8.0%，离婚率为 2.3‰，比上年增加 0.2 个千分点。其中，民政部门登记离婚 242.3 万对，法院办理离婚 68.1 万对。

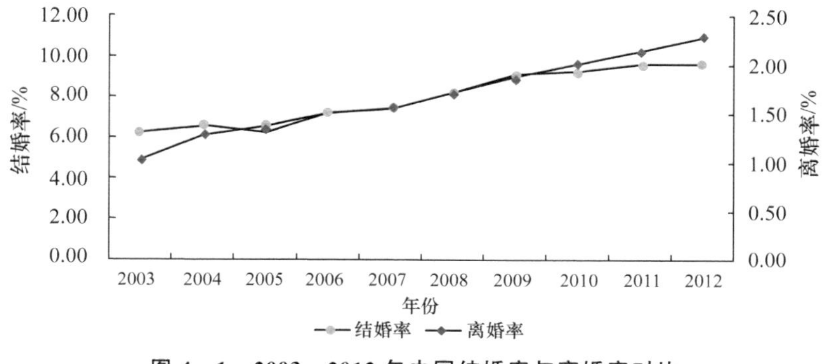

图 4－1　2003—2012 年中国结婚率与离婚率对比

数据来源：民政部 2012 年社会服务发展统计公报。

表 4-2　2005—2012 年中国结婚率与离婚率指标对比

指标	2005 年	2006 年	2007 年	2008 年	2009 年	2010 年	2011 年	2012 年
结婚率	6. 30	7. 19	7. 30	8. 22	9. 10	9. 20	9. 67	9. 80
离婚率	1. 37	1. 46	1. 59	1. 71	1. 85	2. 00	2. 13	2. 29

数据来源：民政部 2012 年社会服务发展统计公报。

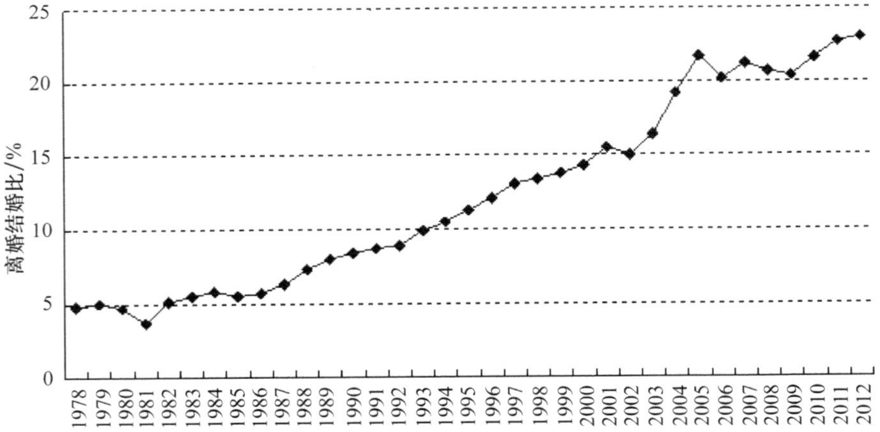

图 4-2　1978—2012 年中国离婚对数与结婚对数比

数据来源：《中国民政统计年鉴 2012》，2012 年数值为初步数据估算值。

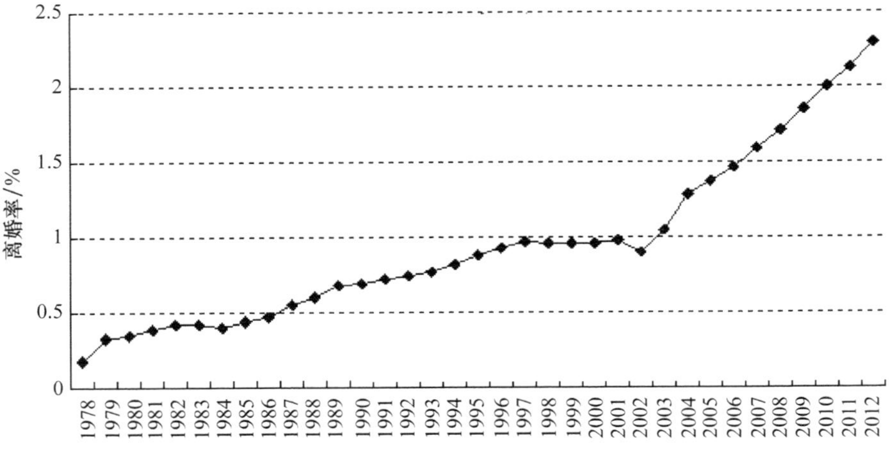

图 4-3　1978—2012 年中国离婚率增长示意图

数据来源：《中国民政统计年鉴 2012》，2012 年数值为初步数据估算值。

从这些数据可以明显看出，中国离婚人数在不断增加，其增长趋势越来越严峻。另外，中国离婚率现在还呈现出一些特点，如从年龄结构看，22～35 岁人群是离婚主力军，36～50 岁人群婚姻相对平稳，50 岁以上者离婚率迅速上扬；从教育背景看，学历高低与离婚率高低成反比，学历越低离婚率越高，学历越高离婚率越低。

离婚意味着家庭的解体，它不是孤立的社会现象，它对个人、家庭和社会有直接的影响，容易引发一系列家庭和社会问题。虽然离婚是法律赋予公民的权利，结婚和离婚都是公民的自由选择。但是，离婚率的连续攀升对社会的和谐运行是个不小的挑战。

（二）离婚的原因

离婚现象频繁的原因是多种多样的，可以分别从宏观和微观的角度分析。宏观因素主要有以下几个方面：① 随着经济的快速发展，大量女性进入劳动力市场，从而获得了经济上的独立，不必依赖于丈夫生活，有能力和机会去选择其他合适的配偶，导致了离婚水平的上升。② 随着工业化和城市化步伐的加快，传统的初级社会关系如家族、邻里等日益淡化，社会规范的约束力减弱，非正式控制手段对婚姻关系的约束与调适作用降低。曾经在熟人社会备受压力的离婚行为，在当代社会中变得更容易。③ 随着改革开放不断深化，人们婚姻道德观念发生变化，离婚行为受社会道德约束的力度减弱。此外，一些不良社会风气如“包二奶”、非婚生子女等现象极大地破坏了婚姻稳定。④ 大量社会成员流动频繁，造成夫妻两地分居的情况十分常见，不断萌生的婚外情破坏了婚姻的稳定性。⑤ 随着社会的发展，中国划分社会地位的标准在发生变化，如从政治转向经济，对经济地位的追逐使得原本稳定的婚姻基础变得不稳定，这在一定程度上加剧了婚姻危机。⑥ 从传统社会由家庭所承担的各种重要功能，在当代社会逐渐外移或者淡化，夫妻共同的责任与义务随之削弱，从而导致维系婚姻家庭关系的传统纽带变得松弛乃至消失。⑦ 法律对离婚条件放宽，社会舆论对离婚现象越来越宽容、开明，从而使当事人压力大为减轻，离婚变得更加容易。

从微观的角度来看，离婚的原因主要有：婚外恋、性格不合、经济问题、亲属关系、性生活失调、家务矛盾、家庭暴力、两地分居等。一项针对500位离婚当事人的调查结果显示，主要的离婚原因中，一方或双方有婚外恋占40%以上，性格不合占38%，一方不尽家庭义务占16%，为经济、亲属关系和赌博分别占10%左右，性生活失调、一方出国分别约为3%。

此外，离婚还可能与以下因素有关：① 恋爱的时间过短（双方彼此了解不够）。② 几乎没有什么共同语言（相似的爱好是维持婚姻的一个纽带）。③ 结婚时太年轻（与受教育程度低、低收入和不成熟相关）。④ 民族、信仰、社会阶层、年龄、价值观差异（扩大配偶间的鸿沟）。⑤ 有同居史（有打破社会规范的经历）。⑥ 结过婚（没有对离婚的恐惧）。⑦ 没有子女（缺乏维持婚姻的理由）。⑧ 受教育程度低（收入低、压力大）。⑨ 住在都市（更大的匿名性，更少的社会控制）。⑩ 有离异的父母（相对于修复关系，更倾向于父母没有再结婚且不住在一起）。⑪ 缺乏沟通技巧（难以解决婚姻中的矛盾和冲突）。⑫ 丈夫失业（缺乏妻子的尊重，缺乏自尊）。⑬ 妻子就业（经济独立让妻子有能力结束一段不幸福的婚姻）。⑭消沉、酗酒，配偶或孩子有精神疾病，或有一方在坐牢。⑮ 孩子有严重疾病（引起精神紧张、财务紧张、时间紧张、夫妻感情紧张）。⑯ 配偶的自尊心不强（更强的嫉妒心，缺少爱与被爱的能力）。

（三）离婚的影响和辅导

1. 离婚的影响

离婚会给夫妻双方及其子女以及社会都带来影响，这种影响可能是消极的，也可能是积极的，也就是说，离婚具有负功能，也具有正功能。具体表现在对夫妻双方、对孩子，以及对社会的影响。

离婚对夫妻的消极影响主要表现在：① 精神创伤。对于大多数离婚的人而言，离婚是难以忘怀的大事件，离婚经历会给当事人造成难以愈合的精神创伤。对异性失去信任，对婚姻产生失败感、压抑、罪恶感、缺乏自信和孤独等，都是离婚后可能产生的问题。离婚的人自杀率、精神病发生率也较未离婚者更高。② 生活质量下降和经济困难。离婚导致一个家庭分裂成两个家庭，规模经济效益下降。原来家庭中的生活照料也由于另一半的离开而发生变化，导致生活水准降低。离婚还有可能导致经济困难，以女性比较多见，这也直接造成了养育孩子的困难。③ 住房困难。离婚后一方要离开夫妻曾经共住的住房，从而给离开的一方带来住房压力。④ 责任压力加大。主要是抚养孩子的一方感到责任压力大。⑤ 社会舆论压力。尽管当代社会对于离婚现象已经比较宽容，但离婚后依然可能遭受舆论压力。⑥ 对工作造成影响。离婚对身心带来不利后果进而影响工作。离婚的积极方面则表现在。① 对于一些难以挽救的婚姻，离婚后当事人的生活满意度会提高。② 允许名存实亡的婚姻及时解除，有可能避免家庭悲剧的发生。③ 离婚前的责怪和谩骂在离婚后不复存在，当事人恢复了宁静的生活。④ 重新拥有了自由，对自身的价值和信心也有了新的认识。⑤ 离婚者得到了再婚的机会。

离婚对孩子的消极影响表现在：在中国，离婚率的迅速上升导致单亲家庭数量剧增，并引发了一系列的问题。对于孩子来说，父母离婚使得家庭原本具有的社会化、情绪支持、物质照顾等社会职能大为削弱甚至丧失，即使父母后来再婚，也很难替代原有家庭的职能。离婚可能导致物质条件和生活照料水平的降低，不利于孩子健康成长；孩子容易产生强烈的自卑感、被遗弃感、怨恨感等消极情绪，可能导致严重的性格缺陷；孩子正常的学习生活容易受到干扰等。积极影响则表现在：在一个经常发生争吵、互相敌对的家庭里，孩子的心理也会受到损害，因此离婚可能带来更好的成长环境；不少孩子在家庭变故的挫折经历中成长、成熟。

离婚对社会的影响主要表现在：婚姻稳定是社会稳定和家庭幸福的重要标志之一，许多家庭的不安定因素会波及社会，影响社会稳定。离婚不仅仅是单个家庭的事情，社会必须为此付出一定的社会资源。高离婚率带来巨大的、长期的社会成本，如福利负担加重、高犯罪率、低毕业率和司法消耗的增加。另外，离婚观念与行为对社会风气的负面影响也不容低估。当然从积极方面来看，离婚也反映了人们自由观念、自我意识和法制观念的加强，以及对婚姻质量的重视。

2. 离婚的辅导

关于离婚的辅导，不同的阶段有不同的介入方式，大致可以分为离婚之前的辅导和离婚之后的辅导。对于婚姻濒临破裂的家庭，可以采取多种方法介入，帮助当事人应对危机和调适家庭关系，尽量修复出现裂痕的夫妻感情，避免离婚的结局出现。对于已经离婚的当事人，应该侧重心理疏导，链接资源提供支持，帮助其顺利度过离婚阶段。

个案工作方法。① 危机干预。当婚姻发生危机时，如不及时调适，可能导致夫妻关系紧张乃至破裂。当家庭生活发生显著的、急迫的事件而导致婚姻亮起红灯的时候，社会工作者应及时介入。危机调适的重点是与案主共同解决冲突，最大程度缓解矛盾，渡过当前危机。主要在于通过支持和鼓励，不断地输入希望，使案主恢复自信并能自主地去处理问题。在一些紧急事件的处理上危机干预显得尤为需要，如因离婚导致自杀倾向的情况。② 心理辅导。对于处在婚姻危机中的夫妻，社会工作者应帮助其认识到离婚不是一件简单的事，它涉及种种后果，只有在对这些后果作出充分评估之后作出决定，才能将离婚后的创伤降到最低。离婚之前的辅导，可以让案主重新回顾过去婚姻中的美好阶段，唤起往日的美好回忆，反省自己现在的行为、期望和要求是否合理，思考离婚可能带来的包括对子女的影响，调整认知和行为，作出理性决策。对于已经破裂的婚姻，夫妻双方都会承受各种压力，这时容易出现心理障碍。许多遭遇离婚的当事人，不仅在生活上可能陷入困境，而且在心理上也可能会出现失衡。离婚者经常出现的情绪包括：羞辱、失落感、绝望、消沉、矛盾、愤怒、行事粗暴、罪恶感、退缩、迟钝、焦虑不安、愤世嫉俗或者带有强烈的报复欲望等。尤其是在离婚初期，心理的伤害是显而易见的。有的人离婚之后出现性格偏执，对生活失去信心，自暴自弃，甚至有自杀倾向，或者产生报复心理。由于受到这些负面认知和情绪的影响，有的人会出现失眠、食欲缺乏、体重减轻等生理症状。社会工作者要鼓励案主进行自我心理调适，勇敢面对处境，努力调整自己。虽然离婚的心灵创伤不能在短期内复原，但应尽量帮助案主挖掘抵抗逆境的潜能，帮助其慢慢掌控自己的生活。同时应告知案主离婚具有的正面效应，帮助其摆脱传统思想的束缚，重新面对生活，或者选择更合适的伴侣，组建新的家庭。③ 链接社会资源。对于夫妻中的一方，尤其是女性没有独立的经济来源而导致家庭危机的情况，社会工作者可以链接社会资源寻求支持以帮助其进行职业技能培训，寻找就业机会，实现经济独立，进而减少危机情况的出现，比如经济困难和夫妻地位差异导致的困境。针对离婚后单亲家庭出现的经济困难，可以寻求相关福利机构和社会组织的帮助，解决单亲家庭迫切需要解决的物质问题。另外，支持不仅仅体现在物质方面，而且可以链接各种资源。例如，对于面临家庭暴力的女性，可以向她们宣传法律知识，鼓励她们采取法律途径维权，同时寻求妇联等机构的保护，维护自身权益，等等。

小组工作方法。除了个案方法外，小组工作也可以用在离婚辅导中。由于小组工作中的成员经历有所类似，因此组员的近距离接触能为彼此提供心理慰藉，更容易产生共鸣。社会工作者可以引导组员开展小组活动，共享婚姻家庭经验。在小组经验分享中，彼此分享与伴侣的关系处理经验、育儿经验、与其他家庭成员交流的经验等。与其他组员的接触有助于激发潜能，提高解决问题的能力，促进自身更好地解决婚姻问题。成员间的互助合作，也有助于缓解家庭紧张。

社区工作方法。对离婚的辅导可以在更宏观的层面上实现，如开展主题社区活动。参加社区活动有助于丰富婚姻生活，增加家庭的凝聚力，从而提高婚姻的稳定性和幸福感。或者开展婚姻家庭教育，帮助人们了解婚姻责任，婚姻不同阶段易产生的问题及相关的生理、心理、法律知识和调适方式等，从而使人们正确地看待和处理婚姻中出现的矛盾与冲突，理智地面对婚姻。还可以采取各种形式加强宣传，宣传婚姻道德观念，摆脱传统思想禁锢，树立高尚道德情操，减轻背负在婚姻危机中男女双方身上的舆论压力，为应对婚姻危机创造良好的外部环境。同时，督促家庭成员作为社区的一员应承担相应的社会责任，尽量处理好家庭危机，构建和谐社区，从而促进社会的良性运行和协调发展。

家庭治疗。家庭治疗以家庭整体为对象进行干预，协助家庭正确对待和处理矛盾，以执行健康的家庭功能。家庭治疗不着重于家庭成员个人的内在心理构造与状态的分析，而将焦点放在家庭成员的互动关系上，这对于婚姻家庭关系的调适，往往有很好的效果。可以根据婚姻关系的不同特点和危机状况，采取合适的家庭治疗模式进行干预。

A 案例分析

32 岁的苏珊有一个六口之家，她和丈夫波特结婚已经 10 年了，家中有个酗酒的老父亲，还有两个未成年的孩子。在 10 年的婚姻生活中，丈夫波特维持一份工作最长的时间是 18 个月。他会和同事争吵然后一走了之，对工作产生挫折感，常常停滞几周甚至几个月没有工作，把时间花在睡觉、看电视或去健身房上。波特几乎在生活的所有层面上都是个不负责任的人，他不愿意维持一份固定的工作，不愿意帮助妻子做家务，不帮忙养三个孩子，只做自己想做的事情。波特对自己的父亲有着很深的愤怒，他把对父亲的愤怒都发泄在同事身上，因而无法保有一份稳定的工作，并已经深陷沮丧中。波特感觉不到苏珊的爱，在他心里觉得自己不配得到她的爱，知道自己对苏珊未能尽丈夫之责，也不明白为什么苏珊还跟他一起。酗酒的父亲总是批评贬抑波特的一切努力。结婚 10 年，苏珊必须独立承担家庭中的财务以及所有其他方面生活的担子。她饱受困扰，不知道自己还能忍多久。如果丈夫不愿意改变，她唯一的选择只有离婚。

问题

案例中的家庭存在哪些问题？原因是什么？作为社会工作者，应该如何干预？

学习情境五

家庭关系辅导

理论学习目标

1. 学习夫妻关系的含义、特征，了解中国现代社会的夫妻关系。

2. 理解夫妻冲突关系的理论分析，从冲突理论视角来理解解决夫妻冲突关系的方法。

3. 分析婚外恋产生的原因及婚外恋辅导的理论基础。

4. 学习离婚的原因及离婚的特点。

5. 掌握婚姻暴力的含义、特点和形式。

实践学习目标

1. 掌握针对遭遇婚外恋的案主如何进行辅导。

2. 掌握离婚前和离婚后辅导的技巧。

3. 掌握婚姻暴力的介入步骤、介入方法。

子情境一　夫妻关系辅导

任务一　了解夫妻关系的特征

任务体验

自由组成2人体验小组，相互分享自己父母之间的关系特征。

R 任务分享

随机分享每个小组对夫妻关系特征的认识和感想。

R 任务总结

对该任务的目的和意义进行解释和澄清。

Z 知识介绍

婚姻是家庭的基础和起点。夫妻关系是家庭中最核心的关系，家庭关系是以夫妻关系为核心展开的。夫妻关系是一个人一生中一切社会关系中最基本、最稳固、最持久、最深刻的关系。夫妻关系一旦形成就具有最稳定、最持久的特点。夫妻关系既有自然性的因素，即男女两性相互吸引、相互爱慕，又有社会因素，包括夫妻共同对社会、对家庭应负的责任与义务，因此，夫妻关系是人和人关系中最需要契合的一种。夫妻在生活上相互依赖，以得到各方面的满足。

一、现代夫妻关系的主要特征

在当代工业社会中，家庭结构简单化，工作与家庭完全分离，男女平等主义思想大造声势，出生率低，生育与性行为分离，儿童教育和家务劳动社会化，妇女广泛就业，家庭生活水平提高，这一系列因素对家庭中的夫妻关系产生了重要影响。所谓夫妻关系，是指男女双方通过合法的结婚手续在性生活、社会生活和经济等方面过着共同生活的关系。它具有以下特征。

（一）男女双方以公认的形式结合为两性关系

这是一种特别的亲密关系，是其他家庭关系所不能具有的。虽然性生活只是夫妻关系的一部分，但是没有性生活的夫妻关系显然是不正常的。从人的一般关系看，性生活是最亲密的肉体接触。有这种关系的男女因亲密性而构成特别的关系。由于双方以身相许，男欢女悦，从而产生一种人与人之间的信任感。这种信任感能越过性的互求性而促进他们相互间在生活上的亲密关系，同时构成夫妇间推心置腹的相互依赖性，至少也构成无男女拘束的一体性。即便这种肉体上的接触缺乏人格的或精神上的爱，它至少也能产生生物性的亲密感。如果夫妇在人格上也互相敬爱，又保持经常的肉体接触，那么，他们相互间便自然产生一种纯朴真挚的亲密感。

（二）夫妻在社会、经济和生活中均须看成是一体的

丈夫的社会地位被看成是妻子的社会地位，丈夫的经济生活因共同生活而决定了妻子

的经济生活。总之，夫妻是一体的。所有这些都超越了父母和子女的关系。当然现在也有一种说法，认为夫妻是人生伴侣，共命运者。

夫妇式的家庭关系越来越受到家庭重视，夫妻关系在家庭关系中占主要地位，家庭轴心从以往的亲子轴心转向夫妻轴心；夫妻关系在家庭内部趋于平等，夫妻各自保持思想和经济的独立，共同分担家庭义务；在夫妻关系中，更受重视的是爱情情感支柱、友谊和伴侣关系的实现以及性的和谐与满足，这些需要已经成为达到理想的家庭生活的前提。

（三）养育后代生儿育女

抚养子女长大成人是夫妻关系的第三个特征。从人的关系来看，养儿育女是只有夫妻关系才能做到的一种独特的共同工作。孩子的出生会使夫妻关系发生巨大的变化。也许在夫妻双方分别体验了养儿育女的甘苦后，夫妻关系才能完善起来。当然需要注意的是，强调夫妻关系的第一位，不等于不尊老爱幼，不是说其他关系不重要，尤其是亲子关系，是非常重要的，但不是第一位的。一方面，亲子关系、婆媳关系等家庭关系均是由夫妻关系派生出来的，没有夫妻关系，也就不存在其他关系。另一方面，良好的夫妻关系是建立其他关系的基础。夫妻相爱，孩子才会在爱的家庭中长大，并从父母的关系中学会什么是爱。夫妻双方相爱，才会基于他们的责任更爱对方的家人。

二、当代中国社会中的夫妻关系

在当代中国，核心家庭占了大部分比例，夫妻关系开始成为家庭关系的轴心，同时，在夫妻关系中，夫权渐渐衰落，夫妻对爱情的需求提高，婚姻中的精神内容越来越被重视。具体而言，这种变化主要表现在以下几个方面。

(1) 夫妻关系是家庭关系的轴心，家庭的实权主要是掌握在作为家庭轴心的夫妻手中。

(2) 从夫妻关系的性质看，主从型居少数。夫妻共同掌握有家庭事务决定权是占主导地位的家庭权力分配形式。

(3) 从夫妻关系的功能实现看，当代夫妻比较重视情感交流与沟通，婚姻中的生育职能被弱化，而性爱的意义突出。夫妻在家庭决策和家务分派中逐渐脱离角色隔离倾向，并希望形成理想的伴侣式婚姻关系。

(4) 夫妻冲突与离异增加。在离婚原因中，婚外恋、性格或感情不和、经济纠纷和性失调是主要原因。

三、调整夫妻关系的方法

（一）系统开展婚姻家庭的治疗性工作

婚姻家庭的治疗性工作主要是指运用社会学、心理学知识和社会工作的方法技巧去帮助有需求的人们，解决家庭问题包括个案治疗和群体治疗。家庭治疗是由一位治疗者和案主全家人一起会谈，以改变这一家庭的适应能力与生活方式。它是以整个家庭为治疗单元，重点解决家庭成员间互动关系与沟通问题的治疗模式。其目标是通过评估家庭中特定成员的行为及其受困扰的因素，促进家庭各成员间的相互反应及各成员所扮演的角色与功能的正常发挥，解决当前交互反应关系上的难题，促进家庭的发展功能。

（二）运用团体社会工作开展婚姻家庭教育

运用团体社会工作（教育团体）形式开展婚姻家庭教育，包括婚前教育和对已婚或离婚夫妇进行婚姻知识的宣传教育等，主要由民政部门、司法部门、妇女组织和社区开办，由这些部门的社会工作专业人员帮助参加者了解婚姻的含义、责任，婚姻不同阶段易产生的问题及相关的生理、心理、法律知识和调适方式，宣传伦理道德、优生优育知识等，从而使人们正确地看待和处理婚姻中出现的矛盾与冲突，理智地面对婚姻。

任务二　婚姻矛盾调解

R 任务体验

临时组成 6 人体验小组；由教师将事先准备好的案例分给每个小组，并且每个小组的案例是不同的（每个小组的案例都是夫妻冲突关系的不同表现形式）；每组成员就各自小组的案例进行讨论，并确定最后的结果。

R 任务分享

小组组长先将本组的案例作简单介绍，并介绍本组是如何看待夫妻冲突关系的。

R 任务总结

教师将不同的案例进行简单总结，目的是要大家明确现代社会夫妻冲突关系的表现形式，引导学生正确看待夫妻的冲突关系。

Z 知识介绍

一、婚姻矛盾分析

婚姻矛盾是指婚姻关系内的夫妻矛盾。导致婚姻矛盾的因素包括内在因素与外在因素两类。所谓内在因素是起因于夫妻双方自身的因素（如彼此性格不合、性生活不和谐），而外在因素则是起因于夫妻之外的包括社会环境因素（如工作压力、双方家庭的干预压力）。进一步说，导致婚姻矛盾的原因大致包括：夫妻性格不合，夫妻不了解对方，争夺家庭权力资源，第三者介入，经济纠纷，事业压力，教育子女上的分歧，偏差行为（夫妻一方赌博、酗酒），性生活不和谐，长期分居，价值观差异，宗教信仰，双方亲属人际关系处理问题，夫妻生活习惯的差异等。

社会学家认为，婚姻有 4 个危险期：① 孩子出生时：夫妻两人的压力骤然增大，原来的二人世界被改变了，夫妻对婚姻同时感到紧张、困惑和茫然。② 婚后 4～5 年：夫妻两人容易感觉生活平淡。③ 婚后 7 年左右：据调查，婚后 5～10 年，对婚姻满意度降至最低，离婚率在婚后 7～10 年形成高峰。④ 婚后 20 年左右，此时夫妻二人身体状况发生较大变化，需要理解与安慰。处在婚姻的危险期时，如不能及时调适，易导致夫妻关系紧张甚至破裂。家庭成员也会因一时的压力，产生角色混乱等不适应状况，从而导致家庭关系紧张。在婚姻的危险期，社会工作者应适时介入其中进行调适。不少地区开展婚姻辅导工作，提供婚姻家庭咨询服务。危机调适是个案社会工作的方法模式，危机调适模式介入婚姻家庭是针对处在婚姻问题中的夫妇（案主）生活适应上的显著性、急迫性事件，社会工作者及时帮助他们解决。危机调适的任务是帮助处于问题状态的人们，使他们能用安全而健康的方法成功地去解决问题。危机调适的重点是与案主共同解决当前的冲突，其最大的目的并不在于给案主多少帮助，而在于通过支持和鼓励，不断地输入希望，使其恢复自信并能自主地去处理问题，以便在下次问题产生时能有效地克服。危机调适适用于个人和婚姻家庭。

二、运用冲突理论调解婚姻矛盾

科塞的冲突理论认为，冲突是社会常态，家庭和婚姻也不例外。他认为经济条件、社会结构的转化等外部因素，都是家庭变化的重要因素。那么，夫妻关系失和是与家庭内部资源的使用、责任的分担和权力的行使等因素有关，而这些因素与夫妻的社会地位、角色的不平等有关。因此，要解决冲突，不应仅局限在家庭内部，还应结合社会现实。同时，也必须看到冲突的正功能，即“安全阀”的作用。低激烈程度的小型冲突可以释放紧张能量，避免破坏力强的冲突，起到长期的维持作用。由此，夫妻关系调节可以把握以下方法。

（1）允许低激烈程度的家庭冲突的存在。夫妻间的冲突可以使得夫妻之间以最直接、最快捷的方式了解彼此的立场、观点、情感和行为模式，并可以暴露夫妻相处中不合理的成分，从而促进夫妻彼此了解以及不合理成分的修正。

（2）促进夫妻沟通。沟通是获得对方看法的最直接途径，一旦失去正常沟通，就可能产生诸多误解，萨提亚的家庭治疗法是家庭变化的重要因素。那么，夫妻关系失和是与家庭内部资源的使用、责任的分担和权力的行使等因素有关，而这些因素与夫妻的社会地位、角色的不平等有关。因此，要解决冲突，不应仅局限在家庭内部，还应结合社会现实。同时，也必须看到冲突的正功能，即“安全阀”的作用。低激烈程度的小型冲突可以释放紧张能量，避免破坏力强的冲突，起到长期的维持作用。

（3）重视磨合期的调整和适应。一般来说，夫妻新婚之后都会经历一个婚姻的磨合期，这个磨合期少则几个月，多则三五年。婚前与婚后的“理想”和“现实”的巨大反差，主要是在婚姻磨合期体现出来。在这个磨合期内，新婚夫妇要经历各方面的调整和适应，磨合期是夫妻离婚的第一个高发期，如何平稳度过这个磨合期，对于夫妻关系将起到非常重要的作用。而双方的互相协商、宽容、妥协、开诚布公的态度有助于磨合期的尽快适应。

（4）以平等态度看待夫妻关系。夫妻相处的责任和权利是相对的，不是绝对的平等和事事上的平均，应该说，不仅是家务和家庭经济的分担，更多的是人格、感情上、事业上的彼此尊重和理解。若是抱着“男尊女卑”的观念来处理现代的夫妻关系，就很难较好地维持一段婚姻关系。

（5）调整期望值。婚前，人们对婚姻的预期更多的是情感方面的，结婚后，人们对婚姻的期望变得功利起来，主观判断上认为自己的婚姻质量不如别人，产生极大的失落感。从客观性维度看，评价婚姻生活的标准包括夫妻物质生活状况和私生活状况，而夫妻对婚姻满意度的评价就是一种主观判断和婚姻生活中的客观性维度并不是一致的。

A 案例分析

刘凯是一家制造厂的工人，妻子陈华是他的同学，他们毕业后，工作了 4 年便走进了婚姻的殿堂。当时陈华被分配到一家棉纺厂当工人，后来由于工厂体制改革，不久她就下岗了。没想到她的下岗却成了她人生的一次新起点，她进了一家由中国台湾商人开的制衣厂工作。由于工作踏实、认真肯干，很快就被提升为所在车间的主任。这一来，就激发了她的信心，直到现在她才发现自己原来这么能干，有潜力。她决定不辜负老板对她的信任，对工作的责任心大大提升，并且慢慢地由对工作认真负责演变成了工作狂。一天几乎三分之二的时间是在厂里度过的，往家拿的钱越来越多，回家的次数却越来越少，本来甜蜜的三口之家变成了刘凯和女儿两个人的家。结婚 10 周年的纪念日，刘凯给陈华打电话约她回家一起庆祝，没想到得到的却是电话那头的冰冷的语气：“我忙着呢，别烦我。”晚上 12 点钟，陈华拖着疲惫不堪的身子回到家里，饭也没吃便一头倒在床上酣然入睡。刘凯心理那份悲凉、失落就别提了。

陈华在厂里当惯了领导，对员工颐指气使惯了，导致后来回家也是一派指点江山的模样。刘凯总是提醒她这是家里，是夫妻而不是上下级，是平等的。可每次陈华总是轻蔑地一笑，说：“你一个月挣多少钱？我一个月挣多少钱？我能为咱们家买下这复式结构的房子，你能吗？”刘凯被激怒了：“别以为自己多了不起，你为这个家尽过多少义务？操持家务、照顾孩子又尽了多少力？对我这个丈夫，你当妻子的在感情上又亏欠多少，你想过吗？你还记得有这么一个家吗？有时候，我真想离婚算了，找一个自己养得起的平凡女子生活在一起，一定比现在幸福，至少不用受这份窝囊气。”说罢，刘凯拿了一件外套，摔门而出。陈华自言自语：“这是怎么啦，我辛辛苦苦为这个家赚钱，换来的却是他的怒气冲天，我哪里做错了？”

问题

分成6人小组，每组分别从刘凯和陈华的角度来分析，从中找出导致他们夫妻冲突的原因所在，就应该如何解决刘凯和陈华的婚姻矛盾提出方案。

任务三　婚外恋辅导

R 任务体验

临时组成6人体验小组，就婚外恋产生的原因进行讨论。

R 任务分享

各组通过运用案例，分享案例中婚外恋形成的根本原因。

R 任务总结

对该任务的意义和目的进行解释和澄清。

Z 知识介绍

一、婚外恋概述

（一）婚外恋的含义

婚外恋又称作婚外情、第三者插足等，是指有妇之夫、有夫之妇与配偶外的第三者发生婚外恋情或自愿性的性关系的行为。一般来说，婚外恋侧重感情方面的出轨，而外遇、第三者插足等侧重性关系方面。只涉及感情而没有性行为的婚外恋称为精神上的外遇或精神上的婚外恋，属于精神上的不忠。在现实中，绝大多数情况是在感情和性两方面的越轨同时发生，因为感情与性往往是密不可分的。家庭社会工作主要关注的是后者。

婚外恋的高危人群为：有婚前性行为者；结婚许久，有婚姻倦怠感者；性生活质量差者；一方或双方认为婚姻质量差者；较独立者。一般来说，最容易发生婚外恋的危险期是婚后 3～8 年和 11～19 年这两个不同的阶段。

（二）导致婚外恋的原因

1. 内在因素

在婚外恋中，男女两性在心理和行为方式方面存在巨大差异。一般而言，男性出现婚外恋往往跟性爱有关，而女性则主要是出于感情方面的原因。男性更希望寻求新鲜感和两性生活的刺激变化，特别是在身心压力大时，他们希望能在婚姻中和婚姻之外找回自信和心理满足，能够有善解人意的异性给予自己安慰和鼓励，能够在异性那里找到成就感，证明自己的魅力。女性出现婚外恋往往是丈夫不能满足自己的感情需求，当她们感受到其他异性对自己的真诚体贴和浪漫爱情时，往往会将感情从婚内转移到婚外。

2. 外在因素

导致婚外恋的外在原因包括：一方或双方缺乏对婚姻和家庭的责任感，并喜欢刺激的生活；夫妻聚少离多，一方或双方感到寂寞无助；社交圈中外遇比率高，长期耳濡目染，进行模仿；对婚姻长期有不满足感，内心长期想要有婚外情；夫妻性生活缺乏或长期不协调，性需求得不到满足；和以往的恋人存在特殊的友谊，旧情复燃；婚姻生活沉闷或双方无话可谈，想寻求浪漫；男性在家庭生活中得不到温暖和重视，不能满足成就感；工作压力大，正值人生的过渡期和危机期。

总之，导致婚外恋的原因很多，但夫妻关系存在问题是主要诱因。婚姻基础不牢、夫妻之间互相缺少关爱、不注意日常沟通和感情培养、个人需求长期得不到满足等因素给婚外恋提供了可乘之机，在外界因素的诱导下，婚姻很容易出现危机。

二、婚外恋治疗理论

如美国精神分析学家波恩所说，任何一个家庭都是一个系统，每个家庭成员都有一个要扮演的角色，同时要遵守一些规定。家庭被看作是一个情绪单元，其中的成员彼此相互联结。这种联系使家庭成员在发挥作用时离不开其他成员。依据家庭系统理论，一个成员行为的改变源于其他成员行为改变的相互作用。婚外恋就是这样一种夫妻双方相互作用和改变的体现。婚外恋中未出轨的一方可能是造成出轨一方出轨的原因。这一理论能帮助人们动态地看待婚外恋这一现象，而非把它当成是出轨一方的个人行为。

对于治疗过程，因为结合了家庭系统理论的干预模型因而会帮助咨询师看到出轨的真正原因，以及准确定位要干预的对象及任务。根据这一理论，我们知道：当产生问题的最开始的诱因消失了，婚外恋也就相应地消失了。在某些案例中，帮助来访者找到最开始的诱因将是治愈过程的重要转折点。有时候来访者自己并不能明确地认识到这一最开始的诱因，有时候来访者可能已经知道了原因，但不相信会有任何改变，因为治疗的关键除了帮助来访者定位原因外，还需把促成改变的信心植入来访者的信念系统中。婚姻关系中夫妻功能很重要的一点是提供情感的联结。这种情感联结的缺失也被认为是导致婚外恋的一个很重要的原因。渴求情感联结是一部分人在婚姻外选择第三者的原因。因此我们提出，这一模型应当能帮助夫妻重建他们之间的情感联结。从系统的观点来看，婚外恋事件是一个由外遇者、第三者、原配组成的三角关系，而所涉及的人除了上面三个核心人物之外，还可能涉及子女、其他家人和非婚生子女等。所以婚外恋事件的辅导可以围绕以上方面进行，其核心是外遇者及其配偶。对于婚外恋，当事人往往情绪大于理性，在认识和态度上受到情绪作用的控制，以致不能理性地认清辅导，更不能以理性的方式来处理问题。因此对于婚外恋事件的辅导，一方面需要帮助当事人恢复其理性，使之能够有意识地摒弃那些非理性的认识；另一方面要疏导情绪，给当事人以支持，同时针对夫妻感情问题进行家庭辅导或夫妻辅导。一般来说，希望维持目前婚姻的夫妻占大多数，所以辅导人员应首先进行调解，以帮助案主改善夫妻关系为最主要的工作。但是对于那些和好无望、离异才是最好解脱方法的家庭，辅导人员也应该尊重当事人双方的选择，进行离婚辅导，帮助案主妥善处理离婚的问题，顺利渡过离婚这一关。应该注意，社工在辅导过程中，不能以道德判断来代替理性辅导。

三、婚外恋的辅导

（一）对外遇者的辅导

对于外遇者，最常见的问题就是由外遇引发的心理压力和如何处理婚外恋的问题。由于女性所承受的精神压力和矛盾心理往往比男性大，更容易出现失眠、焦虑、内疚、不安等心理现象，所以寻求心理治疗和婚姻帮助的也大多是女性。站在辅导者的立场，应提醒外遇者各种可能的结果和压力，帮助其认清和面对自己真实的情感以及各种非理性认识和不切实际的幻想，同时还应帮助其寻找合适的方法来宣泄消极的情绪和过重的心理负担，使其勇于面对外遇带来的可能后果。对于男性婚外恋者，帮助他们认清哪些对自己是最重要的，鼓励他们勇于舍弃对自己来说不重要的，选择对自己最重要的一方——或者是家庭或者是情人，两者必择其一。否则，夹在三角恋中，整个家庭和自己都将深受其害。在作出选择后，外遇者要对自己的配偶和情人诚恳地检讨自己的错误，解释自己的决定，争取获得谅解，处理善后事宜。

（二）对婚外恋配偶的辅导

作为受到严重伤害的一方，婚外恋者的配偶不可避免地会有一些不理性认知和情绪。作为辅导者，首先要引导其看清想法，引导他们从自怨自艾、失败沮丧以及伤害对方的想法走出来，然后针对问题原因寻找解决的办法。首先，冷静处理，控制情绪，避免吵闹，改变疑神疑鬼或是兴师问罪的心态，停止无休止的求证、监视和吵闹不休的行为。其次，要积极与对方进行沟通，以解决问题，寻求专业协助及亲友的支持，并从改变自己和改善夫妻关系入手增加自己的吸引力，积极改善夫妻关系。

A 案例分析

刘辉曾是一家工厂的科长，同科室的张洋是一位已婚女人，她美丽漂亮，可以说是厂里的一朵花。后来，张洋想调动工作岗位，便向刘辉展开“温柔”攻势，刘辉无法抵挡心动的诱惑，便与张洋发生了婚外情。他们的婚外恋成了全厂职工茶余饭后的笑料。很快，刘辉的爱人林立也听到了传闻，她责问丈夫，但刘辉矢口否认，还信誓旦旦地表示：“我们是一对好夫妻，我这辈子是不会和你分开的。”之后，他又以权力压制和恐吓那位传话给林立的职工，吓得人家再也不敢说什么了。

后来，刘辉调到郊区一家分厂任厂长，林立以为自己再也不用担心丈夫和张洋有染了，因为距离远了。可是，令她没想到的是，张洋不仅没有收敛，反而又开始经常请假调休，紧追刘辉天南海北地出差、游玩，并在外租房同居。不久，他们的奸情被张洋的丈夫胡连觉察，他愤怒无比，不仅痛打了他们，还威胁逼迫刘辉立下一份荒唐的“君子协议”：不仅要赔偿他的损失，还要替他们买房子，终身抚养他老婆和儿子。刘辉为了保全面子和地位，只能吞下苦果。近十年来，一次又一次以张洋的名义开设公司，拼命地拉客户替他们赚钱，先后为张洋买下了两套商品房，还购置了大量的衣物、首饰。可这些仍然满足不了张洋的私欲，为了完全控制刘辉的经济情况，她一次又一次地阻挠刘辉回家看望女儿，还偷配了刘辉保险柜的钥匙和写字桌抽屉的钥匙，趁其出差就溜到办公室里，打开保险柜和抽屉，查看是否有钱藏起来。

最初，林立没有觉得丈夫有异常行为，总以为工厂远在郊区，一两周不回家很正常，再说，丈夫也已经保证过，同张洋一刀两断了，也表示他们夫妻不会分手。心地善良、痴情不变的林立怎么也想不到，自己的丈夫已经牢牢被情妇控制，似乎有一种难言羞愧的复杂心理，偶尔回家一次就闷头抽烟，接连几根不停地抽，人也十分消瘦憔悴。问他，他说生意上的事情很忙，也很烦，还说他经常去外地讨债，所以不能常回家，要林立好好照顾女儿，希望女儿能考上名牌大学。刘辉种种反常的行为使林立产生了怀疑，经多次打听，她终于查清了丈夫的行踪和事情真相。丈夫十多年来的欺骗和背叛让她痛不欲生。经历一番思想斗争，她最终坚决地与丈夫离婚。离婚后，刘辉沉浸在无尽的悔意中，他无时无刻不在自我谴责，也受到了来自各方的压力，朋友们纷纷指责他是冷血动物，竟然抛妻弃女去养另外一个非亲非故的家庭！面对家庭的破裂、妻女的鄙视、朋友的谴责，他的良心一天也无法安宁。

问题

根据上述案例情况，分组讨论如何设计介入方案。

任务四　离婚辅导

R 任务体验

随机组成 6 人体验小组，针对中国现代离婚的原因进行讨论，分析家庭社会工作在婚姻辅导方面的方法，小组讨论后形成最终方案。

R 任务分享

各组成员分享讨论的结果。

R 任务总结

对该任务的意义和目的进行解释。

Z 知识介绍

一、离婚的含义和特点

（一）离婚的含义

离婚是指婚姻关系的解除。从法律上说，离婚就是解除男女双方由结婚而产生的权利义务关系。“离婚，是配偶生存期间解除婚姻关系的法律手段。”由于离婚使男女双方在身份、财产关系等方面发生了一系列变化，意味着原来存在于夫妻之间的关系和义务的终止，而且涉及子女的抚养教育、财产分割，亲属关系等，以及因原家庭破裂而发生的各种问题。当婚姻已经破裂，当事人会选择离婚，社会也会尊重当事人的愿望，保护他们离婚的自由和权利。

（二）现代离婚的特点

现代社会尊重人们对于离婚的选择和决定。现代社会离婚的主要特点和规律如下。

1. 不可避免的离婚率增长

在现代社会，离婚率的增长是婚姻家庭中的突出现象，不仅世界各发达国家如此，发展中国家也是如此。在崇尚婚姻稳定，有“白头偕老，从一而终”传统的中国，今天也出现了大量的离婚现象。

2. 离婚率和再婚率同步增长

现代社会，离婚率增长的同时，再婚率也在增长，即大多数离婚者希望离婚并实行再婚。重组家庭的增多，说明家庭在社会中仍有强大生命力。

3. 妇女在离婚中的主动地位

妇女在现代离婚中不仅逐步取代了和男子的平等地位，而且正在取得对男子的主动地位。在离婚中，妇女之所以取得了对男子的主动地位，是由于妇女地位提高的结果。在现代社会中，随着妇女解放运动的蓬勃发展，特别是妇女走出家门广泛劳动就业，得到了经济收入，取得了相对独立的经济地位，改变了依附于男子的状况，不仅在社会而且在家庭中也要和男子平起平坐了。表现在离婚问题上，就是拥有了越来越多的主动权和决定权。

二、离婚的原因

（一）性格无法调和，感情破裂

引起现代离婚率增高的社会因素是多方面的，这些原因已经由复杂到简单，从具体到抽象，从确定到不确定，感情不和已成为离婚的主要原因。从各国对婚姻法的修正上我们能看到这种趋势和变化。性格不合，感情破裂成为离婚的主要理由。夫妻双方来自两个完全不同的家庭，彼此之间所处的家庭背景和成长经历各不相同，使得彼此性格有很大的差异，在家庭生活中，夫妻之间的性格冲突是不可避免的，如果无法调和，无法沟通，就可能使性格冲突愈演愈烈，最终使得夫妻感情破裂。在离婚问题上，《婚姻法》规定，充分尊重当事人心理和愿望，尊重当事自主和自决权。这和主张以爱情为基础的婚姻是一致的，也说明只有结婚的充分自由，才有离婚的充分自由，反之，只有离婚的充分自由作补充，才有结婚的充分自由。

（二）生理障碍

家庭之所以成立，往往包括两个因素，即持续的性关系和共同生活。某些人有生理疾病或心理障碍，无法进行正常的性生活，就必然影响夫妻关系。现代社会中，人们更加关注夫妻之间的情感交流，注重夫妻之间的性生活质量。如果因为生理障碍而影响夫妻之间的性生活，离婚就无法避免。

（三）社会生活的变迁

社会生活的变迁是离婚现象增加的首要因素。工业社会实现了社会化大生产，家庭成员走出家庭，到社会上劳动就业，家庭成员的维系力减弱。都市化和工业化的进程，交通运输的发达，市场经济机制的形成，使社会流动性大大增加了，人员的频繁流动，使家庭日常生活改变，不如原来那样有规律，那样稳定。人与人交往的增加，碰撞的机会增多，使新的人际关系的因素比较容易进入旧的婚姻关系中，从而破坏了原有的婚姻关系。社会生活的变迁使离婚率增加了。

（四）家庭功能的改变和家庭地位的变化

社会生活的变化带来了家庭功能的改变，一些原有的家庭功能弱化了，甚至消失了。如生育功能是家庭的最主要功能。传统家庭中，孩子是维系家庭的重要纽带，而现在很多年轻人不愿意生育，不想要孩子，从而使维系夫妻关系的力量弱化。过去离婚考虑孩子的因素，随着丁克家庭的增多，离婚自然比较容易。

（五）妇女地位的提高

由于妇女就业和受教育的机会增加，有了独自的经济收入，法律地位提高，社会公开，客观上也提高了她们在家庭中的地位，减少了她们在家庭中对男人的依附，增长了她们的独立和自由意识。妇女地位提高是离婚率增长的首要原因。家庭因为具有这些经济职能，就会衍生出一些影响夫妻感情的家庭关系。随着中国经济制度的转型，社会竞争日趋激烈，下岗、失业使人们的心理压力加大。失业和下岗导致的贫困常常会引起人们持续性的焦虑，一些夫妻互相责备，从而加剧夫妻之间的矛盾，引起婚姻的破裂，最终导致离婚。

（六）对浪漫爱情的注重

爱情具有不确定性，以爱情为基础的婚姻没有义务婚姻稳定。现代人在婚姻中一味追求爱情，一旦发现自己追求的爱情在婚姻中并不存在，只好诉诸离婚。用情不专一是离婚的重要原因。有些人认为婚外恋是难以容忍的，其主要原因是婚外恋影响到婚姻的专一性和排他性这一基本的婚姻原则。

上述诸多因素虽然是导致夫妻感情破裂的基本因素，但是这些因素出现并不一定立即导致双方离婚。实际上，对于离婚当事人来说，是否决定离婚是一个理性选择的过程，也是双方相互“协商”或者妥协的过程。对于离婚双方来讲，常有主动和被动之分。其中，主动离婚是指夫妻关系中的一方为摆脱压力，实现情感转移或达到别的目标而主动提出离婚。而被动离婚则是指因对方提出强烈的离婚要求而不得不同意离婚。由此可见，主动离婚和被动离婚是相对的，一方主动意味着另一方的被动。但从离婚的后果来看，被动离婚者受到的心理伤害更大，其心理复原也更为困难，需要时间更为长久。

三、离婚辅导

离婚不是一件简单的事情，它直接涉及子女的监护权、经济纠纷、家庭成员关系和人际关系重组、单亲家庭面临的功能缺失以及由此带来的心理上的各种问题。只有对这些问题进行充分的评估，离婚后的创伤才能降到最低。从家庭社会工作的角度，对案主进行辅导可以从离婚前和离婚后两个方面进行。

（1）离婚前辅导。对于离婚前的辅导，时间上没有确定，少则两三个月多则一二年不等。在这段时间里，可以让当事人重新回顾过去婚姻的美好阶段，唤起往日的美好回忆，重新反省自己现在的行为、期望和要求是否合理，思考离婚可能带来的包括对子女的影响。在离婚前也要对离婚者子女进行辅导。离婚对子女造成的伤害也很大，因而对于子女的辅导也是必要的。告诉他们父母离婚的事实，使父母与其沟通，让孩子正确看待父母离婚的问题，并且要告诉孩子，父母即使离婚也依然爱他（她）。帮助孩子在父母离婚问题中平稳过渡，为适应新的家庭生活做好心理准备。

（2）离婚后辅导。在这个阶段进行辅导是为已经离婚的案主提供各种心理上或生活上的帮助，使之从离婚的阴影中尽快走出来。如何尽量降低离婚对离婚者个人以及其他家庭成员特别是子女的影响，是家庭社会工作面临的一个重要议题。很多离婚者不仅生活上遭遇困境，可能心理上也会出现失衡。离婚者经常出现的情绪包括：羞辱、失落感、绝望、消沉、矛盾、愤怒、焦虑等。也有人离婚后出现性格偏执，对生活失去信心，自暴自弃，甚至想要自杀，不愿意与人接触，总是认为自己是个失败者。由于这些负面认知和情绪的影响，有的人会出现失眠、食欲缺乏等生理症状。面对这些状况，社会工作者可以帮助案主从优势的角度进行分析，帮助离婚者正确面对离婚问题，让离婚者意识到离婚的创伤需要时间来慢慢恢复，不要刻意地压抑自己和强求自己忘记过去。要引导他们调整心态，勇敢面对离婚问题。离婚不是失败，是危机也是转机，离婚使人成长，使人们能够重新选择生活，是机遇也是一种挑战。同时还要帮助离婚者树立人生目标，转移注意力。引导他们将精力投入在事业上，和亲友交往沟通上，或者重新寻找自己的感情归宿上。

A 案例分析

张成和美华是一家大型企业的职工，两人从认识、结婚到离婚总共不到一年的时间。他们因相互猜疑使家庭解体，但张成至今都忘不了前妻，或者说，他还深爱着前妻。也许，前妻和他的感受也差不多。

2013 年 6 月，上了一年班又去外省某大学上学后的张成回到了单位。一次偶然的机会，张成听说单位里那个让他倾慕已久的美华的老公在一场不幸中丧生，张成又是同情，又是暗喜，因为，他终于可以有机会接近美华了。当时，美华和前夫的孩子已经 1 岁多了，张成说，他不在意那些世俗的眼光！但是，让他意外的是，暗暗追求美华的人很多。美华不但长得漂亮，而且绘画和写诗方面小有才气。为了向美华示爱，张成悄悄从单位的资料室查到她的生日后，专门为她准备了一枚戒指。当他怀着一颗忐忑的心向她求婚时，没想到她竟然接受了！张成说，当时他真的很兴奋也很激动，而美华也说那个生日是她有生以来最隆重的，她会永远记得那个 28 岁的生日。

张成以请家人吃饭的名义，让父母在宴席上见到美华。酒过三巡，张成向家人说，他很爱美华，从小到大他从未求过父母什么，但是这次他请求父母能够接纳并喜欢美华。当时父母都保持沉默。当天晚上，父亲找他谈话，说婚姻大事，希望他慎重一点。张成说，那次谈话进行了整整一夜，但是，他最终还是让父亲接受了自己的想法。

婚后，张成才慢慢得知，在他之前已经有很多男人追求过美华，而美华觉得只有张成才能让她过踏实的日子。但是，婚后家里总是会接到一些莫名其妙的电话，当他接起时，对方又不说话。张成从来没有怀疑美华对他有什么不忠，而当张成陆续把自己以前的恋爱史告诉美华时，他发现家里的气氛变得有点不对，尤其是美华得知他曾经和初恋女友同居的事情后，更是吃惊地瞪大眼睛。

不管怎么样，自打两人领完结婚证后，张成就尽量多抽时间待在家里，给美华做好吃的，还给她洗衣服。张成是个直性子，从来装不住话，想到什么就说什么，不管什么事情，只要是发生过，他都会毫无保留地向她说起。张成的口无遮拦让美华开始对他的一切事情充满质疑。

他们的婚姻出现了裂缝，美华提出了离婚。为了尽最大可能挽救这场婚姻，张成在离婚前一天还向美华说好话，希望她能慎重考虑，更希望她能把离婚的事情告诉双方父母，但是倔强的美华根本听不进去。

离婚当天，回到家后，张成把结婚照撕得粉碎，就在这时，一直坐在床边的美华也默默哭泣。平常在家什么也不做的美华破例将家打扫得干干净净，而且还给张成做了顿饭，可张成看了那碗分手饭，怎么也吃不下。

问题

分组分析案例中案主出现的问题并讨论辅导介入方案。

任务五　婚姻暴力辅导

R 任务体验

随机组成 6 人体验小组，针对中国现代离婚的原因进行讨论，分析家庭社会工作在婚姻辅导方面的方法，小组讨论后形成最终方案。

R 任务分享

各组成员分享讨论的结果。

R 任务总结

对该任务的意义和目的进行解释。

知识介绍

一、婚姻暴力的含义

婚姻暴力是指特定婚姻中夫妻之间的暴力行为，它是家庭暴力的主要形式，是狭义的家庭暴力。具体而言，婚姻暴力可以定义为：配偶对伴侣实施的一种强制的行为形态，包括身体上的攻击或威胁，同时也伴随着其他各种形态的控制行为。其一般可分为表达性暴力和工具性暴力两种。以表达性为目的的暴力行为在于以配偶作为宣泄消极情绪的对象，而工具性的暴力行为则以控制对方或逼对方就范为目的。不论出于何种目的的虐待配偶的行为，结果都会令受害人在身体上、心理上和智能上出现不同程度的伤害。

二、婚姻暴力的形式

婚姻暴力的具体表现形式是多样的，大致可以分为三类：身体暴力，即所有对身体的攻击行为；精神暴力，即威胁恐吓、恶意诽谤、辱骂等精神上进行伤害的行为；性暴力，即故意攻击性器官，强迫发生性关系、性接触等行为。从性质上看，婚姻暴力行为侵害了夫或妻一方受法律保护的人身权利，对受害人的身体、精神、性等方面造成一定损害后果，其性质一般属于民事违法行为，但其中情节严重，触犯刑律的，则属于犯罪行为。

三、婚姻暴力的特点

婚姻暴力具有隐蔽性高、再发率高、危害严重的特点。

在中国传统的家庭观念中，家庭是属于个人的私事，具有隐秘性，外来力量不便干预。不少人认为“家丑不可外扬”，夫妻打仗是“床头打仗床尾和”，把婚姻暴力掩盖起来。这都给家庭暴力的隐蔽性和反复性提供了一个社会背景，助长了家庭暴力的发生，以至于家庭暴力反复发生，家人习以为常，其他人见怪不怪。

婚姻暴力对受害者的身体和心理造成了直接的伤害。长期遭受暴力的当事人，除了肉体上受到伤害，心理上也受到很大的创伤甚至是扭曲。很多妇女在遭到丈夫的暴力侵害后出现自杀或产生攻击性行为。婚姻暴力侵犯了人权。侵犯了人人应该享有的基本尊严、平等、自由和发展的权利。家庭暴力不管是对受害者进行肉体的伤害还是精神上的折磨，都是对人权的侵犯。

长期的婚姻暴力无疑伤害夫妻的感情，最终导致夫妻感情破裂而离婚。很多妇女受到丈夫的暴力侵害后，选择出走、寻找婚外感情寄托，或者采取以暴制暴、报复甚至杀害丈夫。这些对女性的伤害很大，同时也是对夫妻感情的伤害。

四、婚姻暴力的防治和辅导

（一）建立良好的专业关系，界定案主的问题

社工应以一种诚恳的态度倾听当事人，以期建立一种合作性伙伴关系。社工应以一种

诚恳的态度倾听当事人的经验，理解当事人的反应，接纳当事人的所作所为，帮助当事人形成对问题严峻性的认定，并以民主的方式探讨解决问题的方向和方法。社会工作人员与危机状态下的受害者接触和了解时，要向求助者传达协助意愿和能力，通过关心、耐心、帮助性态度等积极性倾听建立专业关系，并且协助案主处理情绪问题。危机介入要把焦点放在案主目前的感受上，对案主的梦魇、恐惧、无力感、紧张及侵入性思考、罪恶感、焦虑、哀伤等负面情绪进行净化。通过同理心来表达积极倾听，注意案主认知上的非理性信念陈述，初步界定案主问题。

（二）开始阶段的危机评估

评估危机问题，发展工作契约危机评估是处理婚姻暴力社会工作中重要的一环，危机评估的内容包括受害人安全评估（对施虐者带来的安全问题作出评估和判断）、受害者心理状况评估、暴力评估（对施暴者的暴力历史和严重程度作出评估和判断）、婚姻暴力产生机制评估、危机因素评估、应对策略评估。作为一个资料搜集和分析的过程，评估的目的是在了解受虐待配偶和其他家庭成员可能遭受或再遭受虐待或暴力的概率、伤害的程度的基础上，让社工对虐待配偶和家庭暴力个案作出最恰当的介入程序和保护措施，从而减低虐待配偶和家庭暴力事件的出现或再出现的机会，以避免施暴者对配偶和家庭成员有任何可能产生的危害。

（三）对婚姻暴力的社会工作辅导

拓展当事人的能力、资源和潜力。在防治婚姻暴力中，对于施暴者和受害者的心理辅导是一个重要的方面。在婚姻暴力中，无论是施暴者还是受害者，对于暴力行为都有不正确的归因，并在事后出现自责、自憎、沮丧或恐惧等情绪，因此都需要接受心理辅导和治疗。很多施暴者本身就有缺陷，如人格扭曲、心理变态；有的施暴者有偏差行为，如赌博、吸毒、酗酒等不良嗜好等。这些人需要接受心理辅导和矫正，以尽量消除心理的暴力因素。

根据危机介入的原则，在暴力危机尚未解除之前，社会工作者不适宜先选取婚姻或关系作为介入重点，而应以减除暴力危机保障安全作为优先关注及介入的重点。因此，在危机辅导的初期阶段，社会工作者是承担保护者的角色，以评估受害人的安全、暴力危机及订立安全计划。社会工作者根据对受害人安全、受害者心理状况、暴力评估结果来确定受害人与施暴者未来相处的危机级别，并制订相应的安全计划或安排安全居所。适时向妇女保护中心、家庭危机支持中心、社会保障系统及紧急经济援助机构、儿童照顾或托管服务中心、法律援助机构、司法部门等寻求援助。必要时，通过跨专业的协助，保障受害人及其子女的人身安全。如果家庭暴力的受害人需要使用医疗服务，社工可主动转介，并经常与医生联络和了解有关受害人的受伤情况，以作跟进。危机解除之后，社会工作者才适宜进行以婚姻辅导、家庭辅导或治疗为主的介入模式。

“整合干预法”是缓解婚姻暴力的有效工具。其基本原则是根据婚姻暴力产生的不同机制，围绕社会工作的辅导内容，采取情绪治疗、认知治疗、行为治疗等不同的干预方法。并通过在微观社会工作和宏观社会工作，协助个人对危机的情境反应以及处理日常问题能力发生长期的改变。对治疗效果不明显的压力创伤后遗症者、严重心理情绪问题的施暴者，社会工作者可以转介给临床心理学家和精神科医生治疗。

（四）充当受害者和社会支持网络之间的链接者

社会工作者要为受害者争取应有的社会支持或根据情况转介到其他机构，并教会受害者如何求助，鼓励案主主动向有关的家庭资源和社会支持网络求助，以增加受害者求助能力和社会资源。教导受害者个人权利的观念，以及应对暴力的技巧。社会工作者应当鼓励受害者争取自己的权利，提升自我价值感，鼓励当事人拿起法律武器和争取社会资源来保护自己的权益。另外，要教会受害者学会正确的防抗暴力和自我保护的技巧，以增强其应对暴力的能力。

（五）结束和追踪

在危机介入的结案阶段，社会工作者与案主作最后的会谈，检视整个服务过程——哪些任务或目标已完成，案主有什么改变或是否有新的对应行为模式，个人和社会资源的联结如何，以及案主未来的计划如何等；作“事先的引导”，即协助案主预期未来可能发展的暴力危机，并有效地计划对应策略。社会工作人员在结案后应继续表达对案主的关心，需要和案主约定在某一特定的时间见面或电话联系，以便评估案主进步情形。

总之，婚姻暴力的问题，牵涉复杂的个人心理、家人互动及文化观念，这要求社会工作者具备相应的技巧、能力和掌握相关知识。例如，在不同介入阶段熟练使用社会心理模式的支持性技巧、探索情绪疏通技巧、人际沟通分析技巧；判别危险程度的能力，准确掌握自己应采取的介入模式的能力，对情绪的认识及处理等能力；认识婚姻与暴力有关的基本知识，熟悉与婚姻暴力及虐待有关的法律条文、执行程序及如何与执法机构、法律援助机构合作等相关知识。并以积极和指导的态度帮助在“危机状态中”的案主，使其可以达到一种新的平衡状态。

A 案例分析

三年前，李琳对从没有说过话的小吴一见钟情，她不仅喜欢他的帅气，更喜欢他身上那种与众不同的气质。第一次见面，李琳便对小吴表白，两人因此很快坠入爱河。小吴受过高等教育，为人拘谨内向，彬彬有礼。李琳的父母对他也很欣赏。有一天，李琳的父母去海南旅游，小吴来与李琳幽会。耳鬓厮磨之际，小吴突然向李琳施加暴力，撕破了她的衣裤，强行非礼。李琳惊慌中害怕惊动邻居，成为丑闻，只好含羞忍受。小吴的粗鲁行为，令李琳羞愤至极，向小吴宣布绝交，小吴长跪不起，向李琳道歉。两人的感情反复半年有余，李琳终于与小吴结婚。但婚后她已经“性”趣全无，平日里两人连话都很少。每次房帏之事，她都有被强暴的受辱感。她想离婚，可小吴每次都以“自杀谢罪”来表示自己的决心，但每次亲热时他又控制不住，故伎重演实施暴力。李琳既害怕事态扩大影响自己的声誉，又怕别人知道了小吴的毛病毁了他的一生，只好忍耐着。但是忍耐并不能换来问题的解决，在夫妻生活上，小吴反而变本加厉，不顺意时，便破口大骂，还强调自己的行为是男人在婚姻中的权利。李琳若坚持拒绝，小吴就会拳脚相向。如此婚姻生活，让小吴身心受创却有口难言，感到十分苦恼，想要结束婚姻却找不出让人信服的正当理由，毕竟丈夫是自己找的，说他是个性虐待狂，又有谁信呢？

问题

分组分析案例中的关系，并讨论治疗和介入方案。

子情境二　亲子关系辅导

任务一　了解亲子关系的特征

R 任务体验

邻近两人一组，阅读以下背景资料。

美国威斯康星大学著名的动物心理学家哈洛（Harlow）设计了别具一格的婴猴研究。他将小猴与母猴隔离，并用两种假母猴代替真母猴。一个是由金属丝构成的圆筒，称“金属母猴”，另一个是在圆筒外面盖上一层柔软的绒布，称“布母猴”。哈洛发现，小猴紧紧地搂着绒布做的“母亲”，很少会和金属丝做的“母亲”在一起，尽管只有金属母猴提供奶！当遭遇惊吓时，小猴则把布母猴当作母亲寻求安慰。而当探索新的刺激物时，小猴则把布母猴当作行动基地。当恐惧的刺激物（如敲鼓的玩具熊）出现时，小猴会跑回到布母猴那里。当新奇的刺激物出现时，小猴会逐渐地冒险去探索，但在进一步探索前会回到布母猴那里。

哈洛及其同事通过进一步研究发现，对于健康的社会性发展，这些猴子对替代母亲的强烈依恋是不够的。实验者最初以为和布母猴在一起的婴猴是正常发展的。但隔离时间长的婴猴，不论它是由金属母猴抚养还是由布母猴抚养，都会造成心理上的失调。这些猴子与由母猴抚养并与其他小猴子在一起游戏的猴子相比，显示了许多异常的行为模式，如自己咬自己，表现害怕的怪相，喜欢独自蜷缩在角落里，还有许多刻板的动作。后来萨克特（Sackett）又追踪研究了这些猴子“社交”能力发展的情况，发现这些猴子在青年和成年时期仍不适应“社交”。完全隔离的猴子在性成熟时缺乏交配能力，对自己生育的婴猴也不会给予照料。

R 任务分享

读完以上背景资料，你有什么感想呢？

R 任务总结

“依恋”关系对于婴猴的身心发展和社交能力发展而言是重要的，在人类社会中，亲子关系的建立对于儿童的健康发育也是尤为关键的。

Z 知识介绍

亲子关系即父母子女关系。在法律上是指父母和子女之间的权利、义务关系。父母和子女是血缘最近的直系血亲，为家庭关系的重要组成部分。

一、亲子关系的类型

（一）根据父母教养方式来分类

亲子关系往往有不同的类型和表现形式，根据父母教养方式的不同，可以把亲子关系分为以下三种类型。

1. 专制型

这类父母通常认为：“孩子是我的，我有随意对待孩子的权利。”他们通常把自己的价值观强加给孩子，不尊重孩子的选择自由，信奉“棍棒之下出孝子”的信条，对孩子的教育过分严格，稍不顺心或孩子的行为不符合自己的愿望时，就对孩子进行打骂。在这种亲子关系下成长的子女，容易形成自卑、懦弱、冷漠、消极情绪，产生恐惧或焦虑、敌意或残忍的心理，容易发生不能克制的逆反、倔强、攻击和冲动行为，产生叛逆心理，甚至作出父母意料不到的事。

另一种专制是父母对孩子提供过度的保护，什么事情全由父母包办、代替，孩子的自主权受到限制，使孩子养成过分依赖父母的习惯，一旦离开父母，则易产生分离焦虑，拒绝入园，拒绝上小学，形成儿童退缩行为。过度保护还会养成孩子以自我为中心，自私自利，很难适应集体生活，易造成挫折感，产生对立、自卑、仇视、嫉恨乃至采取攻击报复行为，或因人际关系紧张造成情绪问题等。

2. 放任型

这类父母对孩子的行为与学习不感兴趣，也不关心，很少去管孩子，“小时候交给保姆或祖父母，上学了交给老师，长大了交给社会”。这类父母存在着典型的角色问题，他们或性格内向或缺乏权威意识和责任感或社交能力差。这种家庭环境下成长起来的儿童往往对事情没有责任心，行为放纵，一些不良的个性与态度会影响学业。根据研究，行为越轨儿童的大多数与这类父母有关：母亲对孩子管教过松或过严或前后不一致、父母对孩子缺乏感情、听任其自由活动而不予指导和约束、家庭缺乏亲密性等。实际上，亲子间正常接触和交流是缓解青少年恐惧焦虑、不安的精神良药，能给孩子带来安全感、信赖感、温馨感，对子女的心理健康发育、健全性格形成具有极重要的作用。随着社会生活竞争的剧烈化和家庭生活电视化，父母对孩子的放任会越来越多，而这与科学的儿童教育是相悖的。

另一种放任是对子女过分地溺爱和宽容，使子女容易养成放纵骄横、自私自利的个性和嫉恨的心理，对自己的社会责任模糊不清，不能学会在欲望不能满足时应有的忍耐，其结果是，不合理的需求、欲望不断增加，无法适应社会生活，以自我为中心，自控力差，道德观念薄弱，缺乏行为准则和规范，事事依赖成人；与人交往产生挫折后，易产生对立、仇视情绪，从而发生侵犯行为。

3. 民主型

这类父母不打骂孩子，对孩子的行为更多的是欣赏、协助和引导，对于孩子在成长或学习过程中发生的问题更多的是采取帮助与鼓励的方法，并合理地担当起监护人的责任，使孩子从父母的行为与教育中获得知识，明白事理。民主型父母尊重子女愿望，但也不是没有原则。父母处理问题不是以极端的方式，而是采取聊天等平等讨论方式解决有争议的问题，给予孩子独立的空间。这种亲子关系下的孩子，比较独立、和善、易融入社会。

（二）根据亲子间地位和沟通形式来分类

根据亲子间地位和沟通形式的不同，还可以将亲子关系分为养育型、财产拥有型、反向型、冲突型、泛爱型、亚平等型六种类型。

1. 养育型

在这种亲子关系中，父母的主要功能是养育子女，其他功能明显不足。这种亲子关系形成的主要原因是父母只养育孩子，而不教育孩子。有的父母将自己的全部精力都用于孩子的生活，即主要用于解决孩子的温饱问题，他们没有更多的时间去教育孩子。他们认为，养育孩子是他们的责任，教育孩子则是学校的任务，因而自己没有教育孩子的义务。在实际生活中，很多父母将注意力集中在孩子的饮食上，只知道改善孩子的生活条件，却很少关心孩子的心理品质，很少考虑对孩子的教育方式，导致家庭与学校缺乏沟通与合作，使学校教育的效果大打折扣。

2. 私有财产型

父母将孩子作为自己的私有财产，自己可以对其任意操作，可以凭自己的意见和情绪对待孩子，如随意批评、指责孩子，或指挥、命令孩子。他们的观点是：孩子是我的，孩子的一切都得听我的。父母不考虑孩子的意见，不考虑孩子的情感，孩子的任何反抗都会使他们出现强烈的愤怒行为，孩子对父母只能是服从。在这种亲子关系下，孩子失去了独立和个性，成为被动服从的机器。

3. 反向型

正常的亲子关系中，父母处于主导地位，是这种关系的支配者，决定着这种关系发生的方向。但是，反向型的亲子关系是依赖子女，子女处于支配地位，父母处于从属地位，所有的决定几乎都依赖子女作出，因为父母有强烈的依赖性，或在能力上有明显的缺陷。但是，由于子女的社会阅历很浅，思维也很不成熟，因此很容易出现判断失误，这必然给家庭带来很多问题。由于父母往往从小对孩子娇生惯养，百依百顺，长大后就可能出现上述现象。

4. 冲突型

亲子出现明显的冲突，父母攻击子女，子女反击父母。这种攻击主要表现在以下几个方面：① 身体攻击：父母体罚子女，子女攻击父母。② 言语攻击：父母用强烈的言语责骂子女，子女也用同样的方式对待父母。③ 心理攻击：父母用冷落、讽刺以及心理折磨的方式对待子女，子女则对父母表现出很明显的逆反行为，通过自己的行为表现来激怒父母，甚至通过犯罪等极端行为来报复父母等。

5. 泛爱型

现在的独生子女家庭中，泛爱型的表现非常突出，具体的表现如下：① 过度保护：对孩子作较多的限制，如不让孩子外出，不让孩子和他人交往，不让孩子独立地从事一些力所能及的活动。结果使孩子形成胆小怕事、抑郁的个性。② 完全赞赏：不论孩子作出什么行为，父母一味地对孩子赞赏，很少对其作出是非评价。结果是孩子作出正确的行为，父母给予鼓励和赞赏，作出错误的行为也不能及时给予纠正或正面引导，因此使孩子无法形成是非观和价值观，不利于孩子个性品质的形成，而且容易使子女形成蛮不讲理，甚至表现出强烈的攻击的特点。

6. 亚平等型

亲子关系本来就是一种不平等的人际关系，亲子行为是一种不平等的人际行为。如果亲子之间表现出完全平等的关系，亲子就会表现出明显的问题，实际上这种关系也是无法存在的。因为，子女的依赖性较强，而且子女必然表现出对父母的一种依赖性，如果父母无法使他们依赖，那么他们就会有突出的不安全感，心理就容易出现问题。但是亚平等型是一种较有利于子女心理健康的良好关系，在这种关系中，亲子双方互相信任、互相支持，能进行顺畅、深刻的沟通。在这种亲子关系的影响下，父母和子女之间积极对话，和谐相处，出现问题的时候能以最积极最有效的方法解决，使家庭教育朝着更加积极的方向发展。

二、亲子关系的特点

（一）不可选择性

亲子关系是有血统相继承的社会关系，对任何人来说，妻子、丈夫是可以选择的，但具有血缘关系的父母是不可以选择的。父母只要生有儿女，就不能回避与子女的亲子关系。从孕育孩子开始就存在这种亲子关系，即使后来过继或领养都无法改变这种亲子关系的存在。

（二）永久性

亲子关系一旦产生就是永远，是任何的外来力量都无法改变的事实。亲子关系不像夫妻关系那样可以通过离婚来解除，即使父母双方离婚，在离婚后父母双方都有义务抚养孩子。亲子关系的永久性还体现在，即使到了生命的终结，亲子关系依旧存在。

（三）亲密性

亲子关系之间有着其他任何关系都无法代替的天然血缘关系，父母在培养教育孩子的过程中，极大地满足了为人父母的心情。与孩子之间的亲情是孩子学习和与人交往的最基本情感。不管是在精神上还是情感中都体现着亲子关系的亲密性。

（四）权利义务的特殊性

父母与子女之间的权利义务关系表现为父母对孩子的教育与抚养和孩子对父母的赡养，这种权利和义务是双向的。亲子关系与社会关系不一样，不是可有可无的，也不是可以随意放弃的。在亲子关系中，这种权利和义务的对应，不仅需要人们道德的约束，同时也需要相应法律的约束。

（五）阶段性

亲子关系随着孩子年龄的变化而出现不同的阶段性特征。婴儿时期的亲子关系是直接的，是由父母给予的关怀，他们所依赖的是父母，尤其是母亲，他们渴望母亲的称赞与关心十分强烈，害怕被母亲拒绝。到了小学阶段（儿童时期），由于空间扩大，对社会环境及学校的适应问题应运而生，认同的对象由父母扩大到教师和同学，儿童的亲子关系已经不再只由父母给予单向的增强，父母对儿童的行为或加以限制或加以接纳，但这个时期重要的依附关系的种种特征仍保持十分稳定。到了中学、大学阶段（青年时期），他们从儿童走向成人期，心理上逐渐向家庭之外发展，确立与同伴的和谐关系，寻找自己认为有意义的职业，渴望摆脱他人的束缚，有时会与父母发生冲突，如果处理得好，子女能理解父母的苦心与想法，对父母的感情又可恢复到儿童时期那样浓厚。可见，根据各阶段亲子关系特征，父母要决定其态度和行为方式，处理好亲子关系是十分重要的。

三、亲子关系的发展特点

亲子关系是儿童与父母之间建立的一种人际关系。它是在家庭生活中逐渐形成并发展起来的。

（一）早期依恋及其对社会性发展的影响

婴儿大约在6个月以后，与父母渐渐建立起一种稳定的亲子关系，即对父母形成了一种依恋。依恋是儿童与其父母之间的一种感情联系、纽带或持久关系，是一种内在的心理状态或情感状态。这种依恋促进了父母与儿童之间的亲密性和接近性。一旦依恋形成，儿童就以各种方式对待依恋对象，如经常接触他们、一起玩乐、做游戏。更为重要的是，依恋对象能给儿童提供一种安全感。疲倦或紧张的儿童会靠近其依恋对象，并且在感情上表现出更大的宽慰，与依恋对象在一起时表现出愉悦和轻松。

英国精神病学家鲍尔比（J. Bowlby）在长期的研究中发现，在教养院和孤儿院长大的儿童，经常表现出各种各样的情绪障碍问题，包括不能和别人建立亲密持久的人际关系。在鲍尔比看来，这些儿童似乎是不爱别人，因为在早期生活中，他们失去了对一个母亲形象牢固的依恋关系的机会。鲍尔比在他的一系列调查研究之后，总结出这样一个结论，即在个体发展过程中，与亲近的人分离都会在不同程度上带来情绪上的问题；早期生活，尤其是婴幼儿期中的母子分离会给儿童的心理健康带来极大的危害；母子联结的破裂或未建立正常依恋的儿童，不仅在儿童期引起种种情绪障碍，不能很好地与人相处，而且将影响整个人生的顺利发展，尤其在人际关系、情绪生活及社会生活适应上将造成难以弥补的损失。

随着儿童年龄的增长、认知水平的日益提高，小学儿童对父母的依恋行为可能随着年龄的增长而减少，可能被其他依恋补充，但依恋贯穿人的一生，几乎没有人不受早期依恋的影响。早期依恋对行为的影响及对在促进儿童早期依恋的形成和人际关系的发展中的启示可归纳为以下几点。

（1）安全的依恋有助于培养儿童对自己、对父母、对同伴、对世界的信任感及积极的探索能力，为儿童社会性发展奠定良好的基础。

（2）母爱是必要的，但要把握好母爱的“度”，采取合理的教养方式，遵循“适度性原则”，即正确的教养方式应是合理的控制和理智的爱。积极的教育态度及行为应该包括关怀、爱护、温暖、理解等，这有利于儿童的顺利发展，而消极的教养态度及行为是拒绝、分歧、矛盾、溺爱、体罚、威胁等。所以，应尽量避免儿童由于缺乏父爱或母爱所造成的伤害，也应避免对儿童无条件和过度溺爱而导致的消极影响。

（3）父母应创造条件让儿童去交往，防止儿童过度依恋父母，让儿童在与同伴及其他人的交往中学会新的技能，享受合作的乐趣，体验成功的欢乐，培养儿童的社会适应能力。

（二）小学儿童的亲子关系

研究表明，随着儿童年龄的增长，父母与儿童的关系发生着变化，儿童越来越多地自己作出决策。麦克斯白（Macceby）提出一个亲子关系发生变化的三阶段模式。

第一阶段：父母控制（6 岁以前），大部分重要决定由父母作出。

第二阶段：共同控制（6～12 岁），父母主要有三个主要的职责：在一定距离里监督和引导儿童的行为；有效地利用与儿童直接交流的时间；加强儿童的自我监督行为（如解释行为标准，说明如何减少危害）和教会儿童知道何时寻求父母的指导。

第三阶段：儿童控制（12 岁以上），儿童自己作出更多的重要决定。

小学儿童与父母的关系处在共同控制阶段。小学儿童的人际交往逐渐丰富起来，与同伴的交往也明显增多，与父母的关系从依赖开始走向自主，从对成人权威的完全信服到开始表现富有批判性的怀疑和思考，但小学儿童与父母仍然保持着亲密的关系，他们对父母仍然怀有深厚的依恋的感情。与父母的关系在其发展中仍起着重要的作用。父母对儿童的温情、鼓励、支持、期望、倾听及对儿童多讲道理、少用惩罚等行为特征，都对儿童社会性发展起着至关重要的作用；父母具有较强的社会交往能力，并且关心儿童的社会交往，让儿童参与家庭中某些事情的决策，为他们提供交往的机会等都会促进儿童社会交往能力的发展；父母通过榜样作用、强化和约束，培养儿童形成被社会所接受的行为方式，发展儿童的亲社会行为；父母参与学校活动的程度和水平、父母与儿童的交往的质量、父母的期望和观念等都与儿童的认知发展水平及学业成绩等存在密切关系。

与此同时，父母对儿童的发展也具有消极影响。亲子之间也存在非安全型的依恋关系，如父母拒绝儿童、对儿童反应的敏感性较低等，都会导致儿童在行为及情感发展方面的问题，出现攻击行为及反社会行为等问题行为。

总之，父母主要通过自己的教养观念、教养方式和教养行为来影响儿童的社会性发展，特别是对儿童的一般能力、社会交往能力、亲社会行为及学业成绩的发展产生重要的影响。父母对小学阶段的儿童具体通过教导、强化、榜样、慰藉等心理机制对其社会性产生影响。妥善处理好这一阶段的亲子关系，不仅要求做父母的要理解和关心儿童，而且在教育儿童的过程中父母应努力做到宽严有度。

四、亲子关系的重要性

亲子关系对婴儿的态度及其行为发展具有十分重要的意义。心理学家发现，婴幼期的孩子母爱被剥夺，如双亲双亡或无力抚养孩子，会出现智力功能低下，甚至有严重的精神困扰等问题。如果婴幼儿与母亲分离时间不超过 3 个月，则亲子关系容易建立，婴儿的发展也很快可以恢复。如果分离 5 个月以上，则亲子关系会受到很大阻碍，与同龄幼儿比较，他们有继续衰退的倾向。可见，亲子关系在婴儿期的亲子互动过程中已奠定基础，特别对于孩子的语言发展、人格的形成与社会人际关系等方面将产生极其重要的影响。

（一）对语言发展方面的影响

语言是人与人之间情感与思想交流的工具。儿童学习语言，首先接触的通常是母亲，然后是家人，再次是小伙伴。在丰富的语言环境中发展孩子的语言能力，特别是3岁前的婴幼儿是人的一生中学习语言最迅速最关键的时期，有人将0～3岁婴幼儿早期语言发展分为发音、理解、表达三个阶段，而发音阶段又可分为四个阶段：第一阶段，是指婴儿出生后，为啼哭阶段；第二阶段，是指婴儿出生一个月后，为咕咕声阶段；第三阶段，是指婴儿出生后3～4个月，为咿咿呀语阶段；第四阶段，通常在1岁左右，为系统语言发展阶段。这几个阶段主要是靠父母、特别是母亲与孩子通过语言交流让孩子习得语言，如果失去正常的语言刺激和语言交流的环境，特别是父母与孩子的语言交流被剥夺，就会造成儿童出现语言与智力严重缺陷的问题。例如，在兽群中长大的“兽孩”没有一个有学会语言的个案记载。研究人员发现，婴幼儿语言能力发展有很大差别，主要是由于学习机会多少的不同，很少是由于智力差别。例如，在有众多孩子的家庭中，老大因为有较多与父母互动学习语言的机会，所以比弟妹们会说话，而一些被遗弃的孤儿、生病住院时间较长的儿童，因为练习说话的机会较少，也无亲子互动沟通的可能，语言发展较为迟缓。生活在条件较好家庭中的儿童，由于有良好的语言环境，不断受到父母长辈的鼓励，所以语言发展较好，使用句子也比较正确。

婴幼儿通过亲子语言互动，不仅促进其语言的健康发展，而且通过语言发展，促进了婴幼儿认知能力的发展，包括其感知力、观察力、注意力、记忆力、想象力等，它们之间既相互制约，又相互促进，因此父母要为创设良好的语言环境提供条件，多给孩子提供与父母交流的机会，要注意语言的示范与指导。

（二）对人格形成方面的影响

所谓人格，是指人们的思考、行为、习惯、态度、特征、兴趣及价值观、人生观等，具有一定倾向性的心理特征的总和，反映一个人的整体精神面貌。日本学者诧摩斌俊说：“不管你立足什么理论，在从婴儿期到儿童期、青春期的孩子的人格形成（其中特别是社会化）过程中，父母子女的关系是一个极其重要的构成因素。”根据近代心理学家艾瑞克森的研究结果，心理学家普遍认为，人类在4岁之前，尤其是出生到1周岁这一时期，是一个人一生人格基础的建立时期，这一时期中婴儿的周围环境将决定其未来人格的趋向。

心理学家认为，影响人格形成的因素是非常复杂的，除遗传与生活因素外，还有环境与社会的因素，特别是家庭环境对个体人格的影响远远超过其他环境的影响，在出生后的第一年，如果婴儿没有正常的母爱，得不到情感上的满足，就会影响将来他对周围世界，尤其对社会环境的基本态度，对周围人容易产生怀疑心理，不能形成基本的态度，而对人和环境的基本信任是形成健康个性品质的基础。早期经验表明，在婴儿时期所受到的情感上的伤害比以后任何时期所遭到的伤害对未来人格的发展影响都严重。一些被遗弃的孤儿，由于没有得到父母的照顾，缺乏亲子间的感觉刺激，情绪反应不丰富，不仅表情呆板，还显示出一些特殊的癖性。如果家庭中父母喜怒无常或多愁善感，缺乏温馨喜悦的气氛，就会使孩子情绪困扰，紧张易怒，甚至口吃；如果父母失和、家庭破碎，往往孩子长大后容易产生神经官能症和少年犯罪倾向。由此可见，在孩子人格形成与发展过程中，亲子关系是多么重要。要培养健康的人格必须从婴儿开始，而健康人格的培养不是靠一日之功，需要从婴儿起一点一滴地积累而形成。

（三）对社会人际关系方面的影响

孩子在良好的亲子关系中感受到安全、信任、温馨，这是其良好情绪发展的必备条件，奠定孩子今后与他人良好适应的基础。如果亲子关系不和谐或常被家长冷酷对待，孩子会缺乏安全感，对周围环境持怀疑态度，容易胆小、自卑、孤独，不愿探索新鲜事物，不愿与别人接触，常常以攻击行为发泄自己的情绪，不懂得爱，也不会去爱别人。这样的孩子长大后不易信任别人，常产生和别人相处困难的情形，当然也不易和他人建立和谐关系。大量事实充分表明，缺乏母爱的孩子无论在情感上还是在社会人际关系方面都得不到较好的发展。

在亲子活动中，母亲是婴儿期的重要人物。婴儿的身体健康和心理发展都是以母亲的抚育为核心的，亲子互动使母婴之间发展起相互的依恋，它对以后孩子的社会情感的发展起着促进作用。据心理学家研究，孩子的依恋和安全感首先是通过皮肤接触而获得的。皮肤接触包括对孩子的亲吻、抚摸以及抱和背孩子，这是自然的接触和情感的交流。在母亲的抚育下，孩子心灵得到安全感，促使孩子茁壮成长，并富有宽广的胸怀，懂得爱别人。有人把母亲与婴儿的接触比喻成重要的心灵营养液。当然，母亲在与婴儿接触过程中要有良好的心境，如果以充满爱意的心情呵护孩子，就会给孩子带来愉快和安全感，如果情绪不好，心烦意乱，母亲的心理压力和焦虑就会有意无意传递给孩子，使孩子在早期交往中就有不安全的感受。亲子关系良好，父母与子女间相互信任、和谐，子女会慢慢懂得人类生存的各种方式，父母的行为也会渐渐成为孩子的榜样。日本品川孝子先生说：“孩子与家长的关系是孩子一生转变的关键，也是将来他们踏入社会，基本待人接物的依据，关心你的孩子，别忘了重视你与孩子的关系。”

总之，良好的亲子关系通过互动不仅给家长提供教育子女的机会，而且也为孩子树立行为的榜样，学习与他人合作的态度，这对孩子今后建立良好的社会人际关系有很大的帮助。

A 案例分析

4 年前，小天妈妈生下了小天，那时小天妈妈和其丈夫的工作都非常忙。小天妈妈是一家国企的人事主管，丈夫自己经营一家公司。因此他们都把事业看成是第一位的。刚生完小天不到半年，夫妻两人商量后决定请一位有经验的保姆来照看孩子。保姆是朋友介绍的，50 多岁，来自乡下，人很老实，而且照顾孩子的经验也很丰富。由于不能生育，保姆至今也没有孩子，因此她特别喜欢小孩，小天 6 个月大的时候断了母乳，保姆开始给她喂奶粉。每次喂之前，保姆都要先将奶瓶捂到和自己体温差不多的时候再喂小天。虽然保姆识字不多，但小天仍然非常喜欢听她讲的故事。出去买东西，别人经常把小天误当成是保姆的亲孙女。有人问小天最大的理想是什么，她总是说要赚钱给奶奶养老，奶奶是她对保姆的称呼，这时的保姆听了，总是笑得合不拢嘴。一眨眼，小天快上幼儿园了。这天，小天妈妈和丈夫商量后把保姆辞退了。早上，小天醒来发现奶奶不在了，她又哭又闹，谁的话也不听，给她吃东西，她把碗摔得老远，看着哭了一整天的女儿，夫妻俩没办法，只好从乡下又把保姆接了回来。这件事以后，小天妈妈发现女儿对自己越来越疏远，如果自己想抱她，她会躲开跑到保姆的怀里。她想，可能是自己平时忙于工作，疏忽了照顾女儿才会这样。为了改善和女儿的关系，她常常抽空带女儿出去玩，给女儿买她爱吃的东西，可每次买给女儿的东西，她都要留一份儿，说是回去给奶奶吃。看到女儿和保姆的关系比和自己还亲密，她心里很不是滋味，毕竟自己才是女儿的亲生母亲啊。

问题

根据案例情况，分组讨论在儿童成长过程中，亲子关系的重要意义及如何培养良好的亲子关系。

任务二　掌握亲子关系辅导的技术和方法

R 任务体验

邻近两人一组，阅读以下背景资料。

“宝贝，宝贝，我是你的大树，一生陪你看日出……”这首《爸爸去哪儿》的主题歌，唱出了家长们的心声——陪孩子慢慢长大，是最美好的事。

爸爸负责赚钱养家，妈妈负责带孩子；爸爸是严厉的代名词，妈妈是慈爱的代名词，这似乎已成为中国家庭的教养模式。而《爸爸去哪儿》这档节目的热播，使得人们重新关注父亲在家庭教育中的重要性。

2013 年，中国青少年研究中心公布过一份对孩子们的调查，在被问到“心情不好时，谁最能理解、安慰你”时，仅有 10％的孩子选择了父亲，排在第四位；在被问到“空闲时间，你和谁在一起的时间最长”时，仅有 6.9％的孩子选择了父亲，排在第五位；在被问到“谁最尊重你，让你感到很自信”时，仅有 15.5％的孩子选择了父亲，排在第四位；在被问到“内心的秘密，你最愿意告诉谁”时，仅有 8.5％的孩子选择了父亲，排在第四位。

调查显示，一半以上的家庭中存在父教“缺位”的情况，母亲是子女教育的绝对主角。

哈佛大学一项关于父亲在孩子成长中作用的研究显示，一个人要发展两方面的能力，一个是亲密性，一个是独立性。母亲的天然优势是培养孩子的亲密性，而父亲的天然优势是培养孩子的独立性和责任感。大量研究都显示，如果父教缺失，孩子的独立性和责任感较差，退缩行为比较多。

不过现在更糟糕的现象是，爸爸妈妈都“不在家”。忙碌的工作使得朝九晚五的生活也无法保证，回家后孩子已经睡觉，早晨上班时孩子还没有起床，这成了常事。即便是工作之余和孩子在一起，也早就身心疲惫，更不用说费心关注孩子的心灵成长了。

而且，实行计划生育政策三十多年来，大量独生子女已进入婚育年龄为人父母，由他们生育的第二代独生子女被称为“独二代”。据调查，超过70%的年轻父母“只生不养”，抚养孩子的重任全部由家中的老人承担。其中，孩子主要由爷爷奶奶照料的占42%，由外公外婆照料的占30%，而由爸爸妈妈亲自抚养的孩子不到两成。超过80%的“独一代”父母表示，目前社会竞争激烈，工作压力大，自己每天都要疲于奔命地工作，根本没时间考虑带孩子的事情，更没时间照顾孩子。

R 任务分享

读完以上背景资料，你有什么感想？

R 任务总结

让学生们讨论并总结亲子关系的重要性以及如何增进亲子关系。

Z 知识介绍

亲子关系所产生的问题有几种情况，最常见的是亲子在发展阶段上的适应困难，也就是说，有些父母与子女在某阶段可以相互适应，但到了另一阶段则无法相处。譬如，有些父母能好好照顾且抚养日夜安睡的幼小婴儿，但觉得难以管教到处乱跑的幼儿；或能应付依赖的孩童，但无法与青春期的子女和谐相处。有时亲子关系的问题，来自于父母对子女特殊或过分的期待。有些父母将自己一生无法得到和满足的愿望转移到子女身上，要求他们来完成，使子女难以接受。

良好的亲子关系是保证子女身心健康的重要条件，通过一定的辅导形成良好的亲子关系是必要的。那么如何建立良好的亲子关系呢？

一、尊重孩子

尊重孩子，首先要保护孩子幼小的心，不要在外人面前数落孩子的不是，说孩子的缺点。尊重孩子那些在你看来很可笑的想法、问题、收藏的东西等，耐心地回答孩子的问题，不要应付地用“嗯”“哦”回答孩子，敏感的孩子知道你心不在焉地回答他的问题，会觉得自己自讨没趣，以后就不会再问你问题了。更严重的是，他会怀疑父母亲是不是不爱他了，为什么对自己不理不睬的。他会觉得自己已经被遗忘了，被冷落了。久而久之，为了引起大人们的注意，有的孩子就会变得顽皮捣蛋，寻找爱和安全感；有的孩子则会变得冷漠、孤僻，更加敏感。

尊重孩子，还要学会蹲下来倾听孩子的话。通过这种方式的对话来了解孩子的感受，是非常有价值的一种方式。不论孩子提出的问题是大还是小，都要尽可能找时间立即去倾听并作出回答，而不要让孩子等待。立即倾听孩子的话，有助于赢得孩子的信任，这样孩子才愿意把所有的事都告诉父母。而对于父母来讲，了解孩子头脑里想的是什么，也是一件很重要的事情。因此，当孩子有交谈的欲望时，做父母的要尽可能地立即与他交谈。这样孩子就不会失望了，他可以感受到自己对父母是多么重要，就会把更多的心里话告诉父母。

二、无条件地接纳和爱

父母要让孩子知道：“我爱你是因为你就是你，而不是因为你做了些什么，满足了我对你的期望。”这种庄重、坦诚并且始终如一的爱，会让孩子获取充足的安全感，牢牢地打下生命的地基。

然而在我们的文化传统里，家长以孩子为荣为耻，要求孩子光宗耀祖，孩子没出息则觉得没面子，而衡量孩子的仅仅是学习成绩这样一个短小狭窄的标尺。孩子从出生开始，就担负起为父母争光、实现父母梦想的重担，他们自身的需求往往被忽视。加之现代社会在飞速变化发展中，父母对当今社会变迁可能感觉无所适从，对自己的生活缺少把握，对未来不确定性的恐慌，从而造成对孩子的过度担忧和焦虑，家长把这些内心恐惧投射到孩子身上，生怕由于自己努力不到位而耽误了孩子。所以很多家长忘记了关注孩子身心健康的成长到底需要什么，而更多地将精力投入到鞭策孩子在滚滚潮流当中“不掉队”。

一个人生存下去的动力源于内心对自身存在价值的确认。这种确认来源于父母对孩子无条件的爱和接纳，来源于良好的亲子关系，而不是“你乖乖听话成绩好给我挣面子我才爱你”。有条件的爱令孩子缺乏安全感和自信心，一旦孩子感觉没有办法达到父母的期望，就会认为自己的存在毫无价值。他们会感觉自己是父母的累赘，甚至会用死亡来寻求解脱。

三、非批判的态度

当孩子做了不好的事情时，做父母的最重要的不是批评或教训孩子，而应该首先处理事情。然而，在许多家庭中，一旦孩子说错了什么或是做错了什么，父母立刻摆出一幅严厉的样子对孩子指手画脚，同时带有无礼甚至是侮辱性的批评语言。结果不但没有让孩子心服口服地接受批评，反而引起孩子的反感和顶撞。当孩子出现错误时，父母的批评对孩子通常是没有益处的，相反它还能导致怨恨和反感。而更糟的是，如果孩子经常受到批评，他就学会了谴责自己和别人，学会了怀疑自己的价值，轻视别人的价值。所以，父母应该给孩子更多的指导而不是批评。

四、按孩子自身的速度发展

儿童的发展过程是一个自然的进程，无论是孩子的生理还是心理发展，均有其自身发展的内在规律。在教育孩子的过程中，如果违背了孩子发展的自然规律，往往会把事情弄得很糟，这样不仅达不到父母的预期效果，还会影响孩子的正常发展。在学龄前儿童的教育中，表现得较为普遍的就是父母缺乏等待孩子自然成长的耐心。许多年轻父母迫不及待地要求幼小的孩子学这学那，过早地让孩子投入到所谓的“学习”环境之中，把识字、拼音、计数、外语当成早期教育的全部内容。父母这种片面的认识和盲目的举动，背离了孩子的自然发展规律，加重了孩子的认知负担和心理负担，以致产生不良后果。

同时，由于受遗传因素和不同环境的影响，孩子间存在着一定的发展差异，这并不奇怪。可有些家长总喜欢拿自己的孩子与别人的孩子比。当自己的孩子比别人强时，父母就沾沾自喜，反之就不停地数落、讽刺、挖苦孩子，这样很容易使孩子消沉、迷惘。孩子由于年龄小，见识少，他们往往以父母、他人的评价来评价自己，过多的批评、责骂容易使年幼的孩子迷失自我。其实每一个孩子的身心发展特点都是各不相同的，父母不能用别的孩子的长处来抹杀孩子的自信，也不要因孩子某方面的欠缺而否定他的一切，更不能照搬别的孩子的成功个案来培养自己的孩子。父母要有足够的勇气承认并正视孩子间的差异，要怀着沉稳的心态耐心引导孩子，以使他们以自己的速度成长。

五、父母态度要一致

中国有句古话叫“严父慈母”，很多家庭至今还沿袭着这一传统，父亲和母亲在教育孩子方面，一个唱红脸，一个唱白脸，其实这对孩子的成长是不利的。因为如果这样，孩子会无所适从，不知到底该听谁的。特别是当孩子犯错后，他们所想的可能不是如何去认识和改正错误，而是积极去寻求一种庇护，寻求精神的“避难所”，他们甚至可能因此变得肆无忌惮，为所欲为。所以，在教育子女时，父母一定要旗帜鲜明，保持高度一致，形成“统一战线”，共同努力，让孩子能正视自己所犯的错误并努力去改正自己的错误。

A 案例分析

6 岁的圆圆是幼儿园里的小童星，她不仅歌唱得好，舞跳得好，而且钢琴也弹得非常好。可又有谁知道圆圆的天赋是以牺牲了童年的快乐为代价而换来的。圆圆的妈妈是小学里的音乐老师，她一直有一个梦想，那就是把女儿培养成钢琴家。在女儿 3 岁的时候，她和丈夫节衣缩食用一年的工资买了一架昂贵的钢琴。自从钢琴搬到家里后，圆圆就再没能像其他小朋友那样快乐地玩耍了。清晨5点，妈妈就要把圆圆从床上叫醒开始练琴，还没睡醒的圆圆往往弹着弹着就趴在琴上睡着了，晚上吃完晚饭，妈妈又带着圆圆坐到了钢琴旁，一练就是2小时。周末，圆圆的练琴时间比平时更长。妈妈为自己的梦想可以说是倾注了全部的心血，她不惜花高价从音乐学院请来专业老师给圆圆上课，而且自己一有空就坐下来，要圆圆把学到的东西弹给她听。看着女儿的琴技不断提高，妈妈十分欣慰。可是圆圆毕竟是个孩子，她非常羡慕别的小朋友能看自己想看的动画片，玩自己喜欢玩的游戏。时间一长，她开始厌恶起弹钢琴来，任凭妈妈如何讲道理她都听不进去。妈妈非常生气，有两次还打了她。从此以后，圆圆对钢琴从厌恶变成憎恨。为了逃避学钢琴，她常常装病。一天，圆圆趁妈妈不在家，拿起一杯开水往钢琴键盘上浇去，边浇边狠狠地说道：“烫死你！烫死你！”她想，如果钢琴坏了，自己今后就再也不用弹琴了。

问题

分析讨论当前社会背景下如何实现亲子关系良性发展。

学习情境六

特殊家庭辅导

理论学习目标

1. 理解单亲家庭、重组家庭、空巢家庭的概念，以及这三种特殊家庭所面临的问题。

2. 理解对单亲家庭、重组家庭、空巢家庭如何开展社会工作。

实践学习目标

掌握对单亲家庭、重组家庭、空巢家庭的介入途径，有效开展对单亲家庭、重组家庭和空巢家庭的辅导。

所谓特殊家庭，在此仅是指非主流或者说是非传统的家庭结构形式。当前中国主流的家庭结构有核心家庭、主干家庭两种。非主流的家庭结构形式包括单亲家庭、空巢家庭、丁克家庭、重组家庭、单身家庭、隔代家庭等。本章主要对中国近年来比较典型、影响范围较广的三种家庭类型，即单亲家庭、重组家庭和空巢家庭进行介绍。

任务一　掌握单亲家庭辅导技术和方法

R 任务体验

推选 2 名男生、2 名女生进行角色扮演。其中男生甲扮演小政，男生乙扮演小政的同学小宝，女生甲扮演小政母亲，女生乙扮演小政的同桌贝贝，4 名同学在教师的指导下积极策划，向全班同学展现如下的故事情境。

小政是一名小学四年级学生，他的父母离异多年，现在他与母亲一起生活。小政长得英俊，性格活泼，但行为习惯不好。脾气暴躁，喜欢我行我素，精力旺盛，自尊心过强，上课东张西望，不遵守纪律。他的妈妈工作忙，对孩子的事情虽有关心，但方法不对，孩子犯错时就狠狠打一顿，因此对孩子的教育收效甚微。这样的家庭环境使小政逐渐养成了一些坏习惯，同学们也不太喜欢跟他玩。

提示：4 名同学可以设计一些生活化的场景，具体展现小政及其家庭所面临的情景。比如说小政养成了一些坏习惯，可以用他抢女同桌贝贝东西，或者与同学小宝上课打闹等场景展现，以及请扮演母亲的同学以独白的形式表达自己在孩子教育方面内心的困扰等。

R 任务分享

请扮演者分享自己的感受，包括当“演员”的感受，以及猜测“剧中人”的可能感受。请同学们观看后讨论小政家庭可能面临的问题。

R 任务总结

派小组代表分享讨论结果，总结单亲家庭容易面临哪些问题。

Z 知识介绍

一、单亲家庭及其分类

单亲家庭，是指由父母中的一方与其未成年子女所组成的家庭结构类型。造成这种婚姻类型的原因有：离婚、配偶死亡、配偶入狱或者未婚生育等。

根据单亲家庭形成的原因，可以将其分为丧偶式单亲家庭、离异式单亲家庭、未婚式单亲家庭、分居式单亲家庭、失踪式单亲家庭等。

丧偶式单亲家庭是指因家庭内部父亲或母亲一方去世，另一方与未成年子女共同生活形成的家庭。在新中国成立前，丧偶式单亲家庭是主要类型。当今随着科学技术及医疗卫生水平的不断提高，中国人口的平均寿命普遍提高，因此，丧偶式单亲家庭的比重逐渐降低，但仍是单亲家庭的主要形式之一。

离异式单亲家庭是指家庭中夫妻双方通过法定程序解除婚约，由父亲或母亲一方与未成年子女共同生活的家庭形式。20 世纪 90 年代以来，中国社会上的婚姻理念和家庭结构出现了明显的变化，中国离婚登记人数呈现逐年持续上升态势。民政部在 2013 年 6 月 19

日发布《2012年社会服务发展统计公报》中显示，2012年共依法办理离婚手续的有310.4万对，增长8.0%，粗离婚率为2.3‰，比上年增加0.2个千分点。依法办理结婚登记1 323.6万对，粗结婚率为9.8‰，比上年上升0.1个千分点。2012年离婚率的增幅超过结婚率增幅。目前离婚增多是造成单亲家庭的最主要的原因。

未婚式单亲家庭是指未婚男女未办理结婚手续而同居，所生子女与父亲或母亲一方共同生活的家庭形式。

分居式单亲家庭是指仍保留夫妻名分，在一定程度上夫妻的权利、义务得以保留，但夫妻没有居住在一起的家庭。其中一种分居是单亲家庭由于夫妻感情不和而采取的主动分居形式，而另一种分居是由于夫妻不在同一个城市工作，或者一方入狱等两地长期分居造成的被动式分居。

失踪式单亲家庭是指家庭内部配偶未办理法律上的离婚手续，一方不明原因而长期失踪的家庭形式。

根据家庭成员对未成年子女的抚养方式，可以大致分成：母亲抚养式单亲家庭、父亲抚养式单亲家庭、祖父母抚养式单亲家庭、外祖父母抚养式单亲家庭、其他亲属抚养式单亲家庭。中国的单亲家庭多由母亲与孩子组成，这类单亲家庭大约占单亲家庭总数的85%以上，也就是说，母亲抚养式单亲家庭构成了中国单亲家庭的主体。

二、单亲家庭面临的问题

如果说一个完整的父母都在的家庭拥有“双保险”的话，那么单亲家庭就只有“单保险”了。换而言之，单亲家庭抵御风险的能力更弱，一旦“单保险”失灵，很可能意味着一个家庭的完全破裂。虽然单亲家庭的成因不同，但是大都面临着相同的问题，如长期的生活紧张、重大生活事件的发生以及缺乏社会和心理上的支持。长期的生活紧张一般源于经济压力及由此而造成的心理压力。

（一）经济上的压力

在中国，单亲家庭面临的压力首先是经济上的，特别是母亲抚养式单亲家庭。就女性自身的特征来看，中国女性多数在就业领域处于劣势地位，母亲的收入偏低，维持家庭生活更是困难，有时甚至连子女的基本教育费用都难以支付。事实上，中国城镇享受居民低保的家庭中，有相当一部分是单亲家庭。单亲家庭中，由于单身父（母）一人单独支撑一个家庭的开销，经济紧张必然会影响到家庭生活的质量以及孩子的教育投资。

（二）心理及情感上的压力

单亲家庭面临的心理及情感上的压力也是多方面的。由于经济上的压力，长期的生活紧张，导致单亲家长的心理压力加剧。由于缺乏另一半，他们常感到彷徨、无助，在情感方面也倍感孤独，既无法满足自己的生理需求也无法满足自己的情感需要。

（三）子女社会化的问题

在一个健全的家庭中，对子女的社会化是由不同的家庭成员、不同的角色来完成的，男性与女性的作用是不同的：男性更多的是发挥指导性和榜样性的作用，而女性给予子女的则更多的是日常的照顾与关怀。女孩会受父亲角色所易于表现的冒险、进取、独立性等特征的影响；男孩也会受母亲角色所易于表现的同情心、温柔、依赖性等特征的熏陶。双亲家庭是儿童个性健康成长的天然土壤，每个家庭成员都是孩子社会化过程中的最好参照。

而在单亲家庭中，父母由于性别角色缺失，不利于单亲子女性别角色形成。同时，在离异家庭中，父亲或母亲的遗弃会使子女对异性产生不信任感，以及在与异性交往中缺乏安全感，有的甚至对异性有抗拒、敌意的倾向，对以后的婚姻生活产生不良影响。比如父亲遭遇婚外情与母亲离婚，有可能会使女孩产生男人不可靠的观念，以致对长大后的恋爱、结婚产生抗拒。

此外，家庭肩负着子女的道德、行为的社会化任务，家庭关系是否和谐、父母关系的好坏，直接影响着子女的行为标准。而单亲家庭由于家庭关系紧张，使得很多孩子疏于管教，父母与子女的沟通较少，亲子关系紧张，一些孩子得不到家庭的温暖，沉迷于网络，结识社会上的不良少年等，导致产生社会越轨行为的几率增加。

（四）子女教育问题

抚育和教育子女，是每一个父母都必须承担的法律义务和道德责任。在单亲家庭中，由于失去了完整的家庭结构，家庭中由夫妻关系、亲子关系这两种基本关系组成的家庭的“三脚架”的倒塌，使家庭职能削弱，其子女处于一种较差的教育环境之中。单亲家庭中的教育通常有以下几种类型。

第一种是“溺爱型”。单身父（母）亲因其子女失去了母（父）爱而有一种愧疚心理，为了弥补，便对子女过分地宠爱、娇惯，而不能正常地给予管教。

第二种是“嫌弃、厌恶型”。有的单身父（母）亲，将同自己生活在一起的子女视为累赘包袱，漠不关心，养而不教，甚至有的进行粗暴的打骂或虐待、歧视。

第三种是“无暇顾及型”。这是单亲家庭中具有的普遍性问题。单身父（母）亲，一人承担抚育子女的责任与任务，既有繁忙的职业责任，又要承担沉重的家务，既当爹又当妈，常感心力交瘁，力不从心，对其子女的关心、教育无力。

随着单亲家庭的日益普遍，单亲家庭所面临的困境和问题也越来越引起社会的高度关注和重视。

三、对单亲家庭的辅导

对单亲家庭开展社会工作，首先要秉承三个基本视角。

一是福利、服务、保护和增权。要对单亲家庭提供福利性的物质帮助，为单亲父亲（或母亲）、子女提供生活性、心理性、信息性以及发展性的服务。保护单亲家庭在社会参与、就业、合法收入等方面的权利，通过外部干预和帮助增强单亲家庭成员的社会生存与竞争能力。

二是干预和解决问题。干预是指社会工作者为系统地改变单亲家庭子女及其社会环境而与其发生的互动行为。这种干预是按照社会工作的价值观、依据一定的知识和采用相应技巧进行的，它是一种影响而不是控制。解决问题是社工发现案主的问题与需求，探索满足其需求的过程。

三是分门别类服务与综合服务。“分门别类”是指社工运用不同的技巧、方法解决不同的问题。单亲子女抚养模式不同，问题不同，社工所运用的技巧、方法自然不同。综合性服务则是指综合地把握单亲子女抚养模式的各种问题，通过各种服务机构中的社会工作者采用综合方法与技巧解决复杂问题。在实际工作中两种模式常常交替使用。

对单亲家庭开展社会工作，具体方法包括宏观、中观、微观三个层面。

（一）宏观层面

社会工作能够在制度与政策方面发挥功能，这里蕴涵着社会工作者的基本信念，那就是个人和群体的状况可通过环境的改善而改变。社会工作者通过社会立法、社会政策制定、社会行政、社会工作研究与咨询，从社会环境入手解决关系全社会大多数人利益的全局性问题。具体来说，对于单亲家庭，可以从以下方面开展工作。

1. 通过媒体倡导正确看待单亲家庭

倡导社会公众摈弃世俗偏见，正确看待单亲家庭的问题，消除对它的歧视。公众应当给予单亲家庭及其子女以理解和适当的关爱，对单亲家庭群体伸出援助之手，尽量帮助他们解决工作、生活中的实际问题，为单亲家庭及其子女的健康发展创造良好的外部条件。

2. 为单亲家庭提供政策性的强有力扶持

社会工作者要大力呼吁政府及教育、民政、妇联等部门关注单亲家庭。积极参与政府、教育、劳动等有关部门组织开展的调研，通过深入调查、掌握和分析单亲家庭的生活状况，在享受低保、困难补助、子女教育、再就业、医疗救助等方面，争取在社会立法与社会政策制定层面，帮助单亲家庭改善生存环境，维护单亲家庭子女的合法权益。

3. 动员社会力量，对单亲家庭给予帮助

例如，设立单亲家庭贫困基金以对单亲特困家庭实行定期的经济援助，以及成立相应的社会组织，设立单亲家庭服务热线等，为单亲家庭和再婚者提供各种各样的咨询和心理帮助。

（二）中观层面

中观层面的社会工作是指对单亲家庭所处直接外界环境的干预与调节，一般包括对学校、社区等组织的干预与调节。

1. 从学校层面介入

由于单亲家庭子女大多处于学龄阶段，子女每天除了在家中，其余最多的时间就是在学校，因此学校是孩子继家庭之外的主要社会化场所，要充分发挥学校的优势。现实生活中单亲家长由于各种原因，不能与校方取得很好的联系，作为社会工作者，可以架起学校与家长之间的桥梁，使家长与学校之间能够有效地配合，形成“家长-社会工作者-学校”三位一体的沟通模式，共同协作关注单亲家庭子女的教育问题。

学校层面开展工作具体包括以下两个方面。

(1) 有针对性地开展个案工作。社工与学校教师密切配合，了解班里的单亲学生学习情况、家庭状况，建立单亲家庭子女档案，对在学习和生活上有困难的单亲家庭子女给予更多的关注。同时，可以通过问卷调查、心理测量等方法，对单亲家庭子女进行分类管理，对有严重心理问题的单亲家庭学生重点进行心理辅导，帮助其消除因家庭变故而产生的心理困惑及自卑感和无助感，减轻心理压力，使其能够健康快乐地学习和生活。在必要的情况下，可以采取回归家庭治疗的方式。

(2) 开展单亲家庭亲子教育辅导。社工在了解单亲家庭情况的基础上，根据不同单亲家庭的情况，设计具体的单亲家庭亲子教育辅导方案。也可以采取团体工作的方法，比如针对单亲家庭子女教育问题及人际关系等方面的难题，聘请有关方面专家学者开展专题讲座。还可开展单亲家庭小组工作，比如单亲家庭互动小组、单亲家庭成长小组等。在小组活动中，单亲家庭家长能够结识更多与其有同样或者相似经历的朋友，通过交流，分享教育子女的经验，互相提供情绪上的支持，而家长与子女共同参加小组活动，也可增进子女、家长之间的互动，有助于改善亲子关系。

2. 从社区层面介入

社区是家庭生活的重要外界环境之一，也是社会工作的重要突破口。

具体来说，从社区层面开展工作包括以下五个方面。

(1) 解决单亲家庭的子女日常照顾问题。由于单亲家庭人员较少，家长又忙于工作，对子女的日常照顾及上学、放学接送成为一件困难的事情。可以在社区开设儿童日托寄养中心，提供儿童暂时托管，为那些经济上比较贫困的单亲家庭提供免费服务。可以聘请社区内的退休教师及志愿者对放学后无人管理的单亲家庭子女进行学业辅导，并提供就餐场所及餐饮服务。也可以以小时工、保姆或家庭教师的形式到单亲家庭中提供上门服务，为单亲家长解决后顾之忧，使其能够安心工作。

(2) 帮助单亲家庭家长改善生存环境。对于经济困难的单亲家庭，社会工作者可以协同社区，通过政府和有关机构为单亲家庭家长解决就业问题，帮助他们介绍工作。对于一些文化水平较低又没有一技之长的家长，可以介绍他们到民政部门登记并参加职业培训，掌握技术，以便找到更合适的工作。对于特别困难又无劳动能力的家庭，社会工作者可以联系当地的民政部门，与居委会、街道办一起帮助他们申请低保，也可以发动社会上的爱心人士出资建立单亲贫困家庭专项基金，在一定程度上帮助贫困单亲家庭渡过难关。

(3) 开展单亲家长家务训练。单亲家庭中家长大多是女性，但是近年来男性单亲家庭也在逐渐增加，男性单亲家庭同样也面临着子女教育和承担日常家务劳动的问题，所以社区可以对单亲家长进行简单训练，包括基本的家庭理财、家务料理、家庭环境布置、烹饪技术等方面的培训。

(4) 扩大单亲家庭社会支持网络。广泛发动社会上的民间资源，对资源进行整合分类，组成单亲家庭教育服务队、单亲家庭法律信息咨询服务队等，帮助单亲家庭维护权利，增强单亲家庭的社会适应能力。

(5) 为单亲家长再婚提供机会。社会工作者与社区人员可以通过开展单亲家庭联谊、单亲家长家庭教育交流等活动，使单亲家长能经常与社会保持联系，帮助单亲家长走出封闭的环境，在扩大人际交往的同时，也可以为重新组建家庭提供很好的机会。还可以联系妇联、街道、婚介等部门主动为单亲家长牵线搭桥，帮助单亲家长再次组建幸福的家庭。

(三) 微观层面

微观层面主要包括家庭和个人。微观层面也是社工对特殊家庭介入的主要手段。

1. 从家庭层面介入

社工直接介入单亲家庭之中，帮助他们解决问题，恢复其社会功能，增强社会适应能力及获取资源的能力。具体来说，包括以下四个方面。

(1) 调整单亲家庭家长的心态。单亲家庭的自我调适关键在于家长。作为单亲家长，首先要面对现实，树立自立自强的意识，面对来自生活和社会的压力，调整自己的情绪和状态，不要一味地怨天尤人，更不要将婚姻中的阴影带给孩子，努力用乐观积极的态度为子女营造一个良好的家庭环境。此外，如果条件允许，建议单亲家长选择再婚，因为担心孩子受苦而放弃追求新的婚姻的传统观念并非一定对孩子的心理和生理发展有利。

(2) 协调好单亲家庭内外的关系。可以运用会谈技巧和感情介入的原则，帮助单亲家庭协调好内外关系。首先，协助离异家庭处理在位家长与不在位家长之间的关系，两位家长在对子女的教育问题上采取何种教育方式，必须达成一致。其次，要调整双方的亲戚及朋友之间的关系，不要因为夫妻离异而相互仇视对方或对方亲属，更不能将家庭矛盾转嫁给子女。一切应以孩子利益为出发点，给孩子一定的民主权利，根据孩子的意愿选择与父母中的哪一方同住。不在位家长同样要承担起养育未成年子女的责任，虽然不能住在一起天天见面，但是可以通过书信、网络或电话等交流手段，随时与孩子保持联系，了解孩子的情况，也可以定期看望孩子。通过这些工作，可在一定程度上缓解冷淡紧张的家庭气氛，为孩子的成长营造良好的氛围。

(3) 拓宽单亲家庭成员的社会交往面。单亲家庭应不断扩大社会交往圈，寻求更广阔的社会支持群体，与亲戚、朋友、同事来往，经常带孩子出去，参加“单亲家庭俱乐部”等活动。单亲家庭成员如果遇到困难，可以寻求专业社会工作者或心理医生的帮助。

(4) 对单亲子女进行双性教育。要注意培养良好的亲子关系，同时也不能忽视子女的角色培养，必要的话，可以为单亲子女安排男（女）性教育指导员：在以女性为抚养者的单亲家庭中安排一个男性教育指导员或教师，在以男性为抚养者的单亲家庭中安排一个女性教育指导员或教师。通过这种双性教育方式，可以使子女获取在抚养者那里学不到的东西，以弥补单亲家庭因角色缺失及角色不足给子女带来的不良影响。

2. 从个人层面介入

针对单亲家庭及其子女，社会工作者采取一对一的个别介入方式，由浅入深地与案主建立服务关系。在保持价值中立、友好沟通的前提下，了解单亲家庭的具体问题，进行压力评估，提出具体的计划和方案。对存在心理困扰和心理问题并无法排解和宣泄的单亲家庭的家长及单亲子女，按照适度的感情介入、尊重、接纳和支持的原则，为单亲子女及家长提供个别心理辅导，帮助单亲家庭成员发掘和运用自身的资源，恢复和增强个人或家庭的社会功能，面对现实，找回自信。

此外，值得一提的是，社工在对单亲家庭实施以上三层次的服务时，还必须遵循以下两个原则性的要求。

一是要灵活运用社会工作的方法、技巧。社会工作有三种具体工作方法——个案工作方法、小组工作方法和社区工作方法。在运用的过程中要准确恰当。例如，了解单亲家庭和子女问题，需要采取个案工作方法，因为每个家庭和每个孩子的问题会各不相同，而且孩子个人的家庭状况往往不愿让其他人指导，个案工作更易于建立起社工与家庭和孩子间亲密的专业关系，易于发现问题并了解造成问题的真正原因。而在以促进单亲子女成长、增强家庭成员综合能力的活动中，则应运用小组工作的方法，使其在小组中进一步认识自己、了解他人，获得相互信任和支持，重拾自信。同时，社会工作者还必须学会很好地掌握和熟练运用技巧。在与单亲家庭接触的过程中，更应注意技巧的运用，因为他们比一般人群有更高的敏感性和戒备心理。例如，与单亲父（母）亲交谈要以情相动，交谈要以理服人，与单亲子女交往一定要以朋友的姿态出现，强调启发诱导，切忌批评说教。

二是要严格遵守社会工作者的基本准则。接纳他人、非批判性、个性化、保密、案主自觉等原则都是社会工作者必须自觉遵守和执行的，这也是区分专业社工与以往行政人员的标准之所在。例如，对于一些单亲家庭子女的不良行为，不能简单地以自己的标准为原则加以批评，而应该尽量理解其行为背后的原因。

A 案例分析

大龙，10岁，就读小学五年级，因为父亲有婚外情而导致父母离婚，现在大龙和母亲两个人生活。他们住在租来的房间里。父亲是一个工厂的工人，也在同一个城市居住，但很少来看大龙。大龙母亲的身体不是很好，知识水平较低，在酒店当清洁工，收入不高，两个人的生活比较艰辛。大龙的祖父、祖母已经过世，外祖父、外祖母在老家居住，身体也不太好。大龙在家附近的一所公立学校读书。他的学习成绩很差，数学、英语、语文经常不及格，有打架、捣乱和偷窃行为。在同学眼中是一个“坏学生”，但是班主任还是很关心大龙，大龙母亲也知道大龙在学校的大致表现，但感觉心有余而力不足。

问题

以 6 人小组为单位，分析作为社会工作者该如何帮助大龙，并推选代表在全班分享。

任务二　掌握重组家庭辅导技术和方法

R 任务体验

观看电视剧《家有儿女》第一集。主人公夏东海曾跟随前妻到美国陪读、工作，离婚后带着小儿子夏雨回国发展，并与国内长大的女儿夏雪团聚，后与某大医院的护士长刘梅结婚。刘梅也曾离异，并带有一子刘星。

初到新家的夏雪因为怕受继母的气，首先给继母刘梅来了个下马威：不但对刘梅为她准备的接风宴挑三拣四，而且提出约法三章，甚至故意找“狂野男孩”扮其男友和父母叫板。同样，继父夏东海与继子刘星的关系也面临着严峻挑战……

R 任务分享

分小组讨论重组家庭面临哪些问题与挑战，从家庭社会工作角度谈谈该怎样开展帮助。

R 任务总结

每个小组派代表在全班分享，最后归纳出重组家庭面临的问题，以及可能的解决途径。

Z 知识介绍

一、重组家庭简介

重组家庭是指配偶的双方或一方曾有过婚姻经历，而重新组成的家庭，也称再婚家庭。中国传统社会中，再婚的家庭是原配偶中的一人死亡，另一方则“续弦”或“再嫁”。而在现代社会，再婚则基本上是和离婚率密切相关的。

今天在中国的再婚者已是一个拥有相当数量的群体，而且这一群体还在呈继续扩大之势。再婚者队伍之所以不断扩大，首先应归因于可能进入再婚者行列的“供给源”越来越多。以往，再婚者的最重要来源是丧偶者。今天，丧偶者依然是再婚的重要来源，但与传统社会再婚现象不同的是，现代社会构成再婚的第一来源已由源源不断的离婚者所代替。现代家庭制度变迁和观念的变化，也成为再婚可能性增多的另一个重要因素。

二、重组家庭面临的挑战

和所有初婚家庭一样，人们在初婚中遇到的烦恼再婚者也都要遇到——吃喝起居、锅碗瓢盆、生活的平凡和琐碎、夫妇间因性格的差异产生的冲突……但是再婚家庭还有它的特殊性，有初婚者不曾遇到的困难，与初婚家庭相比，重组家庭还面临以下挑战。

（一）挥之不去的“过去”

再婚家庭与初婚家庭最大的一个不同，是他们进入当下这个婚姻时，一方或双方都带着自己的“婚史”。再次开始的婚姻故事，不再是在白纸上描画的；故事开始的地方，也总受着过去故事的左右。再婚家庭的所谓特殊矛盾，便是这挥之不去的过去，它影响着再婚生活，也影响着再婚者对情感关系、亲子关系、财产关系和婚姻冲突的处理方式。

再婚的夫妻关系往往比初婚时更微妙。一方面，不管以往的婚姻是幸运还是不幸，再婚者心中都有一个心结，有一个去不掉的比较参数，特别是在不愉快时，更喜欢用过去配偶的优点和今天配偶的缺点比较。另一方面，因为一方有过这么一张“旧船票”，也容易导致和新配偶之间心理关系的复杂化。比如对配偶“过去”的“嫉妒”：一位先生再婚后明知妻子对他很好，但仍担心妻子心里还装着已去世的前夫，总以种种方式加以试探，甚至连妻子与已故的丈夫生有两个儿子都嫉妒，说：“你就是对他好，不然你怎么会给他生了两个儿子？”类似这样由一张“旧船票”投下的阴影，使不少人总觉得，再婚夫妇之间始终夹着另一个人，影响着他们当下的生活。

（二）家庭关系的复杂化

再婚往往使家庭关系变得更加复杂。因为再婚，当事人面对的家庭关系可能要成倍地增加。有的再婚家庭夫妇双方都是再婚，而有的则仅是一方再婚，另一方初婚。初婚一方对继父母的角色往往有一个艰难的适应过程。因为适应不良，会对婚姻造成巨大伤害，如有一对再婚夫妇，初婚的妻子当年曾拒绝接受丈夫和前妻所生的孩子，而对丈夫和孩子造成很大的伤害，尽管她后来在心理上接受了这个孩子，但当年的伤痕却是永久性的，以致17年后还是导致夫妻分手。不仅再婚的两个人要面对如何接受没有血缘关系的继子（女）并学会和他（她）相处的问题，更棘手的是，孩子并非完全是被动的，即使他（她）保持沉默，也有接受、不接受继父母的问题；对新的家庭，他（她）有一个是成为“建设者”还是破坏者的选择。继子女关系带来的问题有如下几点。

（1）相互的猜忌，怀疑对方偏向自己的子女，怀疑对方“私赠”自己子女财物。

（2）潜在的情感竞争、心理的失衡。感到自己不管怎样对对方好，在他（她）心里自己的孩子还是占第一位的。

（3）继子女的直接介入影响到再婚夫妻感情。例如，成年子女为争夺财产而排斥继父母，也有未成年的子女因痛恨继（父）母占据了她亲生（父）母亲的位置，故意插在父（母）亲和继母（父）的生活之中，破坏父（母）亲和继母（父）关系。家庭关系的复杂化，还表现在继子女之间相互的猜疑、斗气，等等。

离婚后再婚的家庭还会遇到其他的社会困难。原配偶的社会与经济义务以及随后的离异和分别再婚以及所担负的义务的变化，会使事情进一步复杂化。如博安南指出的，再婚会“牵动一系列社会群体”。例如，A先生丧偶后虽然再婚了，但跟儿子以及前妻家的亲属还有联系，这往往引起A先生和现在妻子的矛盾，因为对现任妻子来说，除了要和她无关的人礼尚往来，而且丈夫前岳母家像“影子”部队一样，影响到她在这个家的地位。每年寒暑假孩子要回他亲姥姥家，孩子姥姥家人会有种种对她的议论和抱怨，抱怨她对孩子照顾不周。所以妻子觉得不是和A先生一个人结婚（仅仅带一个孩子也就算了），而是和他过去的许多关系纠缠到一起——其实，对每一个进入再婚家庭的人，关系的复杂化都是题中之意。接受一个有婚史的人，就得准备和他（她）的“过去”和平地相处，包括和他（她）过去的关系网相“链接”。

（三）敏感性和脆弱性

再婚家庭的关系往往比一般家庭更脆弱，更容易破裂。再婚家庭有两个敏感“雷区”，一个是对方的前配偶，一个是和前配偶生的孩子。很多人在再婚时已有自己和前配偶生的儿女，这些儿女常常成为引发家庭矛盾的敏感点。那些一进入新的家庭就要准备给别人的孩子当后妈、后爸的当事人，心理自然不轻松。他们深知，和继子女关系的好坏，不仅影响到再婚后的婚姻生活，也影响到自己的社会形象。前一个“雷区”可以避开，第二个“雷区”却绕不过去，必须得想办法积极把“雷”排除，也就是说，得通过感情超量的投资，使孩子和现配偶彼此之间建立信任感，逐渐拆除情感上的篱障，使这个问题不再那么敏感，才能建立比较和谐的家庭关系。处理不好的，往往引发矛盾，造成夫妻关系紧张。再婚家庭就像一个“易碎品”，不加以特殊的呵护就要破碎，而最容易出现裂缝的地方，就在继子女和继父母的关系上。一般而言，再婚家庭关系一般的和较好的，都非常注意防止这一裂缝出现。

此外，再婚后还需要对原家庭生活中大多数习惯进行调整，包括日常家庭活动，已经建立的个人特点和习惯，等等。

三、对重组家庭的辅导

对重组家庭开展社会工作，同样应当从宏观、中观、微观角度分别来进行。

（一）宏观层面

从宏观层面而言，要积极倡导社会公众摈弃世俗偏见，正确看待重组家庭的问题，消除对它的歧视。营造良好的社会氛围，为重组家庭正常生活、再婚家庭子女健康成长，创造条件。

（二）中观层面

从中观层面而言，如果再婚家庭涉及继父母与继子女问题，且继子女还处于学龄阶段，那么学校层面的干预就非常重要。现实生活中家长由于各种原因，不能与校方取得很好的联系，作为社会工作者，应当架起学校与家长之间的桥梁，使家长与学校之间能够有效地配合，形成“家长—社会工作者—学校”三位一体的沟通模式，共同协作关注重组家庭子女的教育问题。

学校层面开展工作包括以下几点。

1. 有针对性地开展个案工作

社工与学校教师密切配合，了解班里的学生学习情况、家庭状况，并建立重组家庭子女档案，对在学习和生活上有困难的重组家庭子女给予更多的关注。同时，可以通过问卷调查、心理测量等方法，对重组家庭子女进行分类管理，对有严重心理问题的重组家庭学生重点进行心理辅导，帮助其消除因家庭变故而产生的心理困惑以及自卑感和无助感，减轻心理压力，使其能够健康快乐的学习和生活。

2. 开展重组家庭亲子教育辅导

社工可以通过家长了解学生在家的情况，也可以通过学生了解家庭的基本情况，根据不同重组家庭的不同情况，为重组家庭设计具体的辅导方案。也可以采取团体工作的方法，针对重组家庭子女教育问题及人际关系等方面的难题，聘请有关方面专家学者开展专题讲座。还可开展重组家庭小组工作。例如，开展重组家庭互动小组、重组家庭成长小组等。重组家庭及家长在参与活动的过程中结识更多与其有同样或者相似经历的同龄人，通过交流分享教育子女的经验，互相提供情绪上的支持，也可以增进子女、家长之间的亲子关系，提高应对能力。

（三）微观层面

从微观层面而言，重组家庭的自我心理调适是其中最为关键的一个环节。主要包括以下几个方面。

1. 再婚者结婚之前的自我调整

再婚者在此之前大多是离婚者。在寻找新的婚姻伴侣及准备结婚之前，首先要调整好自己的心态。不管怎样，再婚者过去的离婚经历总是会在自己的心里留下阴影，所以一个有离婚经历的人选择再婚，必须首先让自己的心理恢复平衡，尽量不要把自己过去的婚姻生活经历和感受带到新的婚姻之中。新的婚姻是一个新的开始，不要念念不忘自己的过去，更不能把自己现在的配偶和前配偶进行比较。否则的话，将有可能重蹈覆辙。

2. 新婚者的自我适应

如果一个未婚者和一个有离婚经历的人结婚，那么他（她）必须在婚前做好各方面的准备。其中两个方面尤其重要：一是如何面对配偶过去的感情经历；二是如何妥善对待配偶与其前夫或者前妻所生子女。对于自己配偶过去的婚姻，要有充分的预期，以免到时候出现自己婚前没有预料的新状况而措手不及。有关的问题包括：如果配偶难以忘记旧情该怎么办，如果配偶与前夫或者前妻旧情复燃怎么办，如何对待配偶与前夫或者前妻的各种财产（如住房、家用物品甚至包括他们过去的照片和情书），如何对待配偶原先建构的人际关系包括亲属关系圈子，类似这样的事情，都要有心理准备。

反之，作为一个离过婚的人，在决定和一个没有结过婚的异性结婚之前，也要对以下问题有充分的思想心理准备：对方真的不在意自己过去的婚姻史吗？他（她）能善待自己的子女吗？对方可能会对自己哪些方面比较在意？在结婚之前，是否需要作一些预防性的计划安排？自己该如何尽量降低前一次婚姻给对方造成的潜在的或直接的影响？

3. 如何扮演好继父、继母角色

如果再婚家庭涉及继父母与继子女问题，就显得更为复杂。很多再婚家庭发生矛盾，往往是由于子女因素导致。这里包括：如何看待子女抚养费的安排？如何扮演好自己的继父或继母角色？由于继父母与继子女没有血缘关系，其中的隔阂自然是不可避免的。重组家庭中，最难处理的是继父母和继子女的亲子关系调适和继子女的社会化问题。有的研究者列举了有关子女社会化的三个主要问题，即孩子的严格训练，孩子的脾气和性格的调理，得到孩子的承认。事实上，很多再婚者在决定结婚之前，总是想当然地认为自己能够很快获得孩子们的爱和情感。而这只不过是一种一厢情愿的设想罢了，事实往往比他们想象的要复杂得多。

首先再婚的夫妇要进行沟通，达成共识。特别是如果夫妇双方都带有各自的亲生子女来到这个新组建的家庭的时候，彼此更应约定对所有的子女一视同仁，而不应该厚此薄彼。在平常的家庭生活中，应该寻求一种良性的沟通方式，多听听继子女的想法和心声，鼓励他们表达对新家庭的期待，包括对继父或者继母的企盼，这样有助于彼此相互了解。同时利用节假日、庆典、子女的生日、父母的结婚纪念日等时间，多举行一些不拘形式的家庭小聚会，如全家野餐、游玩，或者一起参观博物馆、音乐会等，以此增进彼此的亲子感情，培养一种和谐美满的新的家庭团体意识。

有的研究者针对如何扮演好继父、继母角色，提出了如下建议。

（1）不要奢望取代孩子心目中的生父或者生母的地位。要知道，亲子之间的血缘关系是很难割舍掉的，不要试图让孩子马上忘记他们的父母。继父（母）应该凡事尽力而为，不要在继子女面前自抬身价，或者数落其生父（母）的不是，不求继子女有什么立即的回报，应当鼓励或者暗示他们和自己的生父母多加接近。

（2）不要刻意营造全家和谐的假象。很多父母为了构建一个良好的家庭关系，常常采用督促甚至威胁利诱亲生子女的方式，以便让自己的子女和继父（母）保持良好的关系。殊不知，这样可能欲速则不达，甚至适得其反。

（3）不要希望立即改变亲子关系。由于子女在进入一个新的家庭的时候，已经经历了很多的情感挫折，因此，继父（母）想一下子改变亲子关系是不切实际的，这其中需要一个比较长的艰难适应过程。

（4）不要一切顺其自然。有的继父（母）认为，子女应该让其自然成长，这样其实会使继子女误以为自己对他们漠不关心，从而更生敌意。

此外，社会工作者在对重组家庭开展个案工作时，首先要了解重组家庭，主要是针对重组家庭及其子女，采取一对一的个别介入方式，特别是对存在心理困扰和心理问题并无法排解和宣泄的家长及子女，通过个案会谈和直接咨询的方法和专业技术，协助重组家庭成员，改善其生活环境，帮助家庭成员发掘和运用自身的资源，恢复和增强个人或家庭的社会功能，面对现实，找回自信。社会工作者要对案主保持价值中立，在友好沟通的前提下进行，由浅入深地与案主建立服务关系。通过个案了解单亲家庭的具体问题，进行压力评估，提出具体的计划和方案。

可以运用直接介入法开展心理咨询，社会工作者通过与案主面对面的交谈，对具有心理疑难需要帮助、存在心理困扰需要排解的案主，进行直接的治疗性沟通，以减轻其心理焦虑及情感的困扰，使求助者的疑难问题得到解决，心理困扰得以缓解。社会工作者可以运用这种方法为重组家庭提供服务，针对家庭所面临的心理问题，按照适度的感情介入、尊重、接纳和支持的原则，提供心理辅导。社会工作者通过与重组家庭或子女直接交往，为心理障碍的重组子女以及家长提供个别心理辅导，营造良好的家庭氛围。

怎样评价再婚家庭，有一种看法是，再婚家庭要面对复杂得多的家庭矛盾，再婚夫妇尽管有相处幸福的，但毕竟是少数。因此，再婚家庭将是危机四伏，稳定性低于非再婚家庭的。其实评价再婚的得失，要和自己过去的婚姻比，而不是和别人的婚姻比。一如曾毅在《中国八十年代离婚研究》中所说：尽管再婚家庭不很稳定，但对离婚者来说，再婚仍然是一件好事。我们“不把离婚者的再婚与其他初婚者比较，而应该进行纵向的比较，即应该将离婚者离婚后的婚姻与离婚前的婚姻进行比较……就会发现离婚者的再婚还是比初婚幸福得多，美满得多”。

总之，和一般的初婚家庭相比，再婚家庭涉及的因素更为复杂。因此在调适这类家庭的婚姻关系时，还要求双方付出更多的爱心、宽容和谅解。

A 案例分析

小范是一名初中二年级学生，星期一返校时，因为自己的衣服在家忘记洗了，父亲发现后就打电话狠狠地责骂了她一顿。小范觉得委屈，上课时情绪低落、心不在焉，还产生了轻生的念头。社工了解到小范的基本情况是：小范的家庭属于重组家庭，小范随父亲生活。父亲重组家庭后，继母带来一个女儿，继母的女儿比小范大7岁，现在某名牌大学读大学三年级。小范的亲生父母在小范小的时候，就感情不和，经常吵架。小范的父亲只有初中文化水平，性格暴躁，但对女儿却是疼爱有加。小范的母亲脾气也比较急。两人离婚后，矛盾继续升级，变成两家人的矛盾。小范的父亲在离婚后，为弥补孩子，对孩子百依百顺，父女俩相处非常融洽，但自从继母来了之后，一切都好像变了。

社会工作者通过与小范本人，以及其班主任、同学等交流，发现小范表现出的问题有：(1) 性格内向，不爱和人交流，自卑心理严重，对继母怀有敌意，处处与继母对着干；(2) 生活不独立，比较依赖父亲；(3) 自尊心较强，但对学习没有太多的兴趣；(4) 情绪不稳定，有自残行为，有自杀倾向。

社会工作者走访小范的家庭，与小范的各家庭成员交流到了以下情况。

1. 与孩子父亲的交流情况

小范的父亲离婚后独自一人带着孩子生活，对孩子感觉歉疚，就用双倍的爱来补偿孩子。他现在的妻子带来一个女儿，很孝顺、很懂事，生活自理能力也比较强。在现任妻子来之前，孩子过惯了“饭来张口、衣来伸手”的生活，现任妻子来之后，他觉得应该着力培养孩子的生活自理能力，他的教育态度的巨大转变，让孩子感觉突然，一时无法适应。

2. 与孩子继母的交流情况

小范的继母发现小范的生活习惯不好、生活自理能力较差，想改变小范的不良习惯。从交流来看，继母的心理比较矛盾。她想管，但孩子逆反；不管，又对不起自己的良心，也受不了舆论的压力。

3. 与孩子亲生母亲的交流情况

小范的亲生母亲自从离婚后，一直想念孩子，但前夫又不允许孩子来看望她，所以她对前夫极有怨言。她担心孩子会忘了她，所以经常让孩子看望她。在与孩子的短信聊天中，经常问父亲、继母对她好不好，唯恐孩子受到伤害。她担心继母虐待女儿，每次孩子偷偷到她那儿，她总是对孩子非常溺爱，甚至包办一切。

问题

请根据以上的了解，以 6 人小组为单位开展讨论，归纳出小范的家庭存在的问题，提出针对性的辅导方案，并在全班分享。

任务三　掌握空巢家庭辅导技术和方法

R 任务体验

两人一组进行“盲人”游戏。一人扮“盲人”，第一次时尝试不借助外物，通过设有障碍物的通道，请“盲人”分享感受；第二次时由另一人扮“拐杖”，帮助“盲人”到达终点，帮助过程中可以有语言的交流。到达终点后请“盲人”和“拐杖”分享感受。

R 任务分享

传说女妖斯芬克司盘踞于交通要道，常用一个古怪的谜语为难路人，猜不出者即被她吃掉。谜语是："什么东西，早晨四条腿，中午两条腿，黄昏三条腿?"结果有数不清的路人因猜不出来而惨遭不幸。一次，英雄俄狄浦斯路过，他准确地猜出谜底是"人"——刚出世时手脚并用在地上爬，因此"早晨"是"四条腿"；长大后双腿健步如飞，因而"中午"是"两条腿"；老年时步履蹒跚要拄拐杖，因此"黄昏"是"三条腿"。他猜出了答案，女妖羞愧交加，跳下山崖摔死了。

人在"早晨"四条腿，"中午"两条腿，"黄昏"三条腿，这也说明，人不是时刻都是强壮的，人也有脆弱的时刻。

R 任务总结

根据分享和教师引导，体会当儿女羽翼丰满远离父母，老人独自在家时的感受，以及可能面临的困难，探讨可能的帮助途径。

Z 知识介绍

一、空巢家庭及其形成原因

空巢家庭的概念是美国学者杜瓦尔（Duvall）在 1977 年根据独立生活的核心家庭所作的家庭生命周期的划分，它是指一个家庭中，子女长大离开家庭独立居住谋生之后，由留下的中年夫妇或老年夫妇所组成的家庭。正如小鸟羽翼丰满，展翅高飞离开巢穴，剩下孤独、寂寞的老鸟独守空巢一样。

在发达国家，"空巢家庭"出现较早，现在十分普遍，老年人与子女同住的只占 10%～30%，除了日本，大多数老年人均与子女分居。第二次世界大战前，美国 52%的老年人与子女同住，到了 20 世纪 80 年代，与子女同住的不到 20%。在比利时、丹麦、法国和英国，20 世纪 80 年代初，全部家庭户中 65 岁以上独居者占 11%。瑞典独居老年人达到 40%，即每 10 个老年人中就有 4 人独居。

在中国，据有关部门提供的资料，近年来中国空巢家庭一直呈上升之势。1993 年，中国空巢家庭在有老人的家庭中所占的比例只有 16.7%，而 2004 年上升到 25.8%，2010 年超过 50%，部分大中城市达到 70%；农村留守老人约 4 000 万，占农村老年人口的 37%。而且随着独生子女的父母步入老年，以及农民外出务工人员数量的增加，空巢家庭将成为我国老年人家庭的主要形式。据 2012 年中国之声《央广新闻》报道，2012 年中国城市老年人“空巢家庭”比例已达 49．7%，接近一半。预计 2030 年以后，空巢老年人家庭在老年人家庭中所占的比例将达到 90%，届时中国老年人家庭将“空巢化”。

造成中国空巢家庭迅速增多的原因是多方面的。归纳起来，主要有以下几个方面。

一是人口老龄化日趋突出。随着中国经济生活水平的提升和医疗技术水平的提高，老年人的预期寿命大幅提高。而中国实行计划生育政策已 20 多年，出生人口与 20 多年前相比有所降低，这也导致了老龄人口占社会比重的增加。根据联合国教科文组织的规定，一个国家（或一个地区）的 60 岁以上人口占该国家或地区人口总数的 10%以上，或 65 岁以上人口占该国家或地区人口总数的 7%以上，那么，该国家（或地区）就进入了老龄化社会。据 2010 年第六次全国人口普查主要数据公报，中国大陆人口中 60 岁及以上人口达到 1.78 亿人，占总人口的 13.26%，其中 65 岁及以上人口为 1.19 亿，中 8.87%，我国大陆已经基本进入了老龄化社会的行列。同时随着独生子女逐渐进入中年，他们的父母进入老年，空巢家庭将越来越多。

二是社会流动频繁。在现代化建设过程中，人们工作变动日益频繁，人口流动和迁移加速，再加上目前社会上就业压力日益严峻，职业竞争更加激烈，为了生存，不管是农村还是城市，人们主要选择的是职业，其次是居住地，这也进一步助推了空巢家庭的产生。

三是价值观的多元化。随着社会转型加快，代沟越来越突出。物质生活水准提高后，人们追求精神生活，老少两代人都要求有独立的活动空间和越来越多的自由，传统的大家庭居住方式已经不适应人们的需求，小家庭被普遍接受。一旦子女长大成家，就导致了空巢家庭的产生。

总而言之，社会的老龄化与家庭结构的演变等多方因素促成了中国空巢家庭的大幅增加。空巢家庭将成为 21 世纪中国城市甚至许多农村地区老年人家庭的主要模式，空巢家庭引发的问题值得全社会共同关注。

二、空巢家庭存在的问题

一个家庭的生命周期大致需经历五个阶段：诞生、新婚、生育、空巢和解体。在传统的多子女家庭中，空巢期多在夫妻晚年，而今城市独生子女家庭，子女离家的时间越来越早，比过去提前了五六年。三口之家，孩子是维系家庭的重要因素，孩子的分离，使许多夫妻难以适应，容易引发夫妻的情感危机。而对单身的夫妻而言，儿女远离，自己在生活上、情感上面临的问题就会更加突出。

（一）经济问题

由于中国长期以来形成的城乡社会保障二元格局，与城市退休的空巢家庭老人相比，农村的老年人很少享受到社会保障的待遇，没有退休金，经济上很紧张，还有一些城市下岗或无工作的老人经济压力也很大。在独生子女家庭中，由于子女数量减少，相对而言经济上的抗风险系数就更低了。

（二）心理问题

空巢老人普遍都有一种“空巢感”。“空巢感”也就是孤独感，但这种孤独感里又增添了思念、自怜和无助等复杂的情感体验。有“空巢感”的老人，大都心情抑郁，惆怅孤寂，行为退缩。他们中许多人深居简出，很少与社会交往。究其原因，一是对离退休后的生活变化不适应，从工作岗位上退下来后感到冷清、寂寞。二是对子女情感依赖性强，有“养儿防老”的传统思想，及至老年正需要儿女做依靠的时候，儿女却不在身边，不由得心头涌起孤苦伶仃、自卑、自怜等消极情感。三是心情抑郁，行为退缩，这些老人可能由于本身性格方面的缺陷，对生活兴趣索然，缺乏独立自主、振奋精神、重新设计晚年美好生活的信心和勇气。

（三）疾病的医护问题

空巢家庭老人，特别是单身老人，生了病以后感到特别无助。就连那些相依为命的老夫妇家庭，也同样面临这一问题：当一个老人生病时另一个尚可陪同就医；但当夫妇俩人都因病而躺在床上时，怎么办？

（四）生活的照料问题

单身老人对此忧虑最大，因为随着年龄的增加，精力的衰退，将来总有一天难以独立地照料自己，到了这一天怎么办？特别是生活中发生意外的时候，如何得到援助？

三、对空巢家庭的辅导

对空巢家庭，仍然应当从宏观、中观、微观三个层面开展家庭社会工作。“老吾老以及人之老”，空巢家庭问题，需要个人、家庭、亲属、社区和社会的共同努力，构建完善的社会救助和支持系统。

（一）为空巢家庭老人提供政策上的支持

1. 加强老年人社会保障体系建设

加强建设医疗保障和养老保障体系，以解决空巢家庭老人医疗费用和养老费用问题。同时，不断完善老年人社会救助制度，特别是无社会保险及退休金的城市及农村贫困空巢家庭老人，要将其纳入社会救助的行列，定期发放补助金，帮助经济困难的老年人维持基本生活需求。

2. 制定有利于家庭养老健康发展的配套政策

加大对偏远落后地区的医疗卫生方面的资金投入，用来完善村级、乡级医疗服务机构的设施及对基层的义务人员的培训。也可以建立医疗服务队，定期或不定期地到农村为老年人看病体检。政府应支持国家、集体、个人共同投资，建立起多形式、多层次、多类别的老年服务体系。要广泛吸收民间资金，建立养老保障专项资金，增加对贫困老年人的资金投入，对于一些独生子女家庭的空巢贫困老人，要在政策上给予一定的照顾。

3. 大力倡导敬老、爱老的光荣传统

通过大众传媒，在社会上广泛宣扬光荣传统，树立尊老模范，同时谴责虐待和遗弃老人的不道德行为。宣扬家庭养老，提高赡养子女的地位，强化家庭的精神养老功能。社会工作者可以利用节假日的时间开展针对空巢家庭老人子女的团体活动，强化空巢老人子女的赡养观念，在物质上和精神上给予父母更大的支持，使子女明白，即使不能每天和父母生活在一起，也可以通过电话、短信及互联网等现代通信工具与父母交流沟通，以减少老人因空巢而产生的孤独和寂寞。支持老年工作，兴办养老事业。

（二）整合社区资源建立社会支持网络

社区是家庭的延伸，具有承上启下的作用，它也是具备社会生活的各种功能的有机整体，老年人一般都难离故土，愿意在自己曾生活过的、比较熟悉的环境中生存，地缘上与街坊邻居互助结合，也是养老的最好选择。在社区中可以将群众作为基础，调动群众积极性，形成一种良好的助老氛围，同时加快社区经济发展及社区养老的社会化服务建设，为空巢家庭老人构建社区服务网络。

(1) 开展社区调查，了解空巢家庭老人情况，根据存在的问题及需求健全空巢家庭老人信息档案。社会工作者定期到空巢老人家庭走访，了解家中情况，随时关注有可能因健康或社会原因而产生的任何危险。必要时提供安排社区的其他服务项目。

(2) 为空巢家庭老人提供日常服务。可以提供老人日间托管服务和居家服务。老人托管服务是指社区可以提供临时休息及就餐场所，老人白天可以来日托中心。居家服务的对象主要是那些无法自理的、行动不便的空巢家庭老人，由社区为空巢家庭老人提供上门服务，在收费上可以采用免费和低收费两种方式。服务者主要来源于志愿者和政府雇佣人员。社区可以招募社区内、社会上的年轻人以及身体健康的老年人作为志愿者及义工，也可采取服务储蓄方式进行激励。另一种由政府出资，安排社区内的大龄下岗女职工经过培训后，以家庭服务员的身份走进独居高龄空巢老人家庭，照顾老人的日常起居，同时也创造了就业机会。

(3) 建立老人医疗卫生照顾体系。由于老年人是医疗疾病高发群体，在社区建立社区医疗卫生照顾体系是非常有必要的。可以在社区开设医疗门诊，成立老人紧急医疗救护队。当空巢老人遭遇危急情形时，可以通过紧急呼叫系统及时反映给社区，医疗救护队在第一时间赶赴现场救护，必要时应帮助及时转介给有关医疗机构进行救治。在有条件的社区开设家庭病床，由社区医护人员主动到行动不便的空巢老人家中提供医疗服务，还可以聘请有关专家开展老人健康知识讲座，定期为老人体检、提供健康资讯，预防和减少老人疾病的发生。

(4) 开通专业化的老年心理资讯和服务热线，及时帮助空巢家庭老人排解心理压力，帮助老人面对“空巢”的现实，使其走出空巢的困惑，转变认知，达到自我调节的目的。针对一些特殊的个案，如老年人抑郁症、恐惧症等一些问题，可采取一些专业的治疗方法和手段，使老年人能够恢复其自身的功能。同时还可以提供法律咨询、援助和调节，帮助空巢家庭老人维护其合法权益。

(5) 在社区内增设老年人休闲、娱乐、健身及教育场所之类的活动设施，根据老年人的需求，开展形式多样的文化娱乐活动以丰富老年人的业余生活，为老年人提供社会互动的机会和场地。老年人有机会聚在一起开展各种活动，扩大他们的社交范围，有利于和谐人际关系的建立，老年人之间可以相互支持，使空巢家庭的老人不再孤单寂寞。老年人也可以进入老年大学，继续学习新知识，并且能够丰富、完善老年生活。

（三）开展空巢家庭老年小组工作

社会工作者运用专业小组的工作方法，对空巢家庭老人开展小组工作，旨在提高空巢家庭老人生活质量，正确面对“空巢”产生的空虚、无助、焦虑等心理问题，帮助老人扩大服务支援群体，使空巢家庭老人能够恢复自己的社会功能，增强活动能力，改善生活状况。

专门用于空巢老人的小组活动类型有：老人社交康乐小组、老人支援小组、老人治疗小组、老人服务小组、缅怀往事小组、动机激发小组、现实辨认小组等。

就空巢家庭老人所面临的具体问题，可以针对不同情况开展不同类型的小组活动。比如：对于认知能力不足的空巢家庭老人，可以成立现实辨认小组、缅怀往事小组及动机激发小组活动；对于功能失调的如焦虑及有抑郁症倾向的空巢家庭老人，可开展治疗性小组、教育性小组；对于年龄比较大、生活较困难的空巢老人，可开展支持性小组；对于身心功能较好的空巢老人，可开展社交康乐性、任务型小组活动；另外，对于一些志愿服务于老年人的群体，可以开展老人服务小组、护老小组等活动。

（四）开展空巢家庭个案工作

社会工作者走进空巢家庭直接与老人交流。在个案中，社会工作者首先与老人建立信任关系，这是最基本的。在会谈的过程中要有耐心，并且能够积极地倾听和回应老人的交谈，对每一位空巢老人，我们都要坚持个别化的原则，对任何状况的老人都要表示尊重，特别是对一些贫困、独居、多病的空巢家庭老人，要坚持运用同理心，才能取得信赖，以便很好地了解空巢家庭老人面临的问题。要坚持“助人自助”的原则，在“案主自决”的前提下为不同需求、不同处境的空巢家庭老人设计不同的、合理的晚年生活计划。对于一些有特殊困难的空巢家庭，需要与之建立长效的服务机制，通过专业手段，链接社会资源协同解决，帮助每一位空巢家庭老人减轻心理上的压力和生活上的困境，使之能够幸福愉快地度过晚年生活。

解决空巢家庭老人的养老问题并不是一个家庭内部的事情，而要看作整个社会的问题。我们要从家庭走向社会，打破代际养老的局限性，将家庭养老扩展到整个社会，形成一种“老吾老以及人之老，幼吾幼以及人之幼”的思想观念，建立以政府为后盾、以家庭为基点、以法律为准绳、以社区为依托、以社会工作者为纽带的空巢家庭养老支持网络。

A 案例分析

刘奶奶今年68岁，是一名退休工人，丧偶、独居。身体状况欠佳，患有高血压、糖尿病，生活基本自理，走动不是特别方便。经济状况尚可。三年前老伴去世，她一个人独居。有一儿一女。女儿在外地工作。儿子在同一个城市居住，偶尔带儿媳和孙子回来看看她。刘奶奶和老伴感情很好，她舍不得离开和老伴一起生活的地方。刘奶奶家里的摆设一直是两年前老伴在时的模样，她不想改变，并说这样就会感觉到老伴还在身边。儿子想让她搬过去一起住，媳妇不愿意，两人经常为这事吵架，最近儿媳和孙子都没怎么来看望她，老人心里很难过。刘奶奶一般很少出门活动，饮食、生活方面都很简单。在和刘奶奶交流中，刘奶奶说她自从老伴走后觉得生活很孤单，再加上身体病痛多，越发觉得生活没什么意思，过一天算一天。

问题

以6人小组为单位，讨论刘奶奶面临哪些问题，可以从哪些方面开展社会工作。

学习情境七

家庭社会工作相关法规政策

理论学习目标

1. 了解和掌握婚姻家庭的相关法规与政策。
2. 了解和掌握妇女权益保障的相关法规与政策。

实践学习目标

1. 灵活运用婚姻家庭的相关法规与政策，协调家庭关系。
2. 灵活运用妇女权益保障的相关法规与政策，维护妇女权益。

任务一　掌握婚姻家庭法相关法规政策

R 任务体验

临时组成 6 人体验小组，阅读以下背景材料。

冒名婚姻成立吗

原告冉某与被告刘某于 2013 年在广东认识，2013 年下半年同居，因为被告没有到法定结婚年龄，2013 年 11 月 10 日，原告冉某以自己的名字、被告刘某以本村村民李某的名字登记结婚。领取结婚证时由于被告已经怀孕没有到场，现该村村民李某出嫁。原、被告共同生活初期，双方感情尚好，后因家庭关系处理不好，导致夫妻感情破裂而诉讼离婚。

在规定的时间内，每小组讨论分析以上案例。

R 任务分享

各组成员分享最后讨论的结果，并分析此离婚案件该如何判定。

R 任务总结

对该任务的意义和目的进行解释和说明，引入学习《中华人民共和国婚姻法》。

Z 知识介绍

当前的《中华人民共和国婚姻法》是由 1980 年 9 月 10 日第五届全国人民代表大会第三次会议通过，根据 2001 年 4 月 28 日第九届全国人民代表大会常务委员会第二十一次会议《关于修改中华人民共和国婚姻法的决定》进行修正。它是调整人们婚姻、家庭关系的法规，是人们正确处理婚姻家庭关系的行动指南。中国《婚姻法》的基本原则是实行婚姻自由、一夫一妻、男女权利平等的社会主义婚姻制度，保护妇女、儿童和老人的合法权益，实行计划生育。《婚姻法》是处理婚姻家庭关系的基本准则，适用于一切公民，是关系到千家万户、男女老少社会家庭生活的重要法律。

一、结婚条件的规定

（一）结婚的必备条件

1. 结婚必须男女双方完全自愿，不允许任何一方对他方加以强迫或任何第三者加以干涉

双方完全自愿是指当事人双方建立婚姻关系的意思表示真实一致。基于婚姻自由、人格独立和意思自治原则，各国法律均将男女双方的合意作为结婚的必备条件。中国《婚姻法》第五条规定，结婚必须男女双方完全自愿，不许任何一方对他方加以强迫或任何第三者加以干涉。此规定表明，结婚是婚姻当事人双方的法律行为，双方自愿是婚姻结合的首要条件，法律排斥当事人一方对他方的强迫，排斥当事人父母或第三人的包办或干涉。尽管法律并不排除当事人的父母或第三人给予当事人意见和建议，但是，是否缔结婚姻应由当事人自行决定。由此，公民的结婚自由权得到切实的保障。婚姻必须产生于双方的同意，即两个相互吻合的自由意志。双方完全自愿由两个相互区别的因素组成：其一是“意识因素”，或称“智力因素”，即结婚行为必须是自觉行为，知道自己行为的意义，因此，神志不清时的意思表示和结婚行为为可撤销行为。其二是“意志因素”，即结婚必须是自愿行为，因此，在遭受胁迫时的意思表示和结婚行为是可撤销的行为。双方完全自愿具有以下特征：① 双方完全自愿必须是无条件的，附加于结婚合意的条件被视为“无条件”或者说无效力。② 双方完全自愿必须是人身性的，即是结婚当事人自己的自由意志，不

承认“父母之命，媒妁之言”。③ 双方完全自愿必须是自主的和完整的，即结婚的意思表示不是产生于胁迫、欺诈、错误等。④ 双方完全自愿必须是“当时的”，即结婚合意之意思表示必须是在婚姻缔结时作出的。

2. 必须到法定的结婚年龄

婚姻的自然属性和社会属性要求，结婚只有达到一定的年龄，才能具备适合的生理条件和心理条件，也才能履行夫妻义务，承担家庭和社会的责任。所以，尽管中国法律赋予每个公民结婚的权利能力，但并非所有公民都可以成为婚姻法律关系的主体，只有达到法律规定的结婚年龄的人，才享有结婚的权利。

法定婚龄的确定，一方面要考虑自然因素，另一方面要考虑社会因素，因此，各国关于法定婚龄的规定有所不同。中国 1950 年《婚姻法》规定的法定婚龄为男二十岁，女十八岁。因此规定“男不得早于二十二周岁，女不得早于二十周岁”。这次修订婚姻法，有的同志建议将男女的结婚年龄统一为一个标准，或均为二十二周岁，或均为二十周岁。

中国《婚姻法》关于婚龄的规定，不是必婚年龄，也不是最佳婚龄，而是结婚的最低年龄，是划分违法婚姻与合法婚姻的年龄界限，只有达到了法定婚龄才能结婚，否则就是违法。法定婚龄不妨碍男女在自愿基础上，根据本人情况推迟结婚时间，为贯彻我国计划生育国策，《婚姻法》也鼓励晚婚晚育。

中国《婚姻法》第六条规定，结婚年龄，男不得早于二十二周岁，女不得早于二十周岁。晚婚者应予以鼓励。

3. 实行一夫一妻婚姻制度

一夫一妻制是指一种两两配对，每个个体只拥有单一配偶的关系。在中国，一夫一妻是指一名男性与一名女性结为夫妻的婚姻制度，双方同时只有一名配偶的婚姻制度。一夫一妻的婚姻和家庭只有建立在男女平等的和真实爱情的基础上，双方才能够真正幸福。中国《婚姻法》第二条规定，实行婚姻自由、一夫一妻、男女平等的婚姻制度。

（二）结婚禁止的条件

中国《婚姻法》规定，有以下情形之一的，禁止结婚：一是直系血亲和三代以内旁系血亲，二是患有医学上认为不应该结婚的疾病。

1. 禁止结婚血亲的范围

《婚姻法》第七条规定：“直系血亲和三代以内的旁系血亲禁止结婚。”直系血亲是指具有直接血缘联系的最亲近的亲属，如父母子女，祖父母、外祖父母与孙子女、外孙子女等；旁系血亲是指具有间接血缘联系的亲属。三代以内的旁系血亲是指同出于祖父母、外祖父母的三代以内的亲属。它包括以下几种。

（1）兄弟姐妹，包括全血缘的兄弟姐妹和同父异母或同母异父的半血缘兄弟姐妹（不包括并无血缘联系的异父异母兄弟姐妹）。

（2）伯、叔与侄女，姑与侄子，舅与甥女、姨与甥。他们是同源于祖父母或外祖父母的不同辈分的三代旁系血亲。

（3）堂兄弟姐妹和表兄弟姐妹。他们是同源于祖父母或外祖父母的相同辈分的三代旁系血亲。

禁止一定血亲通婚的原因：禁止一定血亲通婚，是古今中外各国婚姻立法的通例。其根据主要有两个方面：一是伦理道德的要求。各国禁止结婚的血亲范围不同，往往与伦理道德，特别是风俗习惯有关。二是基于优生学、遗传学原理。血缘关系近的男女结婚，易将生理上和精神上的疾病或缺陷遗传给子女后代，有害于民族的健康和人类的发展。

2. 禁止结婚的疾病

《婚姻法》第七条规定，"患有医学上认为不应当结婚的疾病"的人禁止结婚。

据此，中国对禁止结婚的疾病采取的是概括性的规定，即患有在医学上认为不应当结婚的疾病不得结婚。在医学上认为不应当结婚的疾病目前主要依据《母婴保健法》和《传染病防治法》。根据该规定，不应当结婚的疾病主要包括以下几种。

（1）严重遗传性疾病，是指由于遗传因素先天形成，患者全部或者部分丧失自主生活能力，后代再现风险高，医学上认为不宜生育。

（2）重症精神病，主要是指精神分裂症和躁狂、抑郁型精神病及其他重型精神病。重症精神病人缺乏正常人的识别能力和自控能力，为无行为能力或限制行为能力人，不能承担婚后夫妻间的义务和对子女的责任。重症精神病患者未经治愈的不得结婚。

（3）重症智力低下者，即痴呆症患者，也应禁止结婚。重症智力低下者无行为能力，不可能承担婚后对家庭、对子女的责任与义务，且具有严重的遗传性。重症智力低下者，应禁止结婚。

（4）正处于发病期间的法定传染病。包括艾滋病、淋病、梅毒、甲型肝炎、开放性肺结核等传染病。传染病的传染期间暂缓结婚，经治疗后痊愈的，应当准予结婚。

（5）与婚育有关的疾病，重要脏器疾病和生殖系统疾病等，其解释权属于卫生部门。

（三）婚姻无效的条件

中国《婚姻法》规定，有以下情形之一的，婚姻无效：① 重婚的；② 有禁止结婚的亲属关系的；③ 婚前患有医学上认为不应当结婚的疾病，婚后尚未治愈的；④ 未到法定婚龄的。

二、结婚登记

为了规范婚姻登记工作，保障婚姻自由、一夫一妻、男女平等的婚姻制度的实施，保护婚姻当事人的合法权益，根据《中华人民共和国婚姻法》，2003 年 7 月 30 日国务院第 16 次常务会议通过制定《婚姻登记条例》，自 2003 年 10 月 1 日起施行。

（一）结婚登记的机关

《婚姻登记条例》第二条规定："内地居民办理婚姻登记的机关是县级人民政府民政部

门或者乡（镇）人民政府，省、自治区、直辖市人民政府可以按照便民原则确定农村居民办理婚姻登记的具体机关。”《婚姻登记条例》第四条规定：“内地居民结婚，男女双方应当共同到一方当事人常住户口所在地的婚姻登记机关办理结婚登记。”

（二）结婚登记程序

请求结婚的男女双方必须亲自到婚姻登记机关提出结婚申请，不得由他人代理。根据《结婚登记条例》办理结婚登记的内地居民应当出具下列证件和证明材料：① 本人的户口簿、身份证。② 本人无配偶以及与对方当事人没有直系血亲和三代以内旁系血亲关系的签字声明。办理结婚登记的香港居民、澳门居民、台湾居民应当出具下列证件和证明材料：① 本人的有效通行证、身份证。② 经居住地公证机构公证的本人无配偶以及与对方当事人没有直系血亲和三代以内旁系血亲关系的声明。办理结婚登记的华侨应当出具下列证件和证明材料：① 本人的有效护照。② 居住国公证机构或者有权机关出具的、经中华人民共和国驻该国使（领）馆认证的本人无配偶以及与对方当事人没有直系血亲和三代以内旁系血亲关系的证明，或者中华人民共和国驻该国使（领）馆出具的本人无配偶以及与对方当事人没有直系血亲和三代以内旁系血亲关系的证明。办理结婚登记的外国人应当出具下列证件和证明材料：① 本人的有效护照或者其他有效的国际旅行证件。② 所在国公证机构或者有权机关出具的、经中华人民共和国驻该国使（领）馆认证或者该国驻华使（领）馆认证的本人无配偶的证明，或者所在国驻华使（领）馆出具的本人无配偶的证明。

结婚申请的当事人应如实向婚姻登记机关提供上述证件和证明材料，不得隐瞒真实情况。

（三）审查

婚姻登记机关应当依法对申请人的结婚申请材料进行审核和查证。除查验当事人提交的证明和证件是否齐全和符合规定之外，还应该对申请当事人是否符合法律规定的结婚条件进行审核。

（四）决定

《婚姻登记条例》第七条规定：“婚姻登记机关应当对结婚登记当事人出具的证件、证明材料进行审查并询问相关情况。对当事人符合结婚条件的，应当当场予以登记，发给结婚证；对当事人不符合结婚条件不予登记的，应当向当事人说明理由。”《婚姻登记条例》第六条规定：“办理结婚登记的当事人有下列情形之一的，婚姻登记机关不予登记：① 未到法定结婚年龄的；② 非双方自愿的；③ 一方或者双方已有配偶的；④ 属于直系血亲或者三代以内旁系血亲的；⑤ 患有医学上认为不应当结婚的疾病的。”

三、家庭关系的规定

《婚姻法》规定婚姻的原则、结婚的条件、夫妻之间的权利和义务以及父母子女之间、兄弟姐妹、祖父母、外祖父母、孙子女、外孙子女等亲属之间的关系，以及离婚及离婚后子女抚养等规则。

（一）夫妻关系

它包括夫妻人身关系和夫妻财产关系，同时夫妻财产关系是从属于夫妻人身关系。

1. 夫妻人身关系

夫妻人身关系是基于夫妻身份发生的本身不具有直接经济内容的关系。它包括三个方面的内容：① 姓名权。夫妻双方都有各用自己姓名的权利。②人身自由权。夫妻双方都有参加生产、工作、学习和社会活动的自由，一方不得对他方加以限制或干涉。③ 计划生育义务。夫妻双方都有实行计划生育的义务。

2. 夫妻财产关系的规定

（1）夫妻双方都有相互抚养的义务。《婚姻法》第二十条规定：“夫妻有互相扶养的义务。一方不履行扶养义务时，需要扶养的一方，有要求对方付给扶养费的权利。”

（2）夫妻之间的财产关系。中国夫妻财产制分为法定财产制和约定财产制。

① 法定财产制。夫妻婚后所得在没有作出有效约定的情况下共同制是中国的法定夫妻财产制。

第一，夫妻共同财产的范围。《婚姻法》第十七条规定：“婚姻关系存续期间所得的下列财产，归夫妻共同所有：工资、奖金；生产、经营的收益；知识产权的收益；继承或赠与所得的财产，但本法第十八条第三项规定的除外；其他应当归共同所有的财产。”

第二，夫妻个人特有财产的范围。《婚姻法》第十八条规定了个人特有财产的范围，即属于一方支配的财产：一方的婚前财产；一方因身体受到伤害获得的医疗费、残疾人生活补助费等费用；遗嘱或赠与合同中确定只归夫或妻一方的财产；一方专用的生活用品；其他应当归一方的财产。

② 夫妻约定财产制。约定财产制是指夫妻用协议的方式，对夫妻在婚姻关系存续期间所得财产及婚前财产所有权的归属、管理、使用、收益、处分、债权的清偿、婚姻解除时财产的清算等事项作出的约定，以排除夫妻共同财产制的使用。《婚姻法》第十九条规定：“一是可以自由约定。夫妻可以约定婚姻关系存续期间所得的财产以及婚前财产归各自所有、共同所有部分各自所有，部分共同所有。二是书面形式约定。约定应当采用书面的形式。没有约定或约定不明确的，使用本法第十七条、第十八条的规定。三是具有约束力。夫妻对婚姻关系存续期间所得的财产以及婚前财产的约定对双方具有约束力。”

（3）夫妻之间有相互继承遗产的权利。《中华人民共和国继承法》（以下简称《继承法》）中对配偶继承权问题作了全面具体的规定，确定夫妻为独立的法定顺序继承人。夫妻互为配偶，基于婚姻关系而产生相互继承权，因此，《婚姻法》第二十四条第一款明确规定：“夫妻有相互继承遗产的权利。”

对夫妻之间相互继承权的理解和适用应当注意以下问题：① 夫妻间继承权的先决条件是婚姻关系合法存在，即夫妻身份现实合法存续。继承法上的配偶专指在被继承人死亡时与之尚存婚姻关系的人，如果在继承开始前双方已经离婚或婚姻关系宣告无效，继承权即已丧失或不产生继承权。② 夫妻互为第一顺序法定继承人，享有同等的继承权。除《继承法》规定的丧失继承权和限制遗产分割份额的情形外，任何人不得以任何借口剥夺、干涉或妨碍生存配偶对继承权的享有和使用。③ 夫妻相互继承遗产时，应当先对夫妻共同财产先进行分割，然后再继承，以防止将夫共同财产作为遗产继承，侵犯生存一方的合法权益。④ 夫妻间的继承权因结婚而发生，因离婚而消灭。一方在离婚诉讼过程中死亡，他方仍享有配偶继承权。⑤ 夫妻登记结婚后尚未同居或同居时间很短时，配偶一方死亡的，应承认另一方享有继承权。对遗产份额的划分，应根据婚姻存续时间的长短和尽义务的多少，酌情处理。

（二）亲子关系

亲子关系又称父母子女关系，是家庭关系的重要组成部分。中国《婚姻法》规定的父母子女关系有两大类：第一类是自然血亲的父母子女关系。包括婚生的父母子女关系及非婚生的父母子女关系。第二类是法律拟制的父母子女关系。包括养父母子女关系及形成抚养教育关系的继父母子女的关系。

1. 父母子女关系中的权利和义务

（1）父母对子女有抚养教育的义务。

《婚姻法》第二十一条规定："父母对子女有抚养教育的义务；子女对父母有赡养扶助的义务。父母不履行抚养义务时，未成年的或不能独立生活的子女，有要求父母付给抚养费的权利。"抚养义务主要是指父母对子女所负的主要义务，目的是保障子女的生存和健康成长。教育的义务主要是指父母对子女在思想道德上的培养。

（2）父母对未成年子女有保护和管教的权利与义务。

《婚姻法》第二十三条规定："父母有保护和教育未成年子女的权利和义务。在未成年子女对国家、集体或他人造成损害时，父母有承担民事责任的义务。"保护是指父母对未成年子女的人身、财产和其他合法权益进行保护，防止和排除外界非法侵害的责任。管教是指父母按照法律和道德的要求，采用适当的方式对未成年子女进行必要的约束和管教。

2. 子女对父母的权利与义务关系

（1）父母子女之间有相互继承遗产的权利。

《婚姻法》第二十四条第二款规定："父母和子女有相互继承遗产的权利。"按照《继承法》的规定，子女和父母互为第一顺序继承人，相互享有继承权。

（2）子女对父母有赡养扶助的义务。

《婚姻法》第二十一条第一款规定："子女对父母有赡养扶助的义务。"赡养是指子女对父母的供养，既包括在物质上的，也包括在精神上为父母提供必要的生活条件。《婚姻法》第二十一条第三款规定："子女不履行赡养义务时，无劳动能力的或生活困难的父母，有要求子女付给赡养费的权利。”

（3）子女应尊重父母的再婚权。

《婚姻法》第三十条第一款规定：“子女应当尊重父母的婚姻权利，不得干涉父母再婚以及婚后的生活。子女对父母的赡养义务，不因父母的婚姻关系变化而终止。”父母享有婚姻自由，无论是离婚或者再婚，子女不得干涉。

四、离婚的条件要求

根据《婚姻法》规定，离婚分为协议离婚和诉讼离婚。

（一）协议离婚

协议离婚也叫登记离婚，它是自愿离婚的夫妻，在对子女抚养、财产及债务等事项处理协商一致的情况下，双方通过行政程序解除婚姻关系的行为。

《婚姻法》规定：“男女双方自愿离婚的，准予离婚。双方必须到婚姻登记机关申请离婚，婚姻登记机关查明双方确实是自愿并对子女和财产问题已有适当处理时，发给离婚证。”

协议离婚的条件和要求

协议离婚，应符合《婚姻法》《婚姻登记条例》规定的下列四个条件。

（1）合法的夫妻身份。

双方当事人必须有合法的夫妻身份。如果是非法同居，事实婚姻当事人均无条件提供登记离婚。因此，凡无结婚证或夫妻关系证明书的登记离婚申请人，婚姻登记机关均不受理。

（2）亲自办理登记。

双方当事人必须能对自己的行为负责，并且本人亲自到场办理离婚登记。

（3）双方自愿。

双方当事人必须都自愿同意离婚。离婚登记最重要的条件是夫妻双方自愿离婚，这种自愿的行为是排除一切外界的阻挠、干涉，完全发自内心的自愿行为。因此，双方必须亲自到婚姻登记机关递交申请，陈述理由。

（4）已达成书面协议。

申请登记离婚的双方当事人必须就家庭共同财产、债权、债务及子女的抚养或对生活困难一方帮助达成书面协议，并自觉履行这种承诺。

（二）诉讼离婚

诉讼离婚是与协议离婚相对称，是指婚姻当事人向人民法院提出离婚要求，由人民法院调节或判决而解除其婚姻关系的一种离婚制度。

诉讼离婚适用于当事人双方对离婚有分歧的情况，包括一方要求离婚，另一方不同意离婚而发生的离婚纠纷，以及双方虽然同意离婚，但对子女和财产问题上不能达成一致意见、作出适当处理的情况。《婚姻法》第三十二条第一款和第二款规定："男女一方要求离婚，可由有关部门进行调节或直接向人民法院提出离婚诉讼""人民法院审理离婚案件，应当进行调解；如感情已破裂，调节无效，应准予离婚。"

诉讼离婚的条件和要求：一是诉讼离婚的法定理由；二是感情确已破裂，调解无效。认定夫妻感情确已破裂的具体标准，根据《婚姻法》第三十二条第三款、第四款的规定，有下列情形之一，调解无效的，应准予离婚：① 重婚或有配偶者与他人同居的。② 实施家庭暴力或虐待、遗弃家庭成员的。③ 配偶一方面因赌博、吸毒等恶习屡教不改的。④ 因感情不和分居年满两年的。⑤ 一方被宣告失踪，另一方提起离婚诉讼的，应准予离婚。⑥ 其他原因导致感情破裂的情况。

（三）关于离婚的两项特别规定

一是现役军人的配偶要求离婚，需得到军人同意，但军人一方有重大过错的除外；二是女方在怀孕期间和分娩后的一年内或终止妊娠后六个月内的离婚。女方在怀孕期间、分娩后一年内或终止妊娠后六个月男方不得提出离婚。女方提出离婚的，或人民法院认为确有必要受理男方离婚请求的，不在此限。

（四）离婚登记的规定

1. 登记离婚的条件

《婚姻法》第三十一条规定："男女双方自愿离婚的，准予离婚。双方必须到婚姻登记机关申请离婚。婚姻登记机关查明双方确实是自愿并对子女和财产问题已有适当处理时，发给离婚证。"根据上述规定，登记离婚必须符合下列条件：① 双方自愿离婚。双方当事人必须有自愿、真实和一致的离婚意愿。② 双方对子女和财产问题已有适当的处理。

2. 登记离婚的程序

（1）申请。

根据《婚姻登记条例》第十条规定："内地居民自愿离婚的，男女双方应当共同到一方当事人常住户口所在地的婚姻登记机关办理离婚登记。"

申请离婚时，《婚姻登记条例》第十一条规定："办理离婚登记的内地居民应当出具下列证件和证明材料：① 本人的户口簿、身份证；② 本人的结婚证；③双方当事人共同签署的离婚协议书。"

（2）审核和决定。

婚姻登记机关应当对离婚登记当事人出具的证件、证明材料进行审查并询问相关情况。对当事人确属自愿离婚，并已对子女抚养、财产、债务等问题达成一致处理意见的，应当当场予以登记，发给离婚证。

《婚姻登记条例》第十二条规定："办理离婚登记的当事人有下列情形之一的，婚姻登记机关不予受理：① 未达成离婚协议的；② 属于无民事行为能力人或者限制民事行为能力人的；③ 其结婚登记不是在中国内地办理的。”

（五）离婚的权利救助

1. 夫妻共同财产的分割原则

《婚姻法》第三十一条规定了离婚的条件。最高人民法院《关于人民法院审理离婚案件处理财产分割问题的若干具体意见》又作了重要的补充。分割夫妻共同财产时，须坚持的原则有以下几点。

（1）男女平等原则。

男女平等原则既反映在《婚姻法》的各条法律规范中，又是人民法院处理婚姻家庭案件的办案指南。该原则体现在离婚财产分割上，就是夫妻双方有平等地分割共同财产的权利，平等地承担共同债务的义务。

（2）照顾子女和女方利益原则。

这里的“照顾”，是指既可以在财产份额上给予女方适当多分，也可以在财产种类上将某项生活特别需要的财产，如住房，分配给女方。毕竟从习惯势力上、从传统因素的影响所造成的障碍上、从妇女的家务负担、生理特点上讲，离婚后一般妇女在寻找工作和谋生能力上也较男子要弱，更需要社会给予更多的帮助。同时，在分割夫妻共同财产时，要特别注意保护未成年人的合法财产权益。未成年人的合法财产不能列入夫妻共同财产进行分割。

（3）有利生活，方便生活原则。

在离婚分割共同财产时，不应损害财产效用、性能和经济价值。在对共同财产中的生产资料进行分割时，应尽可能分给需要该生产资料、能更好发挥该生产资料效用的一方；在对共同财产中的生活资料进行分割时，要尽量满足个人从事专业或职业需要，以发挥物的使用价值。不可分物按实际需要和有利发挥效用原则归一方所有，分得方应依公平原则，按离婚时的实际价值给另一方相应的补偿。

（4）权利不得滥用原则。

离婚分割夫妻共同财产时不得把属于国家、集体和他人所有的财产当作夫妻共同财产进行分割，不得借分割夫妻共同财产的名义损害他人合法利益。

2. 夫妻财产

夫妻一方所有的财产，在共同生活中消耗、毁损、灭失的，另一方不予补偿。这是司法实践经验的总结，符合夫妻关系和婚姻生活本质的要求，有利于避免不必要的纠纷。

分割夫妻共同财产，由当事人双方互谅互让，自愿协商，达成协议。现行《婚姻法》第十七条到第十九条明确了夫妻共同财产是在夫妻关系存续期间取得的财产，以列举式和概括式的方式规定了夫妻共同财产的内容。该法也规定了夫妻共同财产的分割有协议分割和判决分割两种做法。离婚时，双方有合法婚姻财产约定的，依约定，一方的特有财产归本人所有。夫妻共有财产一般应当均等分割，必要时亦可不均等，有争议的，人民法院应依法判决。

3. 共同拥有住房的处理原则

(1) 夫妻共有或一方所有房屋的处理。

夫妻在婚姻关系存续期间共同购买、共同建造的房屋，或者婚前双方共同出资购买、建造的房屋，是夫妻共有房屋，离婚时应作为夫妻共同财产分割。根据《婚姻法解释(二)》第二十条规定：双方对夫妻共同财产中房屋价值及归属无法达成协议时，人民法院按以下情形分别处理：① 双方均主张房屋所有权并且同意竞价取得的，应当准许。② 一方主张房屋所有权的，由评估机构按市场价格对房屋作出评估，取得房屋所有权的一方应当给予另一方补偿。③ 双方均不主张房屋所有权的，根据当事人的申请拍卖房屋，就所得价款进行分割。司法实践的通常做法是：共有房屋能实际分割使用的，可以分割使用。对不能分割使用的，可以作价分给一方，另一方取得补偿。在确定房屋分给哪方时，应考虑双方住房情况、照顾抚养子女的一方。在双方条件等同的情况下，应照顾女方。

婚后双方对婚前一方所有的房屋进行修缮、装修、原拆原建，离婚时未变更产权的，房屋仍归产权人所有，增值部分中属于另一方应有的份额，由房屋所有权人折价补偿另一方；进行过扩建的，扩建部分的房屋应按夫妻共同财产处理。离婚时，如一方生活困难，如离婚后没有住处，另一方应从其住房等个人财产中给予适当帮助。

(2) 住房权属不同的处理原则。

① 离婚时已经取得产权的房屋。

第一，对于私房和具备产权证可上市交易的公房，一般以产权证颁发的时间来界定。

第二，夫妻一方婚前承租的公房，在婚姻关系存续期间以共同财产购买为产权的，该房屋为共同所有。由于公房使用权可通过承租权转让的方式上市交易，具有一定的交换价值，在离婚分割该房屋时，可区分下列情形处理。

一是一方婚前承租的公房，是基于福利政策分配取得，婚后以共同财产购买为产权的，由于在婚姻关系存续期间内，无法体现出原公房使用权的交换价值，则在离婚分割该产权房时，可不考虑原公房使用权交换价值的单独归属。

二是一方婚前承租的公房，是其以个人财产支付对价取得的，婚后以共同财产购买为产权，在离婚分割该产权房时，应当将取得原公房使用权时所支付对价部分，确定为当时承租的夫或妻一方个人所有，产权房的剩余价值按共同财产分割。

三是对于婚前由夫或妻一方父母承租，婚后以夫妻共同财产购买为产权的公房，原公房使用权的交换价值可参考《婚姻法解释（二)》第二十二条的规定，推定为父母对夫妻双方的赠与，离婚时可直接将产权房按共同财产分割处理。虽然是以夫妻一方名义购买，但不是以夫妻共同财产而是以一方父母财产购买，产权证系夫妻双方的名字，仍应为共同财产，只是在财产分割时，酌情考虑财产来源因素。原系一方父母承租的公房，后以一方名义而非夫妻名义购买成为了公房，且购买的出资来自该方父母，应为一方所有的财产。原系一方父母承租的公房，虽然以夫妻共同财产购置，但产权证上不仅有夫妻一方或双方名字，还有一方父母名字，该房为家庭共有财产。

第三，夫妻一方婚前以个人财产购买房屋，并按揭贷款，产权登记在自己名下的，该房屋仍为其个人财产，按揭贷款为其个人债务。婚后配偶一方参与清偿贷款，并不改变该房屋为个人财产的性质。在离婚分割财产时，该房屋为个人财产，剩余未归还的债务，为个人债务。对已归还的贷款中属于配偶一方清偿的部分，应当予以返还。

② 离婚时尚未取得完全产权的房屋。

它是指离婚时夫妻双方取得的房屋所有权只是部分产权，不是完全产权，主要是指夫妻双方根据福利政策以标准价购买的公有房屋。部分产权房屋是国家历次房改政策的产物，其突出特点为部分产权处分受到限制。根据国务院 1991 年 6 月发布的《关于继续稳妥地进行城镇住房改革通知》，其特点集中表现为：第一，房屋必须在购买五年后才能出售；第二，出售时原补贴单位有优先购买权；第三，售房所得按照国家、单位、个人所占比例进行分配。它可能是婚前或婚后购买的但没有取得产权证的公房。由于这类房屋涉及中国特殊的住房政策，又涉及职工单位的利益，住房不能上市交易，在实务分割中存在一定的障碍。这种离婚时双方尚未完全取得所有权的情形，如果当事人有争议且协商不成，可以按照《婚姻法解释（二）》第二十一条处理，即人民法院不宜判决房屋所有权的归属，应当根据实际情况判决由当事人使用。当事人取得完全所有权后，有争议的，可以另行向人民法院起诉。

4. 离婚后的经济补偿

（1）适用情形。

它适用于在婚姻关系存续期间采用分别财产制的双方。夫妻书面约定婚姻关系存续期间所得财产归各自所有的情况。

（2）适用条件。

一方因抚养教育子女、照顾老人、协助另一方工作付出较多义务的，离婚时，有权向另一方请求补偿。

5. 离婚后对生活困难一方的经济帮助

（1）法律规定。

《婚姻法》第四十二条规定："离婚时，如一方生活困难，另一方应从其住房等个人财产中给予适当帮助。具体办法由双方协议；协议不成时，由人民法院判决。"它是解除婚姻关系时的一种善后措施。

（2）经济帮助的条件。

离婚时，已经存在困难；受帮助一方生活确有困难；提供帮助的一方应有负担能力。

（六）离婚后对子女的抚养和探望

1. 关于抚养

父母与子女间的关系，不因父母离婚而消除。离婚后，子女无论由父亲或母亲中的哪一方直接抚养，仍是父母双方的子女。

（1）离婚后，父母对子女仍有抚养和教育的权利和义务。

（2）离婚后，哺乳期内的子女，以随哺乳的母亲抚养为原则。哺乳期后的子女，如双方因抚养问题发生争执不能达成协议时，由人民法院根据子女的权益和双方的具体情况判决。

（3）离婚后，一方抚养的子女，另一方应负担必要的生活费和教育费的一部分或全部，负担费用的多少和期限的长短，由双方协议；协议不成时，由人民法院判决。

关于子女生活费和教育费的协议或判决，不妨碍子女在必要时向父母任何一方提出超过协议或判决原定数额的合理要求。

2. 关于探视权

（1）离婚后，不直接抚养子女的父或母，有探望子女的权利，另一方有协助的义务。

（2）行使探望权利的方式、时间由当事人协议；协议不成时，由人民法院判决。

（3）父或母探望子女，不利于子女身心健康的，由人民法院依法终止探望的权利。终止的事由消失后，应当恢复探望的权利。

A 案例分析

××县××镇陈某与××镇刘某自由恋爱，2008 年登记结婚，两个孩子分别在 2009 年与 2012 年降生。2013 年 8 月 4 日，陈某在上海一公司工作期间，从高处坠落摔伤，被送往上海市××总医院治疗，由于伤势过重，陈某一直呈植物人生存状态。

陈某在医院住院治疗期间，刘某既要照顾丈夫还要抚养两个年幼的孩子，娘家人眼看治疗无望，多次劝说刘某放弃陈某另找人家，但刘某不离不弃，始终照顾陈某治疗。陈某的家人被感动并主动提出让陈某与刘某离婚，但刘某难以割舍对陈某的感情，始终没有答应。

2014 年 3 月 12 日，陈某的父亲经与家人商议以陈某法定代理人的身份向法院起诉要求与刘某离婚。在法庭上，刘某对陈某父亲的法定代理人的资格不予认可，陈某的父亲无奈只得申请撤诉。2014 年 4 月 10 日，陈某的父母再次向法院起诉，要求变更监护关系，被法院以未经有关组织指定监护人为由终结了案件审理。

2014 年 6 月 1 日，陈某所在的村委会指定陈某的父亲为陈某的第一监护人，陈某的父亲又以陈某法定代理人的身份向法院起诉要求与刘某离婚。××县××法庭受理后，并充分发挥“先锋诉讼工作室”的功能，并于近日法庭审判人员与人民调解员召集双方家长、所在村委会干部进行调解，并最终达成一致意见。最终，刘某同意与陈某离婚。

问题

根据《婚姻法》，分析案例中的陈某的父亲是否可以代替儿子向儿媳提出离婚，并说明理由。

任务二　掌握重组家庭辅导技术和方法

R 任务体验

1. 临时组成 6 人体验小组。
2. 讨论分析现在社会上还有哪些妇女受到不平等对待的情况。举几个典型的例子。
3. 在规定的时间内，每小组讨论举出的例子。

R 任务分享

各组成员分享最后讨论的结果，并分析你认为妇女受到不平等对待的原因。

R 任务总结

结合自己所学的知识谈谈当妇女的权益受到侵犯时，该怎么做？

Z 知识介绍

《中华人民共和国妇女权益保障法》是为了保障妇女的合法权益，促进男女平等，充分发挥妇女在社会主义现代化建设中的作用，根据宪法和中国的实际情况而制定的。它是由 2005 年 8 月 28 日第十届全国人民代表大会常务委员会第十七次会议通过。本任务内容主要围绕 2005 年修订的《妇女权益保障法》阐述妇女的合法权益及其保护。

一、妇女合法权益的主要内容

《妇女权益保障法》第二条规定：“妇女在政治的、经济的、文化的、社会的和家庭的生活等方面享有与男子平等的权利。国家保护妇女依法享有的特殊权益，逐步完善对妇女的社会保障制度。”

（一）政治权利

国家保障妇女享有与男子平等的政治权利。妇女享有与男子平等的选举权和被选举权。妇女有权通过各种途径和形式，管理国家事务，管理经济和文化事业，管理社会事务。全国人民代表大会和地方各级人民代表大会的代表中，应当有适当数量的妇女代表，并逐步提高妇女代表的比例。国家积极培养和选拔女干部。国家机关、社会团体、企业事业单位在任用干部时必须坚持男女平等的原则，重视培养、选拔女干部担任领导成员。各级妇女联合会及其团体会员，可以向国家机关、社会团体、企业事业单位推荐女干部。

（二）文化教育权利

国家保障妇女享有与男子平等的文化教育权利。学校和有关部门应当执行国家有关规定，保障妇女在入学、升学、毕业分配、授予学位、派出留学等方面享有与男子平等的权利。国家机关、社会团体和企业事业单位应当执行国家有关规定，保障妇女从事科学、技术、文学、艺术和其他文化活动，享有与男子平等的权利。为了保障女性的权利，《妇女权益保障法》从下面几个方面作出规定如下。

（1）父母或者其他监护人必须履行保障适龄女性儿童接受义务教育的义务。学校和有关部门应当执行国家有关规定，不仅保障妇女在入学、升学、毕业分配、授予学位、派出留学等方面享有与男子平等的权利，而且学校还应当根据女性青少年的特点，在教育、管理、设施等方面采取措施，保障女性青少年身心健康发展。

（2）针对适龄女性儿童入学存在的实际困难，政府、社会、学校应针对适龄女性儿童少年入学采取有效措施，保证适龄女性儿童少年受完当地规定年限的义务教育。

（3）各级人民政府应当依照规定把扫除妇女中的文盲、半文盲工作，纳入扫盲和扫盲后继续教育规划，采取符合妇女特点的组织形式和工作方法，组织、监督有关部门具体实施。

（4）各级人民政府和有关部门应当采取措施，组织妇女接受职业教育和技术培训。

（5）国家机关、社会团体和企业事业单位应当执行国家有关规定，保障妇女从事科学、技术、文学、艺术和其他文化活动，享有与男子平等的权利。

（三）劳动权利和社会保障权利

妇女享有劳动和社会保障权利，是妇女实现其政治、经济、文化、社会和家庭生活等各方面权益的基础。妇女的劳动权益主要包括两个方面的内容：一是保障妇女的劳动权利；二是保护妇女在劳动过程中的安全和健康。

从《妇女权益保障法》文件归纳看，妇女劳动权益保障的主要内容有如下方面。

（1）平等权。是指男女有同等的就业机会，同工同酬，同龄退休的权利等。各单位在录用职工时，除不适合妇女的工种或者岗位外，不得以性别为由拒绝录用妇女或者提高对妇女的录用标准。在晋职、晋级、评定专业技术职务等方面，应当坚持男女平等的原则，不得歧视妇女。实行男女同工同酬。妇女在享受福利待遇方面享有与男子平等的权利。

（2）《妇女权益保障法》规定："任何单位均应根据妇女的特点，依法保护妇女在工作和劳动时的安全和健康，不得安排妇女从事不适合妇女从事的工作和劳动。"根据该规定，结合中国《劳动法》《女职工劳动保护规定》和《女职工禁忌劳动范围的规定》等法律、法规，用人单位应当遵守下列法律规定：禁止安排女职工从事矿山井下的劳动；禁止安排女职工从事国家规定的第四级体力劳动强度的劳动；禁止安排女职工从事森林业伐木、归楞及流放作业、建筑业脚手架的组装和拆除作业、电力和电信行业的高处架线作业等禁忌性劳动；在女职工经期不得安排其从事高空、低温、冷水作业和国家规定的第三级体力劳动强度的劳动；不得在女职工怀孕期间安排其从事国家规定的第三级体力劳动强度的劳动和孕期禁忌从事的劳动；对产期的女职工给予不少于90天的产假和生育待遇；对哺乳期的女职工，不得安排其从事国家规定的第三级体力劳动强度的劳动和哺乳期禁忌从事的其他劳动，不得安排其延长工作时间和夜班劳动。

（3）保护母亲，即保护妇女的母性机能。妇女在经期、孕期、产期、哺乳期受特殊保护。任何单位不得因结婚、怀孕、产假、哺乳等情形，辞退女职工或者单方解除劳动合同。

（四）财产权利

《妇女权益保障法》第三十条规定：“国家保障妇女享有与男子平等的财产权利。”具体内容包括以下几点。

（1）在婚姻、家庭共有财产关系中，不得侵害妇女依法享有的权益。

（2）妇女享有的与男子平等的财产继承权受法律保护。在同一顺序法定继承人中，不得歧视妇女。丧偶妇女对公、婆尽了主要赡养义务的，作为公、婆的第一顺序法定继承人，其继承权不受子女代位继承的影响。

（3）丧偶妇女有权处分继承的财产，任何人不得干涉。

（4）农村划分责任田、口粮田等，以及批准宅基地，妇女与男子享有平等权利，不得侵害妇女的合法权益。妇女结婚、离婚后，其责任田、口粮田和宅基地等，应当受到保障。

（五）人身权利

《妇女权益保障法》第三十三条规定：“国家保障妇女享有与男子平等的人身权利。”妇女的人身权是指妇女依法享有的，与妇女自身不可分离的，没有直接财产内容的一种民事权利，任何人或组织都不能任意地剥夺其人身权利或妨碍其权利的行使。《妇女权益保障法》对妇女人身权利进行了完善，加强了对妇女的生命健康权、人身自由权、姓名权、名誉权、肖像权、隐私权、荣誉权、人格尊严等各项权利的保护。具体包括以下规定。

（1）妇女的人身自由不受侵犯。人身自由权是公民的一项基本权利，为公民参加各种社会活动和国家各项生活提供了前提和可能。根据《妇女权益保障法》第三十七条的规定，禁止非法拘禁和以其他非法手段剥夺或者限制妇女的人身自由，禁止非法搜查妇女的身体。

（2）妇女的生命健康权不受侵犯。禁止溺、弃、残害女婴；禁止歧视、虐待生育女婴的妇女和不育妇女；禁止用迷信、暴力手段残害妇女；禁止虐待、遗弃老年妇女；禁止拐卖、绑架妇女；禁止收买被拐卖、绑架的妇女；人民政府和有关部门必须及时采取措施解救被拐卖、绑架的妇女；被拐卖、绑架的妇女返回原籍的，任何人不得歧视，当地人民政府和有关部门应当做好善后工作；禁止卖淫、嫖娼；禁止组织、强迫、引诱、容留、介绍妇女卖淫或者雇用、容留妇女与他人进行猥亵活动。

(3) 妇女的肖像权受法律保护。未经本人同意，不得以营利为目的，通过广告、商标、展览橱窗、书刊、杂志等形式使用妇女肖像。

(4) 妇女的名誉权和人格尊严受法律保护。禁止用侮辱、诽谤、宣扬隐私等方式损害妇女的名誉和人格。

(六) 婚姻家庭权益

根据《妇女权益保障法》第四十条规定："国家保障妇女享有与男子平等的婚姻家庭权利。"《妇女权益保障法》规定的婚姻家庭权益，包括以下几个方面的内容。

1. 妇女的婚姻自主权

国家保护妇女的婚姻自主权。禁止干涉妇女的结婚、离婚自由。

2. 为了保护孕、产妇女身心健康，在一定期限内限制男方的离婚请求权

女方按照计划生育的要求中止妊娠的，在手术后6个月内，男方不得提出离婚；女方提出离婚，或者人民法院认为确有必要受理男方离婚请求的，不在此限。

3. 禁止对妇女实施家庭暴力

国家采取措施，预防和制止家庭暴力。公安、民政、司法行政等部门以及城乡基层群众性自治组织、社会团体，应当在各自的职责范围内预防和制止家庭暴力，依法为受害妇女提供救助。

4. 女方对夫妻共同财产享有与其配偶平等的权利

妇女对依照法律规定的夫妻共同财产享有与其配偶平等的占有、使用、收益和处分的权利，不受双方收入状况的影响。夫妻书面约定婚姻关系存续期间所得的财产归各自所有，女方因抚育子女、照料老人、协助男方工作等承担较多义务的，有权在离婚时要求男方予以补偿。

5. 生育权

妇女有按照国家有关规定生育子女的权利，也有不生育的自由。任何组织和个人不得强迫妇女生育或不生育。

6. 离婚时在住房问题上对女方的保护

夫妻共有的房屋，离婚时，分割住房由双方协议解决；协议不成的，由人民法院根据双方的具体情况，按照照顾子女和女方权益的原则判决。夫妻双方另有约定的除外。夫妻共同租用的房屋，离婚时，女方的住房应当按照照顾子女和女方权益的原则解决。

7. 母亲对未成年子女的监护权

父母双方对未成年子女享有平等的监护权。父亲死亡、丧失行为能力或者有其他情形不能担任未成年子女的监护人的，母亲的监护权任何人不得干涉。

8. 在法定情形下照顾女方抚养子女的合理要求

离婚时，女方因实施绝育手术或者其他原因丧失生育能力的，处理子女抚养问题，应在有利子女权益的条件下，照顾女方的合理要求。

二、保障妇女的合法权益的方法

（一）行政保护

各级行政部门对保障妇女合法权益负有责任，应积极贯彻执行国家保障妇女合法权益的法律、法规和各项政策。根据《妇女权益保障法》第五十条规定：有下列侵害妇女合法权益情形之一的，由其所在单位或者上级机关责令改正，并可根据具体情况，对直接责任人员给予行政处分。

（1）对有关侵害妇女权益的申诉、控告、检举，推诿、拖延、压制，不予查处的。

（2）依照法律、法规规定，应当录用而拒绝录用妇女或者对妇女提高录用条件的。

（3）在分配住房和晋职、晋级、评定专业技术职务等方面，违反男女平等原则，侵害妇女合法权益的。

（4）以结婚、怀孕、产假、哺乳等为由辞退女职工的。

（5）划分责任田、口粮田等，以及批准宅基地，违反男女平等原则，侵害妇女合法权益的。

（6）在入学、升学、毕业分配、授予学位、派出留学等方面，违反男女平等原则，侵害妇女合法权益的。

（二）法律保护

妇女在自身合法权益受到侵害时，除了要求有关主管部门处理外，还可以依法向人民法院提起诉讼，运用法律武器保护自身合法权益不受侵害。妇女权益保障法第五十六条规定：“违反本法规定，侵害妇女的合法权益，其他法律、法规规定行政处罚的，从其规定；造成财产损失或者其他损害的，依法承担民事责任；构成犯罪的，依法追究刑事责任。”

（三）社会保护

除上述保护外，妇联、工会等在各自的职业范围内对维护妇女的合法权益负有责任。根据《妇女权益保障法》第四十八条规定：妇女的合法权益受到侵害时，被侵害人可以向妇女组织投诉，妇女组织应当要求有关部门或者单位查处，保护被侵害妇女的合法权益。

A 案例分析

××市××区××镇的陈苹和丈夫刘超结婚已经22年了，可是，面对日渐长大的两个孩子，近日，陈苹却下定决心要跟刘超解除婚姻关系。4月20日凌晨，刘超和几个邻居打完牌，正准备休息，突然对坐在旁边的陈苹一顿拳打脚踢。这顿暴打使得陈苹遍体鳞伤。不过，她的忍气吞声并没有让刘超停止施暴，打完之后，刘超似乎觉得还不够解气，竟然用事先准备好的绳子对陈苹进行了捆绑，然后跑去厨房，把平时做菜用的油烧开，开始对陈苹实施毫无人性的虐待。很快，陈苹在丈夫刘超的折磨下晕了过去，而刘超则在作案后逃之夭夭。当日凌晨5点，逐渐苏醒的陈苹忍着剧痛，费了好大力气才将绳子解开，向隔壁邻居求助报警。

刘超为何要对自己的妻子施暴？原来这一切都源自刘超对陈苹的猜疑。丈夫刘超一直以来都怀疑妻子有外遇，但又苦于找不到证据，因此，对妻子早就心存芥蒂，为了发泄心中的积郁，除了家暴之外，刘超还向周围邻居发传单散播妻子“出轨”的谣言。面对这段痛苦的婚姻，陈苹早在多年前就曾向刘超提出过离婚，但都因为对方的恐吓而打消了念头。

就在2013年4月20日丈夫对自己施暴出逃之后，闻讯从上海赶回来的儿子在更换家具时，无意间竟然发现了刘超藏匿在柜子中的惊天秘密——一张他与其他女人所生孩子的亲子鉴定书，突如其来的双重打击更让陈苹痛不欲生。

这份由××司法鉴定中心出具的亲子鉴定书证实，刘超为高氏男孩的生物学父亲。这也就意味着，在家人完全不知情的情况下，刘超不仅背叛了妻子，甚至还养了一个“私生子”。由于刘超疑心较重，一方面担心妻子对自己不忠，另一方面来自第三者经济上的压力也比较大，久而久之，已经让刘超患上了较为严重的抑郁症，而此次对妻子陈苹实施的伤害，则很有可能是他抑郁症症状的具体体现。

问题

以小组为单位，分析该案例中的妻子应该怎么做才能维护自己的合法权益？并进行分享。

任务三　掌握继承法相关法规政策

R 任务体验

1. 由6个人组成一个体验小组。

2. 小组成员分享身边关于遗产纠纷的故事。

3. 小组成员在规定时间内分别写出自己所了解或是身边的人解决遗产纠纷的具体办法。

R 任务分享

各成员将关于遗产继承的处理办法汇总，分析各个办法的使用情况以及可能出现的问题与解决办法。

R 任务总结

对该任务的意义和目的进行解释和澄清。

Z 知识介绍

继承是指自然人死亡之后其遗留的个人合法财产依照法律的直接规定或者有效遗嘱无偿转移给其近亲属所有的法律制度。根据继承人继承遗产的方式不同，继承被分为法定继承和遗嘱继承。《中华人民共和国继承法》自 1985 年 10 月 1 日起施行。根据《中华人民共和国宪法》的规定，为保护公民的私有财产的继承权，制定本法。继承从被继承人死亡时开始。

一、法定继承的法律规定

法定继承是指在没有遗赠抚养协议和遗嘱或者遗嘱无效的情况下，继承人根据法律确定的继承人范围、继承顺序以及遗产分配的原则取得被继承人遗产的继承方式。

（一）法定继承人的范围和顺序

1. 法定继承人的范围

法定继承人是依据法律规定继承被继承人遗产的人。中国《继承法》规定的法定继承人范围包括：配偶、子女、父母、兄弟姐妹、祖父母、外祖父母以及对公、婆或岳父母尽了主要赡养义务的丧偶儿媳、女婿。

（1）配偶。夫妻基于婚姻关系而产生的相互继承权。

（2）子女。本法所说的子女，包括婚生子女、非婚生子女、养子女和有扶养关系的继子女。

（3）父母。本法所说的父母，包括生父母、养父母和有扶养关系的继父母。

（4）兄弟姐妹。本法所说的兄弟姐妹，包括同父母的兄弟姐妹、同父异母或者同母异父的兄弟姐妹、养兄弟姐妹、有扶养关系的继兄弟姐妹。

（5）祖父母、外祖父母。《继承法》赋予了祖父母和外祖父母对孙子女、外孙子女遗产的继承权。但孙子女、外孙子女不属于法定继承人之列，他们可以通过代位继承方式取得其祖父母、外祖父母的遗产。

（6）符合法定条件的丧偶儿媳、女婿。《继承法》第十二条规定："丧偶儿媳对公、婆，丧偶女婿对岳父、岳母，尽了主要赡养义务的，作为第一顺序继承人。"

2. 法定继承人的继承顺序

《继承法》根据亲属关系的亲疏远近和抚养关系的亲密程度规定了两类继承顺序。遗产按照下列顺序继承：第一顺序：配偶、子女、父母。另外，丧偶儿媳对公、婆，丧偶女婿对岳父、岳母，尽了主要赡养义务的，作为第一顺序继承人。第二顺序：兄弟姐妹、祖父母、外祖父母。继承开始后，由第一顺序继承人继承，第二顺序继承人不继承。没有第一顺序继承人继承的，由第二顺序继承人继承。

3. 法定继承的遗产分配原则

（1）一般情况下的均等原则。

《继承法》第十三条第一款明确规定："同一顺序继承人继承遗产的份额，一般应当均等。"如果同一顺序的各个法定继承人，在生活状况、劳动能力及对被继承人所尽赡养义务等方面相同，各法定继承人的应继承份额一般应当均等。

（2）特殊情况下的不均等原则。

根据《继承法》的规定，在以下特殊情况下，各法定继承人的应继承份额可以不均等。

一是对生活有特殊困难的缺乏能力的继承人分割遗产时应当予以照顾。二是对被继承人尽了主要扶养义务或者与继承人共同生活的继承人分配遗产时可以多分。三是有扶养能力和扶养条件的继承人虽然与被继承人共同生活，但对需要扶养的被继承人不尽扶养义务，分配遗产时，可以少分或者不分。但是，根据最高人民法院1985年9月11日发布的《关于贯彻执行〈中华人民共和国继承法〉若干问题的意见》的规定，继承人有扶养能力和扶养条件，愿意尽扶养义务，但被继承人因有固定收入和劳动能力，明确表示不要求其扶养的，分配遗产时，一般不应因此而影响其继承份额。

（3）继承人协商同意的不均等分配原则。

《继承法》第十五条规定："继承人应当本着互谅互让、和睦团结的精神，协商处理继承问题。遗产分割的时间、办法和份额，由继承人协商确定。协商不成的，可以由人民调解委员会调解或者向人民法院提起诉讼。"

二、遗嘱继承

遗嘱是指遗嘱人生前在法律允许的范围内，按照法律规定的方式对其遗产或其他事务所作的个人处分，并于遗嘱人死亡时发生效力的法律行为。

遗嘱继承是指按照立遗嘱人生前所留下的符合法律规定的合法遗嘱的内容要求，确定被继承人的继承人及各继承人应继承遗产的份额。它是法定继承的对称，遗嘱继承优先于法定继承。

（一）遗嘱的设立

1. 遗嘱继承的特征

（1）被继承人生前立有合法有效的遗嘱和立遗嘱人死亡是遗嘱继承的事实构成。

（2）遗嘱继承直接体现着被继承人的遗愿。

（3）遗嘱继承人和法定继承人的范围相同，但遗嘱继承不受法定继承顺序和应继份额的限制。

（4）遗嘱继承的效力优于法定继承的效力。

2. 遗嘱继承的适用条件

（1）被继承人生前立有遗嘱，并且遗嘱合法有效。

（2）立遗嘱人死亡。

（3）被继承人生前没有签订遗赠扶养协议。

（4）遗嘱中指定的继承人未丧失继承权，也未放弃继承权，同时也未先于被继承人死亡。

3. 遗嘱的有效

遗嘱的有效要件包括形式要件和实质要件。遗嘱有效的形式要件，是指遗嘱的形式符合法律的规定。遗嘱的形式若不符合法律的要求，也就不能有效。这里所说的遗嘱有效要件，仅指遗嘱有效的实质要件。

（1）遗嘱人须有遗嘱能力。

遗嘱能力是指自然人依法享有的设立遗嘱，以依法自由处分其财产的行为能力。遗嘱为民事行为，设立人必须有相应的民事行为能力。依照中国现行法规定，只有完全民事行为能力人，才有设立遗嘱的行为能力，即遗嘱能力，不具有完全民事行为能力的人不具有遗嘱能力。因此，遗嘱人须为完全民事行为能力人。根据中国《继承法》第二十二条的规定，无行为能力人或者限制行为能力人所立的遗嘱无效。遗嘱人是否具有遗嘱能力，以遗嘱设立时为准。在设立遗嘱时，遗嘱人有遗嘱能力的，其后虽丧失遗嘱能力，遗嘱也不因此失去效力。反之亦然。所以，最高人民法院在《关于贯彻执行〈中华人民共和国继承法〉若干问题的意见》第四十一条中明确规定："遗嘱人立遗嘱时必须有行为能力。无行为能力人所立的遗嘱，即使本人后来有了行为能力，仍属无效遗嘱。遗嘱人立遗嘱时有行为能力，后来丧失了行为能力，不影响遗嘱的效力。"

（2）遗嘱须是遗嘱人的真实意思表示。

遗嘱必须是遗嘱人处分其财产的真实的意思表示，因为意思表示真实是民事行为有效的必要条件。遗嘱是否为遗嘱人的真实意思表示，原则上应以遗嘱人最后于遗嘱中作出的意思表示为准。受胁迫、欺骗所立的遗嘱无效；伪造的遗嘱无效；遗嘱被篡改的，篡改的内容无效。

（3）遗嘱不得取消缺乏劳动能力又没有生活来源的继承人的继承权。

中国《继承法》第十九条规定："遗嘱应当对缺乏劳动能力又没有生活来源的继承人保留必要的遗产份额。"这一规定属于强行性规定，遗嘱取消缺乏劳动能力又没有生活来源的继承人的继承权的，不能有效。遗嘱人未保留缺乏劳动能力又没有生活来源的继承人的遗产份额，遗产处理时，应当为该继承人留下必要的遗产，所剩余的部分，才可参照遗嘱确定的分配原则处理。继承人是否缺乏劳动能力又没有生活来源，应按照遗嘱生效时该继承人的具体情况确定。

（4）遗嘱中所处分的财产须为遗嘱人的个人财产。

遗嘱既是遗嘱人处分其个人财产的民事行为，只能就遗嘱人个人的合法财产作出处置。遗嘱人以遗嘱处分了属于国家、集体或者他人所有的财产的，遗嘱的该部分内容，应认定无效。

（5）遗嘱须不违反社会公共利益和社会公德。

违反社会公共利益和社会公德的民事行为无效。遗嘱若损害了社会公共利益或者其内容违反社会公德，则也不能有效。

4．遗嘱的无效

根据《继承法》的相关规定，有以下情况出现时遗嘱无效。

（1）遗嘱人是不具有完全民事行为能力人。

《继承法》第二十二条规定："无行为能力人或限制行为能力人所立遗嘱无效。"最高人民法院《关于贯彻执行〈中华人民共和国继承法〉若干问题的意见》第四十一条规定："遗嘱人立遗嘱时必须有行为能力。无行为能力人所立的遗嘱，即使其本人后来有了行为能力，仍属无效遗嘱。遗嘱人立遗嘱时有行为能力，后来丧失了行为能力，不影响遗嘱的效力。"因此，立遗嘱人在立遗嘱时如果是无行为能力人或限制行为能力的人，所立的遗嘱就是无效的。在这里，须重点注意"在立遗嘱时"这个条件。实践中，对遗嘱能力的确定还应注意几种情况：间歇性神病人，精神正常时，所立遗嘱有效，发病期间所立遗嘱无效；精神病治愈后的成年人，所立遗嘱有效；被诊断为痴呆症及年老而神志不清的人所立遗嘱无效。

（2）遗嘱内容不是立遗嘱人的真实意思表示。

立遗嘱人即便具有完全行为能力，但是如果遗嘱的内容不是其真实意思表示，遗嘱同样不具有法律效力。遗嘱内容不是立遗嘱人真实意思表示的情形主要有以下几种：一是遗嘱人立遗嘱时受胁迫、受欺骗或神志不清；二是伪造的遗嘱；三是被篡改的遗嘱内容。这几种情形的根本之处在于它违背了立遗嘱人的真实意思。订立遗嘱本来是法律赋予公民充分行使对自己财产的处分的权利，公民不仅可以自由处置自己生前的财产，而且还可以处置自己死后的财产。但是，遗嘱人受他人威胁、欺骗所立的遗嘱和他人伪造的遗嘱以及被他人篡改的遗嘱，都构成了对被继承人或对合法继承人财产权利的侵犯，因此，继承法为保护被继承人或使合法继承人财产权利免受侵犯权益，明确规定这些遗嘱无效是正确的。

（3）由于遗嘱继承人的原因导致遗嘱无效。

基于遗嘱继承人的原因而导致遗嘱无效或部分无效的情形主要是指遗嘱继承人丧失继承权、放弃继承权或先于被继承人而死亡。当然，严格来说，这三种情况应是遗嘱内容无法实现，并不是遗嘱无效。但是，鉴于这三种情况和遗嘱无效的法律后果一样，在这里也把它归类于遗嘱无效。

（4）遗嘱内容涉及被处分过或无权处分的财产。

遗嘱的遗嘱人处分自己的财产的意思表达，处分他人的财产的遗嘱无效。最高人民法院《关于贯彻执行〈中华人民共和国继承法〉若干问题的意见》第三十八条规定："遗嘱人以遗嘱处分了属于国家、集体或他人所有的财产，遗嘱的这部分，应认定为无效。"

（5）遗嘱没有对缺乏劳动能力又没有生活来源的继承人保留必要的份额，对应当保留的必要份额的处分无效。《继承法》第十九条规定："遗嘱应当对缺乏劳动能力又没有生活来源的继承人保留必要的遗产份额。"遗嘱人在遗嘱中没有对缺乏劳动能力又没有生活来源的法定继承人保留必要的份额，遗产处理时也应当为该继承人留下必要的遗产。

（6）违背法定程序订立的遗嘱无效。

根据《继承法》第十七条的规定符合以下条件的，为合法程序：① 公证遗嘱由遗嘱人经公证机关办理。② 自书遗嘱由遗嘱人亲笔书写，签名，注明年、月、日。③ 代书遗嘱应当有两个以上见证人在场见证，由其中一人代书，注明年、月、日，并由代书人、其他见证人和遗嘱人签名。④ 以录音形式立的遗嘱，应当有两个以上见证人在场见证。⑤ 遗嘱人在危急情况下，可以立口头遗嘱。口头遗嘱应当有两个以上见证人在场见证。危急情况解除后，遗嘱人能够用书面或者录音形式立遗嘱的，所立的口头遗嘱无效。⑥ 遗嘱中没有对缺乏劳动能力又没有生活来源的继承人保留必要份额的，遗嘱无效。《继承法》第十九条规定："遗嘱应对缺乏劳动能力又没有生活来源的继承人保留必要的遗产份额。"因此，违反此条规定的遗嘱无效。⑦ 取消或忽视胎儿继承份额的遗嘱无效，《继承法》第二十八条规定："遗产分割时，应当保留胎儿的继承份额。胎儿出生时是死体的，保留的份额按照法定继承办理。"

5. 遗嘱的类型

根据《中华人民共和国继承法》第十七条的规定，遗嘱的形式有如下五种。

（1）公证遗嘱。

公证遗嘱由遗嘱人经公证机关办理。办理遗嘱公证需要立遗嘱人亲自到其户籍所在地的公证机关申请办理，不能委托他人代理。如果遗嘱人因病或其他特殊原因不能亲自到公证机关办理遗嘱公证时，可要求公证机关派公证员前往遗嘱人所在地办理。值得注意的是，立遗嘱人如果要变更或撤销原公证遗嘱，也必须由原公证机关办理。

（2）自书遗嘱。

自书遗嘱必须由立遗嘱人全文亲笔书写、签名，注明制作的年、月、日。自书遗嘱不需要见证人在场见证即具有法律效力。自书遗嘱可按照下列程序订立：① 遗嘱人书写遗嘱内容。遗嘱人应亲自书写遗嘱全文，这样既可以真实表达遗嘱人的意志，又可防止他人伪造、篡改、添加遗嘱内容。② 遗嘱人在自己书写的遗嘱上写明书写的年、月、日和地点。订立遗嘱的时间对遗嘱的效力有一定的影响，如不同书面遗嘱内容相矛盾时，应以时间在后的书面遗嘱为准。同时，订立遗嘱的时间有时也可证明遗嘱内容的真伪。③ 遗嘱人亲笔签名。④ 自书遗嘱中如需涂改、增删，应当在涂改、增删内容的旁边注明涂改、增删的字数，且应在涂改、增删处另行签名。最高人民法院《关于贯彻执行〈中华人民共和国继承法〉若干问题的意见》规定："公民在遗书中涉及死后个人财产处分的内容，确为死者真实意思表示，有人签名并注明了年、月、日，又无相反证据的，可按自书遗嘱对待。"

（3）代书遗嘱。

代书遗嘱是指因遗嘱人不能书写而委托他人代为书写的遗嘱。《继承法》第十七条第三项规定："代书遗嘱应当有两个以上见证人在场见证，由其中一人代书，注明年、月、日，并由代书人、其他见证人和遗嘱人签名。"

（4）录音遗嘱。

录音遗嘱是指遗嘱人用录音的形式制作的自己口述的遗嘱。为防止录音遗嘱被人篡改或录制假遗嘱弊端的发生，《继承法》第十七条第四项明确规定："以录音形式设立的遗嘱，应当有两个以上的见证人在场见证。"见证的方法可以采取书面或录音的形式，录音遗嘱制作完毕后，应当场将录音遗嘱封存，并由见证人签名，注明年、月、日。

（5）口头遗嘱。

中国《继承法》第十七条第五项规定："遗嘱人在危急情况下，可以立口头遗嘱。口头遗嘱应当有两个以上见证人在场见证。危急情况解除后，遗嘱人能够用书面或者录音形式立遗嘱的，所立的口头遗嘱无效。"由于口头遗嘱有易于被篡改和伪造，以及在遗嘱人死后无法查证的缺点，所以《继承法》对口头遗嘱作了以上限制性规定。

《继承法》第十七条还规定了公证、自书、代书三种形式；并规定，在生命垂危或者其他紧急情况下，可以口授遗嘱。口授遗嘱应当有两个以上见证人在场并作证。危机解除后，口头遗嘱无效。

6. 遗嘱的撤销

遗嘱的撤销是指立遗嘱人取消自己所立的遗嘱。取消原遗嘱，遗嘱的内容即无效。遗嘱的变更、撤销方法有下列几种。

（1）以书面形式明示变更或撤销原遗嘱。

（2）以立新遗嘱的方式变更或撤销原遗嘱。

《继承法》第二十条第二款规定："立有数份遗嘱，内容相抵触的，以最后的遗嘱为准。”最高人民法院《关于贯彻执行〈中华人民共和国继承法〉若干问题的意见》第四十二条规定：“遗嘱人以不同形式立有数份内容相抵触的遗嘱，其中有公证遗嘱的，以最后所立公证遗嘱为准；没有公证遗嘱的，以最后所立的遗嘱为准。”

《继承法》第二十条第三款规定：“自书、代书、录音、口头遗嘱不得撤销、变更公证遗嘱。”遗嘱人在订立新的遗嘱中，不论是否明确撤销、变更原遗嘱，只要前后两个遗嘱的内容相抵触，即意味着前遗嘱被推定为变更或撤销。全部抵触，全部撤销，部分抵触，部分撤销。但是，如果遗嘱人原来所立的遗嘱是公证遗嘱，在变更或撤销原遗嘱时，仍需经原公证机关办理。

(3) 遗嘱人的行为与遗嘱相抵触时，其抵触行为则被视为对原遗嘱的部分或全部撤销。

三、遗产的处理

(一) 继承的开始

《继承法》第二条规定：“继承从被继承人死亡时开始。”即继承开始的时间确定为以被继承人死亡的时间为准。被继承人死亡包括自然死亡和宣告死亡。

1. 自然死亡的时间认定

在实践中，如果自然人在医院死亡的，应以死亡证上记载的时间为准；没有医院证明的，以户籍簿上登记的死亡时间为准。

2. 宣告死亡的时间认定

根据民法的相关规定，公民下落不明满四年，或者因意外事故，从事故发生之日起满两年，利害关系人可申请人民法院宣告该公民死亡。

(二) 继承的接受和放弃

1. 继承接受的方式

根据《继承法》的规定，接受继承的意思表示，可以采取书面或者口头形式明确作出，也可以采用默示的方式。在遗产分割前未声明放弃继承的，视为默示接受继承。

2. 放弃继承必须以明示的方式作出，不能采取默示的方式

根据《继承法》第四十七条的规定，原则上应当采用书面形式向其他继承人表示，采用口头表示放弃继承，本人承认，或者有其他充分证据证明的，也应当认定其有效。

(三) 继承接受和放弃的效力

继承人接受或放弃继承后，原则上不得撤销该意思表示。《继承法》第二十五条规定：“继承开始后，继承人放弃继承的，应当在遗产处理前，作出放弃继承的表示。没有表示的，视为接受继承。”最高人民法院关于贯彻《执行〈中华人民共和国继承法〉若干问题的意见》第五十一条规定：“放弃继承的效力，追溯到继承开始的时间。”同样，接受继承

的效力也追溯到继承开始之时。

（四）遗产的分割

1. 遗产分割的概念

遗产分割是指继承开始后，各个继承人之间依法分配遗产，是遗产归转各继承人所有的法律行为。

2. 遗产分割的原则

在分割遗产时，各继承人除严格按照中国《继承法》规定的男女平等、养老育幼、优先照顾缺乏劳动能力和没有生活来源的继承人的利益、提倡互谅互让、和睦团结的精神外，还必须遵循以下原则。

（1）遗嘱继承优先于法定继承的原则。

《继承法》第五条规定："继承开始后，按照法定继承办理；有遗嘱的，按照遗嘱继承或者遗赠办理。"因此，继承人在分割遗产前要注意死者是否留有遗嘱，如果留有遗嘱，首先应按遗嘱继承方式分割被继承人的财产。虽有遗嘱，但有下列情形之一的，遗产中的有关部分按照法定继承办理：① 遗嘱继承人放弃继承或者受遗赠人放弃受遗赠的。② 遗嘱继承人丧失继承权的。③ 遗嘱继承人、受遗赠人先于遗嘱人死亡的。④ 遗嘱无效部分所涉及的遗产。⑤ 遗嘱处分的遗产。

（2）保留胎儿继承份额的原则。

在分割遗产时，如死者遗有未出生的胎儿，应给胎儿保留应当继承的遗产份额，其应继承的数额一般以共同参加继承的各法定继承人的平均数额为参考数额。如果胎儿生下是活体，这份遗产由胎儿这一继承人继承；如果胎儿出生是死胎，这份遗产由被继承人的继承人继承。

（3）物尽其用的原则。

遗产分割应当有利于生产和生活需要，不损害遗产的效用。对于不宜分割的遗产，可以采取折价、适当补偿或者共有等办法处理。继承人在分割遗产时，要注意贯彻这一精神。例如，对房屋要照顾缺房的继承人；对生产工具要照顾生产需要的继承人；对图书资料要照顾从事有关业务的继承人等。这样才能有利于生产和生活的需要。

A 案例分析

××市××厂工人宝成死亡遗留两处房地产，就继承问题其妻汪芬与儿子大立发生争执，协商未果的情况下，母亲将儿子告上法庭，近日，该市第二人民法院作出一审判决，判令宝成名下位于××镇的房地产（一地两房）由原告汪芬占有7/8的份额，被告大立占有1/8的份额。

原告汪芬起诉称，丈夫宝成于2012年因病死亡，其生前拥有位于××镇的三处房地产（一地两房）。宝成与汪芬共同生育了3个子女，分别是大立、大雪、大海。大海与大雪对父亲宝成遗留的房产归属问题没有意见，同意由母亲汪芬进行处理。因宝成生前没有立下遗嘱，汪芬与大立对其所属房产发生纠纷。随后，汪芬将儿子大立告上法庭，请求判令获得丈夫遗产份额中的7/8，并要求大立在判决书生效之日起15日协助办理土地使用证、房产证的过户手续。

“我不同意原告占有7/8的份额。”被告大立在庭审时表示，按照习俗，其父亲只有两个儿子，父亲去世了，应当由两个儿子平分遗产，且不同意办理房产过户手续。

经查明，宝成名下的两套房屋均是在宝成与汪芬夫妻关系存续期间修建的。另查明大雪和大海均自愿将其继承宝成的遗产份额赠予汪芬。

该市第二人民法院认为，宝成死亡时，未立下遗嘱，其有第一顺序继承人汪芬、大立、大雪、大海，故宝成的遗产应由4人各继承1/4。宝成名下的财产为两套房屋，由于两套房屋是在宝成与汪芬夫妻关系存续期间修建，故属于夫妻共同财产。另外，宝成的另外两个继承人均自愿将其继承的遗产赠予原告，且原告在诉讼请求中明确愿意接受，故法院认定宝成名下的两套房屋（一地两房）由汪芬继承7/8，由大立继承1/8。关于原告诉请被告协助其办理过户手续的问题，法院不予支持。

问题

以小组为单位，分析上述案例中所运用到的继承法的知识。并讨论当我们遇到类似纠纷时，应采取怎样的方式来维护自己的合法权益。

参考文献

[1] 魏希圣．家庭社会工作[M]．台北：红叶文化事业有限公司，2013．

[2] 格里格，津巴多．心理学与生活[M]．王垒，王甦，译．北京：人民邮电出版社，2005．

[3] 宋文姬．中国家庭结构及结构模式变革的思考[J]．内蒙古农业大学学报：社会科学版，2011(6)．

[4] 邓志伟，徐榕．家庭社会学[M]．北京：中国社会科学出版社，2001．

[5] 郑杭生．社会学概论新修[M]．北京：中国人民大学出版社，2003．

[6] 古德 W．家庭[M]．北京：社会科学文献出版社，1986．

[7] 张文霞，朱冬亮．家庭社会工作[M]．北京：社会科学文献出版社，2005．

[8] 贝曼．萨提亚冥想——内在和谐、人际和睦与世界和平[M]．钟谷兰，译．北京：中国轻工业出版社，2009．

[9] 贝曼．萨提亚转化式系统治疗[M]．钟谷兰，译．北京：中国轻工业出版社，2009．

[10] 葛操，申景玉．与孩子一起成长——亲子关系中的心理学智慧[M]．北京：清华大学出版社，2013．

[11] 民政部社会工作司．中国社会工作相关政策法规汇编[G]．北京：中国社会出版社，2010．

[12] 佟新．对中国发展城市家庭社会工作的思考[J]．山西师大学报：社会科学版，2009(11)．

[13] 殷晓清，薛和．当代社会工作[M]．北京：中国时代经济出版社，2003．

[14] 袁光耀．美国家庭社会工作及其对我国的启示[J]．全球视野理论月刊，2012(4)．

[15] 袁光亮．美国家庭社会工作及其启示[J]．华北电力大学学报：社会科学版，2011(5)．

[16] 徐芳．社会转型下开展家庭社会工作的必要性[J]．广东青年干部学院学报，2004(4)．

[17] 尼科尔斯，施瓦兹．家庭治疗(理论与方法)[M]．王曦影，胡赤怡，译．上海：华东理工大学出版社，2005．